Friedrich Huneke, Detlef Schmiechen-Ackermann,
Dirk Lange, Axel Ehlers, Rolf Wernstedt (Hg.)

Populismus und Schule

Historisch-politische Urteilsbildung und Wertorientierung in einem populistischen Umfeld

WOCHEN
SCHAU
VERLAG

Bibliografische Information der Deutschen Nationalbibliothek

Die Deutsche Nationalbibliothek verzeichnet diese Publikation in der Deutschen Nationalbibliografie; detaillierte bibliografische Daten sind im Internet unter http://dnb.d-nb.de abrufbar.

www.wochenschau-verlag.de

Umschlaggestaltung: Ohl Design
Titelbild: © Mopic – Fotolia
Gedruckt auf chlorfrei gebleichtem Papier
Gesamtherstellung: Wochenschau Verlag
ISBN 978-3-7344-0888-5

Inhalt

Praxiskonzepte

Vorwort

Populistische Strömungen fordern die pluralistische, demokratische Gesellschaft heraus. Sie stellen zentrale Werte ihrer politischen Grundordnung in Frage und umgehen angemessene Verfahren der Urteilsbildung. Deshalb wurden sie zum Thema der 6. fachdidaktischen Tagung für historisch-politische Bildung im Februar 2018 in mehreren Städten Niedersachsens. Veranstalter dieser zweijährigen Tagungen ist ein Arbeitskreis aus dem Volksbund deutscher Kriegsgräberfürsorge, dem niedersächsischen Kultusministerium, dem niedersächsischen Geschichtslehrerverband und der Deutschen Vereinigung für politische Bildung, den Universitäten Hannover, Lüneburg und Oldenburg.

Vorausgegangene Tagungen hatten historisch-politisch relevante Themen wie Flucht, Vertreibung und Migration (2016), 1914–2014: Krieg und Frieden (2014) und Völkermord (2012) zum Thema. Für Februar 2020 wurde angesichts der neuen nationalistischen Strömungen in Europa der politische Aufbruch in Formen der internationalen und supranationalen Systeme der Friedenssicherung gewählt: „Zeitenwende '45 – Aufbruch in ein neues Europa".

Die Beiträge des Tagungsbandes bieten fachwissenschaftliche Grundlagen, fachdidaktische Reflexionen und konkrete Unterrichtsmodelle für einen lebendigen Unterricht, der den Dialog mit den Realitäten und Kräften in der Gesellschaft der Gegenwart annimmt. Die Kern-Curricula bieten den Schulen die Möglichkeit, im Rahmen von Schulcurricula und individuellem Unterricht flexibel auf aktuelle Erfordernisse einzugehen, um Lernende zur reflektierten, aktiven Teilhabe an Politik und Geschichtskultur zu befähigen. Dazu soll dieser Tagungsband einen Beitrag leisten.

Friedrich Huneke
Hannover, 29. Mai 2019

Einleitung

Im Jahr 1969 ist das Wort Populismus ein einziges Mal in deutschen Zeitungen nachgewiesen[1], 1985 sind es 12 Erwähnungen, 1995 bereits 289, 625 im Jahr 2005, und nach einer Stagnation bis 2012 dann 1509 im Jahr 2017. Praktisch alle häufig mit Populismus verbundenen Worte (Kollokationen) stellen eine negative Wertung her, wie Demagogie, Opportunismus, Nationalismus, Panikmache, Unkenntnis und antieuropäisch. Welche Entwicklungen verbinden sich jenseits plakativer Sprache mit diesem Begriff? In Fachbeiträgen, geschichts- und politikdidaktischen Reflexionen sowie Unterrichtskonzepten setzen die Autorinnen und Autoren verschiedene Akzente, um den historisch-politischen Strukturen hinter diesem Schlagwort auf die Spur zu kommen.

In dem ersten Beitrag von *Rolf Wernstedt* wird ein Ausgangspunkt bei dem Anspruch populistischer Argumentation genommen, direkt das Volk zu vertreten, das von den gesellschaftlichen Eliten angeblich nicht mehr beachtet werde. Sie berufen sich damit auf vorinstitutionelle Werte eines unhinterfragbaren „gesunden Menschenverstandes" und stellen die Gewaltenteilung sowie das Prinzip von Regierung und Opposition letztlich in Frage. Bestimmte Begriffe erweisen sich als anfällig für populistische Argumentationsmuster: Heimat, Sicherheit, Pluralität und Gleichheit der Geschlechter, „Leitkultur" und Identität sowie ei-

1 https://www.dwds.de/wp?q=Populismus – Wortprofil vom 27.5.2019.

ne Form der Erinnerungskultur, die sich auf ungebrochene Traditionen beruft. Eine Ebene der kritischen didaktischen Arbeit wird populistische Narrative einem Faktencheck unterziehen, ihre Werte offenlegen und sie so dekonstruieren.

Die Methode des historischen Vergleichs fokussiert der Beitrag von *Detlef Schmiechen-Ackermann*, indem er nach der Rolle der politischen Mitte bei der Zerstörung der Weimarer Republik fragt und einen Ausgangspunkt bei den Wirtschaftskrisen von 1929 und zum Beispiel 2009 nimmt. Das Schlagwort vom „Extremismus der Mitte“ (Lipset 1960) stützt sich auf eine Gesellschaftsanalyse, welche dem von kleinen, selbständigen Angehörigen des Mittelstandes als drohend empfundenen Statusverlust in der Krisenzeit große Bedeutung beimisst. Schmiechen-Ackermann weist mit dem aktuellen Forschungsstand darauf hin, dass diese recht grobe soziologische Analyse von der modernen Geschichtsschreibung, wenn man etwa an die Wählerforschung denkt, als unzureichend erkannt wurde. Vielmehr werden die Motive und Ängste der damaligen Wählerschaft genauer erforscht, um zu einem empirisch gesicherten, breiteren Bild zu gelangen. Der Verfasser warnt davor, ex post eine zu simple Parallelisierung des krisenhaften Aufstiegs der NSDAP am Ende der Weimarer Republik mit populistischen Phänomenen etwa im Umfeld der Finanzkrise von 2009 vorzunehmen. An Stelle plakativer Vergleiche sollte, ähnlich wie schon in der zeithistorischen Forschung zum Aufstieg der NSDAP, der Blick geschärft werden für die jeweils aktuellen Formen der politischen Aufmerksamkeitsgenerierung populistischer Bewegungen, für Ängste und Verunsicherungen in der Gesellschaft, für Politikverdrossenheit und Ausgrenzung, um neue Formen der politischen Entgleisung zu vermeiden.

Mit der meinungsbeeinflussenden Kraft der sozialen Medien befasst sich *Jan-Hinrik Schmidt*. Das Web 2.0 wird bei Informationssuche und Meinungsbildung in zunehmendem Maße von den sozialen Medien abgelöst, deren Stellenwert für das Informationsverhalten nicht unterschätzt werden sollte. Die Nachrichtennutzung wird von der Kommunikationsarchitektur der sozialen Medien beeinflusst, das hat Auswirkungen auf den Prozess der Meinungsbildung. In diversen Filterblasen-Debatten, Echokammer-Thesen und „Hate-Speech“-Analysen wird die Frage nach einer potentiellen Abschottung ihrer Nutzer diskutiert. Undurchsichtige Algorithmen steuern die Informationsströme, so dass Einschränkungen der informationellen Selbstbestimmung befürchtet werden. Aber auch bei jüngeren Mediennutzern liegt der Anteil sozialer Medien als Nachrichtenquelle noch unter 50 %. Die meisten sozialen Medien produzieren die Inhalte zwar nicht direkt selbst, aber sie bieten Mittel zur Steuerung ihrer Verbreitung. Die Nutzer erhalten also Informationen über die tatsächliche, oder vielmehr durch Algorithmen gesteuert wahrgenommene Verbreitung von Nachrichten, von Meinungen und über anscheinend gesellschaftlich verbreitete Bewertungen. Die Orientierung des Einzelnen an diesem vermeintlichen Meinungsklima führt zur Meinungsbeeinflussung. Da die Meldungen in sozialen Medien meist keinerlei Prüfung durch professionelle Medienexperten unterliegen – wie es etwa bei Leserbriefen und in Zeitungsredaktionen der Fall ist –, scheinen Verschwörungstheorien, Parteilichkeit und Desinformationskampagnen die Türen geöffnet zu sein. Andererseits entstehen mit dem Netzwerkdurchsetzungsgesetz u.a. Maßnahmen auch in diesem Feld Regelungen.

Klaus-Peter Hufer geht von der Annahme aus, dass schon sprachlich „Rechtsextremismus" als ein Randphänomen narrativiert wird, welches eine demokratische „Mitte" bedrohe. Dieser selektive Blick könne sich als trügerisch erweisen, wenn man auch die „Mitte" der Gesellschaft auf rechtsextreme Einstellungen hin untersuche. Illiberale Meinungsbilder sind bis in die Mitte der Gesellschaft hinein anzutreffen, so zeigen es zahlreiche empirische Studien. Dabei sind zwei Muster zu unterscheiden, der Rechts- und der Linkspopulismus. Während für den Rechtspopulismus eine triadische Struktur kennzeichnend sei – die Abgrenzung des „Volkes" von den Eliten (nach oben) und von Immigranten (nach unten) –, sei für den Linkspopulismus nur die Abgrenzung nach oben typisch, eine dyadische Struktur mithin. Die Abgrenzung beider Populismen nach „oben" erlaubt also gewisse ideologische und Aktionsgemeinschaften: Kritik am „Finanzkapital", Annahme eines „gekauften Journalismus" etc. Mit dem Ticket solcher „Querfront-Themen" bewegen sich auch einzelne Führerpersönlichkeiten vom einen Ende des politischen Spektrums zum anderen, meist von Links nach Rechts. Eine Abgrenzung der Rechtspopulisten vom Rechtsextremismus kann in der Ablehnung einer radikalen, revolutionären Umwälzung der bestehenden Werteordnung bestehen, aber die Grenzen sind in der politischen Praxis fließend. Als Mittel gegen illiberale, demokratiefeindliche Einstellungen verweist Hufer auf den gesellschaftlichen und didaktischen Diskurs über die Errungenschaften der Demokratie, auf Aufklärung über die gefährlichen Folgen intoleranter Einstellungen und auf die Notwendigkeit aktiver Zivilcourage. Schweigen gegenüber Hatespeech und rechten Parolen wird schnell als Zustimmung gedeutet. Es müsse durch politische Bildung sichergestellt werden, dass der öffentliche Raum Meinungsbildung, Verständigung, Informationsvermittlung und Argumentationssicherheit ermöglicht. In einer individualisierten und fragmentierten Gesellschaft ist das eine öffentliche Aufgabe von zentraler Bedeutung.

Auf dem Weg zu einer didaktischen Analyse wertet *Friedrich Huneke* zunächst Definitionen des Populismus in modernen Industriegesellschaften aus.

Hinter aktuellen Themen wird ein opportunistisch-demagogischer Politikstil erkennbar, für den die ökonomischen Kondratieff- und Juglarzyklen als Auslöser erkennbar sind. Alle Populisten erheben den Anspruch, den „gesunden Menschenverstand" des Volkes alternativlos direkt auszusprechen. Sie verunglimpfen politische Konkurrenten als korrupte Eliten der repräsentativen Demokratie und sprechen Identitätsgefühle durch die Inklusion und Exklusion von Gruppen an. Dabei führen alte und neue Narrative zu einer Hybridisierung des Populismus von völkischer Rhetorik bis zum Antiislamismus. Diese Strukturanalysen führen zu historischen Fallbeispielen populistischer Bewegungen, deren Aufstieg und meist recht schnellem Scheitern. Die Förderung eines kritischen Geschichtsbewusstseins setzt hier an, indem *gattungskompetente* Lernende eine kritische Erwartungshaltung gegenüber populistischen Quellen entwickeln, Traditionsbildung zu vordemokratischen Sichtweisen *interpretieren*, *Narrative* wie die Dolchstoßlegende exemplarisch dekonstruieren und über *geschichtskulturelle* Erfahrungen reflektieren. Vorschläge für die Integration des Themas Populismus und Rechtspopulismus in die Kerncurricula Geschichte beider Sekundarstufen beschließen den Beitrag.

Der Politikwissenschaftler *Sebastian Fischer* geht von zwei Charakteristika des Populismus aus und überprüft die gesellschaftlichen Hintergründe: von der vertikalen Dimension der Wendung gegen das Establishment, gegen „die da oben", und von der horizontalen Dimension der antipluralistischen Programmatik. Fischer beobachtet für das 21. Jahrhundert eine wachsende Ungleichheit in der Gesellschaft der Bundesrepublik und eine stärkere Orientierung der Bundespolitik an sozial besser gestellten Gruppen. In den neuen Mitgliedsländern der EU zeigt sich ein ähnlicher Effekt, indem die neoliberale Wirtschaftspolitik der 1990er Jahre teils starke Arbeitslosigkeit und wachsende gesellschaftliche Ungleichheit zur Folge hatte. Fischer erkennt hier Ursachen für den wachsenden Zuspruch populistischer Parteien in Europa. Dass sich der Wählerprotest nach rechts wendet, und nicht nach links, führt Fischer auf teils auch regierungsamtlich inszenierte nationale Integrationsangebote und ein Bedürfnis nach Sicherheit zurück. Die öffentlichen Diskurse werden nicht von den Themen der Demokratie und der Weltoffenheit besetzt, sondern von den Angstthemen der „Asylchaos-Kampagnen" und Verschwörungsmythen dieser Art. Patriotismus erscheine dann als „soziomoralische Summenformel" (Patzelt 2010). Fischers Argumentation ist also zweigleisig: Einerseits analysiert er die antiliberalen Ideologeme des Populismus kritisch, andererseits erkennt er ein soziales Auseinanderdriften der Gesellschaft. Populistische Wahlerfolge müssten als ein Warnsignal in der Demokratie verstanden werden, eine moralische Skandalisierung des Rechtspopulismus allein reiche nicht aus.

Zu den Unterrichtsbeiträgen

Sechs Unterrichtsbeiträge für die Sekundarstufen I und II sind Themen des Populismus gewidmet.

Der Beitrag von *Andreas Kruse* leitet von der oberflächlichen Verwendung des Wortes in der Alltagssprache, zum Beispiel in Zeitungsschlagzeilen und Zitaten aus politischen Reden, zu der Frage nach einer strukturierten Definition des Begriffes. Diese Definition wird dann zur Basis von zwei Auszügen populistischer Reden, als Beispiele dienen die Inauguration Speech des US-Präsidenten Donald Trump (2017) und die Rede des ungarischen Ministerpräsidenten Viktor Orban zur Lage der Nation vom 10.2.2017. In einer Abschlussdiskussion sollen die SchülerInnen Stellung nehmen und sich ein eigenes Urteil bilden.

Mit Erinnerungskultur, mit selbstkritischem Nachdenken über Traditionsbildung und Traditionsbruch tun sich Populisten schwer. Der zweite Unterrichtsbeitrag von *Friedrich Huneke* leitet zur Analyse des Wandels von Kriegerdenkmalen zu Mahnmalen gegen Krieg und nationalistischer Heldenverehrung an. Im Sinne exemplarischen Lernens eignet sich dazu die Hamburger Mahnmalsmeile, die vom Rathausmarkt bis zum Stephansplatz am Dammtorbahnhof reicht. Der Längsschnitt beginnt mit dem „Kriegs-Gedenkmal" auf dem Rathausmarkt. Dort wurde 1931 eine Tafel mit der Relieffigur einer trauernden Soldatenwitwe des Künstlers Ernst Barlach eingeweiht. Auf dieses Mahnmal folgte das 76er-Kriegerdenkmal, auf dem monumentale Soldatenfiguren seit 1936 unter dem Motto „Deutschland muss leben, und wenn wir sterben müssen" in Stein gehauen sind. In einer Abfolge von angedrohten oder realisierten Zerstörungen, Wiederaufbauten und Fortschreibungen dokumentieren heute jüngere Mahnmale ergänzend den Hamburger Feuersturm von 1943, den Tod tausender Zwangsarbeiter auf den Schiffen Cap Arcona und Thielbeck sowie das Schicksal der Opfer der NS-Militärjustiz. Eine Abschlussdiskussion regt zur Reflexion über den Wandel in der Gedenkkultur an, der von der Verherrlichung des Kampfes und Soldatentodes zu Mahnmalen reicht, welche die Werte der Menschenwürde und die Fähigkeit zum kritischen Geschichtsbild in den Mittelpunkt stellen. Sozusagen ein Weg vom übersteigerten Nationalstolz zu Zivilcourage und Wertschätzung für die Errungenschaft der Menschenwürde in Artikel 1 des Grundgesetzes.

Der Beitrag von *Petra Höxtermann* rückt Propaganda und kritische Urteilsbildung in den Fokus der Betrachtung. Populistische Strömungen beruhen nicht zuletzt auf mangelnden Kompetenzen zur Analyse von Krisenphänomenen und der Suche nach einfachen Lösungen, die auf Vorurteilen aufbauen und für die mit propagandistischen Mitteln geworben wird. Die Autorin geht von einem Redeauszug des Propagandaministers Josef Goebbels aus, der im Kontext von Aussagen Adolf Hitlers zu Aufgaben der Propaganda analysiert wird. Anschließend leitet ein fachwissenschaftlicher Text zum Wesen des Populismus über, und im Anschluss an dieses Begriffslernen können Quellen aus der Gegenwart ausgewertet werden. Ein Modell zur Sach- und Werturteilsbildung beschließt den Lernweg.

Während die oben skizzierte Lerneinheit kognitive Arbeitsschritte und Textarbeit in den Vordergrund stellt, legt *Marco Wingert* mit seinem Mystery zum Thema Populismus ein erfrischend induktives, erlebnispädagogisches Projekt vor, das die Lernenden anregt, über eigene Rollenspielerfahrungen zu reflektieren, die eigene Verführbarkeit zum Vorurteil zu entdecken und zu hinterfragen. Durch Aktions- und Rollenkarten wird eine unübersichtliche Alltagssituation aufgebaut, in der einige Figuren dazu verführt werden, falsche Verdächtigungen auszusprechen, zu verbreiten und so zu einem Klima des Misstrauens und der Vorurteile beizutragen. Die abschließende Aufklärung über den Faktenhintergrund der Spielsituation führt zu fruchtbaren Reflexionen, bei denen die Lehrkraft sich stark zurücknehmen kann. Es sind die Jugendlichen selbst, die im Auswertungsgespräch die Aufklärungsarbeit leisten.

Der Beitrag von *Marie Kelb* setzt bei der Inanspruchnahme von Mythen durch populistische Parteien an. Die historische Figur der Jeanne d'Arc (um 1412 – 30.5.1431), auch als Johanna oder die Jungfrau von Orléans bekannt, wurde durch ihren Einsatz für die französische Sache im Hundertjährigen Krieg gegen England zum Mythos. Diesen nationalen Gründungsmythos von Jeannes Kampf gegen eine bedrohliche fremde Macht nahm die Führerin des Front Nationale, Marine Le Pen, zur Symbolfigur ihrer Wahlkämpfe, etwa 2012 stellte sie sich vor der frisch vergoldeten Reiterstatue der Heldin in Paris quasi als deren Nachfolgerin dar, und der SPIEGEL verbreitete die populäre These von der „Jeanne d'Arc der Rechten" willig, wenn auch kritisch. Die Materialien enthalten Hintergrundinformationen, Deutungen des Mythos, darunter von Marine Le Pen, und einen Unterrichtsvorschlag.

Den Reigen der Unterrichtsbeiträge beschließt ein Argumentationstraining von *Florian Grawan* und *Lena Sebening* in Bezug auf Grundmuster populistischer Erzählweisen. Das Autorenteam geht von typischen Mustern der populistischen Diskurse aus, wie: Dichotomien der Inklusion und Exklusion – wer gehört zum „Volk", wer wird ausgeschlossen –, Missbrauch der Macht durch „die da oben", Sehnsucht nach einem homogenen Volk, Ablehnung repräsentativer Demokratie zugunsten einer irgendwie direkten Demokratie, Diffamierung fremder Positionen. Ein Dreh- und Angelpunkt des Argumentationstrainings ist der „Beutelsbacher Konsens" der Geschichts- und Politikdidaktik von 1976: Überwältigungsverbot, Kontroversitätsgebot, Befähigung zur Wahrnehmung eigener Interessen – auf dem Boden der freiheitlich-demokratischen Grundordnung. Schüleräußerungen, die auf Intoleranz, Menschenfeindlichkeit und undemokratischen Standpunkten beruhen, lassen sich durch Diskussion abweichender Standpunkte in der Schülergruppe, durch Meinungsvielfalt, aber auch konsequente Hinweise auf den ausgrenzenden Charakter und fehlende Pluralität delegitimieren. Was hier theoretisch klingen mag, wird im Beitrag in einem praktischen Bezugsrahmen vorgeführt. Zum Beispiel verwendet rechtsextreme Rhetorik oft eine Strategie der Mimikry: Ängste werden geschürt und von dem undemokratischen Charakter der eigenen Position wird abgelenkt. Hier bietet der Beitrag Aufklärung und bewährte Argumentationshilfen.

Die *Autorinnen und Autoren des Tagungsbandes* verfolgen das Ziel, über Erscheinungsformen des Populismus und vor allem des Rechtspopulismus aufzuklären, der meist defizitäre Formen der Krisenbewältigung anbietet, indem er polarisierende Diskurse jenseits aufgeklärter Problemlösungsstrategien entwickelt. Oft werden unter dem Deckmantel eingleisiger Demokratie-Behauptungen die legalen Formen der repräsentativen Demokratie untergraben und eine Bewegung behauptet, die Interessen „des" Volkes zu vertreten. Populistische Wellen treten meist infolge von mentalen oder realen Krisen auf, sie können zerstörerische und menschenfeindliche Dynamiken in Gang setzen, sie lassen sich aber auch durch die Narrative einer freiheitlichen, solidarischen und aufgeklärten Gesellschaft widerlegen. Oder mit einem Bonmot von Oskar Negt: „Demokratie ist die einzige Staatsform, die gelernt werden muss." (Negt 2004, 197)

Theoretische Grundlegung

ROLF WERNSTEDT

Populismus – einige grundsätzliche und didaktische Überlegungen

Seit einigen Jahren hat in der politischen, politikwissenschaftlichen und didaktischen Kommunikation der Begriff „Populismus" Hochkonjunktur. Er wird meist verwandt, um Äußerungen negativ zu charakterisieren. Im Folgenden wird auf den Begriff und seinen semantischen Gehalt näher eingegangen, um anschließend aktuelle Formen des Populismus zu benennen und einige didaktische Überlegungen anzuschließen, die in der politischen Bildung Berücksichtigung finden sollten.

1. Zum Begriff „Populismus"

Der wortgeschichtliche Gehalt scheint relativ einfach bestimmbar. Vom lateinischen Wort populus = Volk ausgehend bezeichnet Populismus ein Verhalten, das sich auf Volk bezieht, unabhängig welches Volk zu welcher Zeit gemeint sein mag. Populär ist demnach eine Äußerung oder ein Verhalten, das sich auf „Volkes Meinung" beruft. Populistisch ist dazu eine Art Steigerung, die mit einer Äußerung auch eine bestimmte Absicht (in der Regel eine politische) verbindet. Da es sehr unterschiedliche Sachverhalte und Meinungen gibt, die populär sind (Sport, politische Meinungen und Forderungen zu verschiedenen Zeiten, Vergnügen unterschiedlichster Art etc.), ist auch der weiterführende Begriff des Populismus zunächst inhaltlich nicht vorbestimmt. Im Zusammenhang bestimmter, in der deutschen und europäischen Geschichte eher als nationalistisch oder rechts verorteter Positionen, ist er am augenfälligsten. Historisch gesehen gibt es aber linken und rechten Populismus. Der Begriff ist eigentlich mehrdeutig, sofern damit die Auffassung verknüpft ist, man spreche für das gesamte Volk. Er wird zu einem kritischen Begriff, der sich immer gegen bestehende Verhältnisse wendet.

Es ist interessant, dass nicht alle politikwissenschaftlichen Lexika diesen Begriff überhaupt erwähnen oder erklären, z.B. das „Wörterbuch Staat und Politik" (Nohlen 1991). Im von Hanno Drechsler, Wolfgang Hilligen und Franz Neumann herausgegebenen Lexikon der Politik „Gesellschaft und Staat" (1992) findet sich allerdings eine überraschend aktuell klingende Definition. Danach nennt man populistisch eine „klassenübergreifende Protest- und Verweigerungsbewegung ‚von unten‘, die an das ‚Volk‘ appelliert und sich auch selbst als ‚Volk‘ versteht. Wie schon die Farmerbewegungen (USA) und die ‚Narodniki‘ in Russland, greifen heute Steuerstreikbewegungen, Startbahn-West-Gegner u.a. auf traditionale gefühlsbesetzte Werte (Heimat, Natur, Religion) zurück, um die Souveränität des Volkes einzuklagen. Sie wollen die ‚Kleinen‘ gegen die ‚Großen‘ schützen.“ (ebd., 647 f.)

Nach dieser Definition beruht die Feststellung dessen, was das Volk ist, will und denkt, nicht auf einer Feststellung, die durch Wahlen oder andere Methoden der Erkenntnis gewonnen wird, sondern auf nicht abstimmungsfähigen Grundüberzeugungen. „Populistisch nennt man“, nach Drechsler et al., „auch die Versuche von Teilen der herrschenden politischen Elite, das unaufgeklärte Bewusstsein des ‚kleinen Mannes‘ zum Zwecke der Machterhaltung zu missbrauchen. Vorrationale Einstellungen, Ressentiments und Vorurteile (Ausländer) werden dabei in Regie genommen und verstärkt. Statt die Ängste und romantisierenden Sehnsüchte im Volk aufzuklären, werden sie als abrufbare Zustimmung für autoritäre Problemlösungen in Bereitschaft gehalten. Das ist autoritär-populistische ‚Anbiederung ans Volk‘“ (Drechsler et al. 1992, 581).

Die Unschärfe des Begriffs birgt die Gefahr, dass er zur Aufhellung der jeweiligen Phänomene und Methoden kaum etwas beiträgt. Man gewinnt einen anderen Zugang, wenn man das Selbstverständnis der Demokratien heranzieht. Parlamentarische oder präsidentielle Demokratien leben von der Vorstellung, dass die politische Macht von gewählten Vertretern ausgeht. In ihnen wird der Gedanke der Repräsentanz (des Volkes) institutionalisiert und erhält durch die Wahlen legitimierenden Charakter. Damit sich diese Repräsentanz ständig neu befragen lassen muss, wird sie nur auf Zeit in periodisch wiederkehrenden Wahlen gewährt.

Populistische Argumentation geht von der Behauptung aus, dass die gewählten Vertreter nicht das Volk und seine Meinung und sein Wollen vertreten, sondern in Gestalt ihrer politischen oder gesellschaftlichen Eliten den Willen des Volkes vernachlässigen oder gar missachten. Es ist daher kennzeichnend für moderne populistische Argumentation, herrschende tatsächliche oder mentale Verhältnisse anzugreifen. Das geschieht mit der Attitüde, dass sie, die Populisten, mit ihrer Meinung das Volk nicht nur repräsentieren, sondern das Volk selber sind. Sie suggerieren, dass durch ihre Meinung das Volk selber spricht. Eine solche Haltung ist nicht abstimmungsfähig, weil sie im Prinzip die geistige Auseinandersetzung, den demokratischen Streit, ablehnt. Denn dieser Streit beinhaltet im Kern immer, dass die eigene Meinung nicht absolut gesetzt werden darf, sondern korrigierbar bleibt.

Populistische Argumentation macht sich eine Unvollkommenheit demokratischer Repräsentanz zunutze. Denn man kann auch unter Anerkennung der Wertsetzungen des Grundgesetzes und der Menschenrechte Elemente direkter Demokratie, z.B. Volksabstimmungen, für demokratischer halten als die Repräsentanz. In der Schweiz, in kommunalen oder manchmal auch in Länderverfassungen ist dies vorgesehen. Auf Bundesebene haben wir dies nicht, weil die Autor(inn)en des Grundgesetzes in der Erinnerung an die nationalsozialistische Zeit keine Volksabstimmungen wollten, um deren Missbrauch zu verhindern (Todesstrafe, Unantastbarkeit der Grundwerte). In unserer Demokratie ist allerdings der Inhalt des Streites daran gebunden, bestimmte Wertauffassungen und Regeln nicht in Frage zu stellen. Deswegen gelten die Grundwerte des Grundgesetzes und die Menschenrechte als unaufgebbarer Rahmen jeder politischen Meinung und Haltung. Deshalb könnte man auch nicht, wie am Ende der Weimarer Republik, unter Berufung auf die Verfassung des Grundgesetzes diese Regelungen relativieren.

Populistische Haltungen haben es an sich, sich auf vorinstitutionelle Werte und ihre Interpretation zu berufen und sie für Leitgedanken zu halten. Diese Werte sind scheinbar unmittelbar einsichtig (fast wie ein „gesunder Menschenverstand"), sind ihrem Wesen nach aber immer unbestimmt und daher nicht einfach abzulehnen. Nur ihre instrumentelle Verwendung in spezifischer Formulierung und Zuspitzung ist einer argumentativen Relativierung oder Widerlegung zugänglich. So sind beispielsweise Begriffe wie Heimat, Sicherheit, kulturelle Identität, Unverletzlichkeit der Grenzen, Anstand, Ehre, Stolz, Würde etc. Begriffe, die nicht per se negativ sind, aber spezifische Ausdrucksweisen und unterschiedliche Erscheinungsformen haben können. Das gilt für linke wie rechte populistische Argumentationen.

2. Beispiele aktueller populismusanfälliger Begriffe

2.1 Heimat

Es handelt sich um einen vieldimensionalen Begriff, der mit viel zustimmenden und positiven Gefühlen besetzt ist. Sich zu ihr zu bekennen, mag unterschiedlich ausgestaltet sein, weil sie mit individuellen Erinnerungen verknüpft ist. Das können Räume sein, in denen man geboren und aufgewachsen ist, das können Menschen sein, die man seit Kindesbeinen und Schulzeiten kennt, das können Erinnerungen sein, gute und schlechte, das können Erlebnisse sein, die man mit einem bestimmten Ort verbindet. Es ist in jedem Fall etwas sehr Emotionales. Wenn es gelingt, jemanden zu finden, der die Heimat (d.h. das gefühlte Konstrukt) in Frage stellt oder dem man es unterstellen kann, kann man lebhafte Gegenreaktionen hervorrufen. Die Einrichtung des „Bundesministeriums des Innern, für Bau und Heimat“ (2017) ist sowohl von der Benennung als auch von der Bestimmung her ein Versuch, die von der AfD benutzte Wortkonstruktion aufzufangen und selbst zu besetzen.

2.2 Sicherheit

Die Garantie von persönlicher Sicherheit und körperlicher und seelischer Unverletzlichkeit ist unbestritten und positiv bewertet. Ihre Verletzung ist in der Regel strafbewehrt. Sie soll in unserem Staat durch die gewaltenteiligen Instanzen und Institutionen gewahrt werden.

Wenn es gelingt, durch Übertreibung oder Verallgemeinerung Unsicherheitstatbestände zu benennen, die negativ konnotiert sind und deren scheinbare oder tatsächliche Verursacher benannt werden, kann man Meinung machen. Falsche Rücksichtnahmen, naive Auffassung von Fremdheit und unklare Sprache werden dann zu Anknüpfungspunkten negativer Stimmungsmache und Verhetzung.

Die unausgesprochene Erwartung an einen funktionierenden Staat ist, das eigene Land in den bestehenden Grenzen schützen zu können, zu müssen und zu wollen. Hieran knüpfen sich historisch besonders langfristig geltende Überzeugungen. Daran hat sich auch durch die gewollte und allseits begrüßte Öffnung der innereuropäischen Grenzen nichts geändert.

Das Selbstbewusstsein europäischer Völker bzw. Nationen basiert auf der Unantastbarkeit ihrer Grenzen. Dies nicht zu beachten und offen auszusprechen, führt zum Einfallstor populistischer Agitation, wie man in den letzten Jahren in Frankreich, Deutschland, aber vor allem in Polen, Ungarn und der Slowakei/ Tschechien beobachten kann. So konnte Viktor Orbán, der ungarische Ministerpräsident, auf der Jahresanfangs-Klausur der CSU am 5. Januar 2018 in Seeon unwidersprochen sagen: „Das Jahr 2018 wird den Volkswillen der europäischen Nationen wiederherstellen.“

2.3 Gleichberechtigung von Mann und Frau

Der Verfassungsgrundsatz der Gleichberechtigung von Mann und Frau ist an sich unbestritten positiv. Dass er auch bei uns noch nicht überall real durchgesetzt ist, kennt man aus den feministischen und ökonomischen Diskussionen (z.B. der Forderung nach gleicher Bezahlung). Wenn man durch die Anwesenheit von kulturell anders sozialisierten Menschen mit Auffassungen konfrontiert wird, die die Gleichwertigkeit und damit Gleichberechtigung in Frage stellen, wäre es völlig falsch, dies unwidersprochen zu lassen, weil man unterschiedliche

Wertauffassungen tolerieren müsste. Stattdessen muss man solchen Auffassungen entschieden entgegentreten, weil sonst eine allgemeine fremdenfeindliche Stigmatisierung und Stimmung in populistischer Form erzeugt werden kann.

2.4 Toleranz

Das Toleranzgebot will die Freiheit des Einzelnen sichern. Es bedeutet aber nicht, dass jeder machen kann, was er will. Toleranz ist nur solange zu üben, wie die Freiheit eines anderen, mit dem man in derselben Gesellschaft lebt, nicht verletzt wird.

Toleranz hat zwei Rahmenbedingen: Einmal ist die Freiheit des anderen zu respektieren und zum andern muss ich selbst, um Toleranz mir gegenüber wirksam werden zu lassen, wissen, wo meine Grenzen sind, die nicht ohne Verletzung meiner Würde überschritten werden dürfen. Toleranz ist nicht beliebiges Gewährenlassen. Das betrifft vor allem den religiösen Bereich und die davon abgeleiteten täglichen Verhaltensmuster. Religiös verbrämte oder behauptete Gewohnheiten (Kleidung, Gebetsriten etc.) können dann negative Assoziationen auslösen, wenn sie demonstrativ und provokativ, überheblich oder gar missionarisch gezeigt werden. Auch Religionsfreiheit findet ihre Grenze an der Unverletzlichkeit der Freiheit Anders- oder Nichtgläubiger. Allein die Bezeichnung „Ungläubige" ist z.B. eine denunziatorische Begriffswahl.

2.5 Leitkultur und Identität

So selbstverständlich, wie wir über die Begriffe „kulturell", „Kulturnation" oder „kulturelles Erbe" sprechen, so uneindeutig sind sie ohne nähere Erläuterung. Zur Kultur gehören offenbar Sprache, künstlerische Ausdrucksformen, literarische Erzeugnisse, Alltagsgewohnheiten, Essenstatbestände, Anstandsregeln und vieles mehr. Alles zusammen genommen bildet die jeweilige Identität. Was es aber wirklich bedeutet, ist bei näherem Innehalten nicht eindeutig. Denn obgleich es z.B. unzweifelhaft ist, dass meine Großeltern dieselbe Kultur repräsentieren wie ich, so unterschiedlich sind (waren) unser Denken und auch vieles andere. Ich rede in vielem anders als sie (nicht nur, weil ich studieren durfte und sie nicht), halte manches für selbstverständlich, was bei ihnen noch anstößig war, esse vielfach etwas anderes als sie, lese etwas anderes, habe andere politische Auffassungen als sie oder weiß manches nicht, was sie noch wussten oder umgekehrt. Wir haben (hatten) dieselbe Religion, aber andere Familienangehörige sind aus der Kirche ausgetreten.

In der Feldmark meines Heimatdorfes befinden sich vier- bis fünftausend Jahre alte Großsteingräber. Gehören sie zu meiner Kultur? Ihre teilweise Zerstörung im 19. Jahrhundert zur Gewinnung von Straßenpflaster oder Bausteinen jedenfalls empfinden wir heute als kulturelle Barbarei. Kultur ist Überlieferung, und diese ist einem steten Wandel unterworfen. Wenn es jemandem gelingt, dieses diffuse Gebilde in Frage zu stellen, kann das sehr starke Emotionen der Abwehr hervorrufen.

Als nach 1945 in unser Dorf die ersten Katholiken als Flüchtlinge kamen, war dies eine Art Kulturschock, denn diese verkörperten angeblich alle möglichen schlechten Eigenschaften, sie stahlen, sagten nicht die Wahrheit oder wuschen sich nicht ordentlich. Es dauerte lange, bis diese Vorurteile innerlich überwunden waren. In katholischen Gebieten war es umgekehrt. Bis in die 70er Jahre des vorigen Jahrhunderts hinein war es unmöglich, dass es in Ostfriesland einen katholischen oder im Emsland einen evangelischen Schulrat gab.

Wenn etwas als kulturell zugehörig und das Leben bestimmend wahrgenommen wird und dieses scheinbar oder befürchtet in Frage gestellt wird, ist das Potential aggressiver Abwehr sehr stark. Wenn es dazu noch schnell vonstattengeht, ist es umso gefährlicher. Dabei gehört es zu den alltäglichen Erfahrungen seit mindestens 150 Jahren in Mitteleuropa, dass ständige Veränderungsprozesse stattfinden, mit denen sich die Menschen mehr oder weniger erfolgreich arrangieren.

Das heißt, Änderungsprozesse im kulturellen Selbstwertgefühl müssen ernst genommen werden, weil sie objektive Tatbestände betreffen, die man nicht moralisierend überwinden kann. Das trifft gerade bei den modernen Phänomenen zu. Neue Medien, allgegenwärtige Verfügbarkeit von Informationen und Desinformationen, millionenfache Wanderungsbewegungen, flexible Arbeitsmärkte und vieles andere führen zu ständigen Veränderungsprozessen. Wenn man die Befürchtungen, die damit zusammenhängen, nicht ernst nimmt, begünstigt man Formen des Widerstandes nationaler oder gar völkisch-rassistischer oder klassenkämpferischer Qualität, die sich nicht an den Prinzipien der Rücksichtnahme und Rationalität orientieren.

2.6 Erinnerungskultur

So unzweifelhaft es ist, dass jeder Mensch, seine Familie und sein persönliches Umfeld Erinnerungen mit sich tragen, so unzweifelhaft ist es auch, dass sich Erinnerungen nicht im Kleinraum persönlicher Erinnerungen beschränken können. Das gesellschaftliche und kulturelle Erinnerungsgut wird durch außerpersönliche Erklärungen und Interpretationen geprägt. Dieses ist immer politisch, gesellschaftlich, religiös und gruppenspezifisch/klassenspezifisch vermittelt. Es ist nichts Statisches.

Vor gut 100 Jahren gehörte zur deutschen Erinnerungskultur das Wissen um die dynastischen Familien der Kleinstaaten, um die nationalistischen Zielsetzungen und Selbstbilder, oder um den klassenspezifischen Aspekt bei den politisch orientierten revolutionären Parteien und ihren Anhängern. Die Bundesrepublik Deutschland hat sich nach dem Zweiten Weltkrieg in einem jahrzehntelangen Prozess in Politik, Gesellschaft, Wissenschaft und Pädagogik der schonungslosen Aufklärung der Frage gestellt, welches die Gründe für die politische und moralische Katastrophe des nationalsozialistischen Deutschland waren. Das Ergebnis ist ein differenziertes Urteil:

Trotz der beachtlichen Leistungen, die in der deutschen Geschichte in der Kultur, der Wissenschaft, der Technik und der Industrialisierung erbracht worden sind, haben es die deutschen Eliten (man kann auch sagen: „Die herrschenden Kreise") nicht vermocht, den Nationalsozialismus zu verhindern, sondern haben ihn mehrheitlich sogar gestützt, so dass es zum Zivilisationsbruch des Holocaust und zum Eroberungs- und Vernichtungskrieg hat kommen können.

Die Substanz der heutigen deutschen Erinnerungskultur ist die vorbehaltlose Anerkennung dieser historischen Schuld, die den nachwachsenden Generationen nicht als individuelle Schuld angelastet werden darf, sondern als demokratische Verantwortung, keine Denkweisen und Zustände zuzulassen, die ein solches oder ähnliches Versagen noch einmal ermöglichen. Dies als „Schuldkult" zu verunglimpfen oder gar eine 180-Grad-Umkehr der Geschichtsauffassung zu fordern, bedeutet die Gefährdung der friedlichen Gesinnung, wie sie sich in den letzten Jahrzehnten entwickelt hat.

3. Didaktische Überlegungen

Wenn man populistische Erscheinungen, die heutzutage in der Regel autoritär, rechtslastig, nationalistisch, fremdenfeindlich und verschwörungstheoretisch auftreten, bearbeiten will, dann ist eine mehrdimensionale Strategie notwendig. Man muss in einem ersten Schritt jeden angesprochenen Sachverhalt versuchen, auf seine sachliche Substanz hin zu befragen und Tatsachen festzustellen (Klärung verwendeter Begriffe wie Heimat, Kultur, Identität u.ä.).

In einem zweiten Schritt muss man die Wertungen, die in der Betonung oder Heraushebung bestimmter Begriffe stecken, herausarbeiten und als solche benennen (Komplexität vieler Begriffe wie oben erwähnt).

Man muss in einem weiteren Schritt lernen zu erkennen, welche logisch und sachlich unzulässigen Verallgemeinerungen vorgetragen werden. Wenn bestimmte Begriffe so verwandt werden, dass sie nur als Behauptungen daherkommen, ist die Frage nach Begründungen notwendig.

Vorgetragene Verschwörungstheorien müssen als solche erkannt und zurückgewiesen werden.

Man muss darauf bestehen, dass Zweifel an einer Behauptung oder einer Information nicht automatisch den Vorwurf der „Lüge" implizieren dürfen, sondern der rationalen Begründung bedürfen.

Wenn diese drei Schritte gegangen sind, kommt es darauf an, die Methoden zu erkennen, die populistische Argumentation anwendet.

Beliebt ist die gewollte Provokation, durch kurze zugespitzte Formulierungen (solche Formulierungen sind zum Beispiel: „massenvergewaltigende Horden muslimischer Männer", Stolz auf deutsche Heldentaten im Weltkrieg, Schuldkult der deutschen Erinnerungskultur, das Land wieder holen). Solchen Provokationen kann man nicht ausweichen, sondern muss sie so eingrenzen, dass man die historischen Zusammenhänge und die Richtigkeit einzelner Phänomene benennt. Dann wird es möglich, die manipulative Kraft verallgemeinernder Einzelphänomene zu entlarven.

Ein Charakteristikum populistischer Praxis ist die pauschale Verächtlichmachung der „herrschenden Eliten". Mögliche nachvollziehbare Kritik an politischen Entscheidungen (Migrationspolitik) oder gesellschaftlichen Zuständen (Finanzkapitalismus) oder internationalem Agieren (Eurokrise) werden zur fundamentalen Kritik an den demokratischen Strukturen und angeblichen charakterlichen Schwächen handelnder Politiker missbraucht. Sie ignorieren eines der fundamentalen Charakteristika demokratischer Systeme. Diese sollen und wollen durch ständige öffentliche Debatten und durch die auf begrenzte Zeit verliehene Macht Kritik institutionell begünstigen. Der Missbrauch solcher gesetzlichen Kritikmöglichkeiten hat am Ende der Weimarer Republik zur Diskreditierung und schließlich zur Abschaffung der demokratischen Republik geführt.

Pauschale systemkritische Verächtlichmachung kritikwürdiger Entscheidungen pervertiert demokratische Prozesse und führt letztlich zur Stärkung autoritärer Strukturen. Fundamentale Systemkritik schreckt auch nicht vor der Verwendung von Gerüchten oder bewussten Lügen zurück. Durch die neuen Medien ist es möglich, in einer Art sich ständig selbst bestätigender Berichte mit Hilfe völlig irriger oder manipulativer Informationen sich in vorgefassten Meinungen bestätigen zu lassen (sogenannte „Echokammern").

Das Hauptmotiv abendländischer und wissenschaftlicher Aufklärung, nämlich der kritischen Betrachtung *aller* Informationen vor jeder Meinungsbildung Vorrang zu gewähren, wird in diesen Auseinandersetzungen in Frage gestellt.

Fake News und ihre unwidersprochene Wirkung laufen zu lassen, beschädigt die politische Kultur, die uns Freiheit, Aufklärung und allgemeine Menschenrechte gebracht hat. Aufgeklärte Medienkompetenz darf diesen Aspekt nicht vernachlässigen, um nicht auf populistische Kurzschlüsse hereinzufallen.

Die Grundsätze des sog. Beutelsbacher Konsenses zur Politischen Bildung, dass Schülerinnen und Schüler niemals indoktriniert werden dürfen und dass jedes Thema kontroverse Diskussionen zulassen sollte, bleibt gültig. Angesichts des Populismus sollte daran erinnert werden, dass die Prinzipien Überwältigungsverbot und Kontroversität an den Rahmen der Grundwerte des Grundgesetzes und der Menschenrechte gebunden sind.

Literatur

Decker, Frank (2017): Was ist Populismus? In: Jungkamp/John-Ohnesorg (Hg.): Politische Bildung in der Schule. Berlin, S. 17–25.

Drechsler, Hanno/Hilligen, Wolfgang/Neumann, Franz (^{8}1992): Gesellschaft und Staat. Lexikon der Politik. München.

Jungkamp, Burkhard/John-Ohnesorg, Marei (2017): Politische Bildung in der Schule. Zeitgemäße Ansätze in Zeiten des Populismus (Schriftenreihe des Netzwerkes Bildung der Friedrich-Ebert-Stiftung 42). Berlin.

Hillje, Johannes (2017): Propaganda 4.0. Wie rechte Populisten Politik machen. Bonn.

Müller, Jan-Werner (^{4}2016): Was ist Populismus? Berlin.

Nohlen, Dieter (1991): Wörterbuch Staat und Politik. München.

POLIS (2017): Report der deutschen Vereinigung für politische Bildung 3, 2017. Schwerpunkt Populismus.

Praxisforum gegen Rechtsextremismus (2017): Vielfältige Strategien im Umgang mit Rechtspopulismus vor Ort. In: Gegen Vergessen – Für Demokratie, Nr. 94, Oktober 2017, 27/28.

DETLEF SCHMIECHEN-ACKERMANN

„Extremismus der Mitte“ – Wiederholt sich Geschichte?

Populistische Bewegungen im historischen Vergleich in Deutschland

Als 2007 in den USA massenhaft risikoreiche Hypotheken nicht mehr bedient werden konnten und eine künstlich erzeugte Immobilienblase platzte, wurden auch in Europa umgehend bedrohliche Erinnerungen aufgerufen und historische Vergleiche bemüht. Das Hamburger Abendblatt stellte im Frühjahr 2009 unter Rückgriff auf Äußerungen des angesehenen deutschen Wirtschaftshistorikers Werner Abelshauser die „Parallelen zur Krise von 1929“[1] heraus. Der prominente amerikanische Ökonom und Nobelpreisträger Paul Krugman recycelte und erweiterte seine früheren Überlegungen sehr konjunkturaffin in einer Studie, die 2009 unter dem Titel „Die neue Weltwirtschaftskrise“ auch auf dem deutschen Buchmarkt den erwartbaren Erfolg verzeichnete. (Krugman 2009). Dies sind zwei beliebig herausgegriffene Beispiele, die belegen, dass ein längere Zeit wenig beachtetes historisches Thema, nämlich die Weltwirtschaftskrise der Zwischenkriegszeit, wie aus dem Nichts zum quasi selbstverständlichen Referenzrahmen für eine aktuelle Problemlage werden konnte. Mittlerweile sind die zunächst grell ausgemalten Katastrophenszenarien eher nüchternen Analysen gewichen, die vor allem die Unterschiede zwischen der Weltwirtschaftskrise der späten 1920er- und frühen 1930er-Jahre[2] und der Finanzkrise unserer Tage betonen.[3]

---

1 o.A.: Wissenschaftler: Parallelen zur Krise von 1929, in: Hamburger Abendblatt.

2 Als Zusammenfassung der immer noch kontroversen Debatte über die Weltwirtschaftskrise und Bilanz des aktuellen Forschungsstandes: Hesse/Köster/Plumpe 2017, S. 177–203. Als Versuch einer populären Einführung: Pressler 2013.

3 Die Titel solcher Beiträge lauten: „2008 ist nicht 1929“ (Sasse 2017) oder „Der Vergleich mit 1929 passt einfach nicht“ (Gillies 2017). Ein von der Bundeszentrale für politische Bildung im Mai 2009 ins Netz gestellter Beitrag von Albrecht Ritschl widmet sich ausführlich der zugespitzten Frage: „War 2008 das neue 1931?“, erläutert aber bereits im Untertitel: „Zwar gibt es Ansatzpunkte für einen Vergleich der heutigen Situation mit der Weltwirtschaftskrise der 1930er Jahre. Aber im Detail zeigt sich, dass die Unterschiede überwiegen.“ (Ritschel 2009).

Welche Bedeutung hat der hier eingangs skizzierte Wahrnehmungsprozess, wenn es in diesem Beitrag doch um „Populismus“ gehen soll? Glauben wir diversen Wortmeldungen in den Medien, dann geht es auch um die Frage, ob sich der Verfall der Demokratie[4] in Deutschland, das von Hans Mommsen für die Weimarer Jahre so vehement beklagte leichtsinnige „Verspielen der Freiheit“ (Mommsen 1990), in unserer Zeit wiederholen wird. Allerdings wird sehr sorgsam zu reflektieren sein, in welcher Weise wir uns bei der Betrachtung dieser Frage auf historische Vergleiche beziehen. Wertende komparative Geschichtsdeutungen sind, wie am Beispiel der Finanzkrise eingangs gezeigt, in der Mediengesellschaft des 21. Jahrhunderts zur „Munition“ im täglichen Meinungskampf um politische Geltung geworden. Politiker, Lobbyisten, Journalisten, aber auch Stammtischredner und Internet-Blogger argumentieren gern und häufig unter Verwendung von historischen Vergleichen; sie nutzen damit „Geschichte als Argument“, wie bereits 1996 das Motto des Historikertages lautete. Nur leider machen sich viele dieser Kommunikationsteilnehmer wenig bis gar keine Gedanken darüber, auf welche Weise ein seriöses Argumentieren mit historischen Erfahrungen geschehen kann und welche methodischen Standards bei einem kritischen Umgang mit Geschichte zu beachten sind. Auf dieses Problem wird am Ende des Beitrages zurückzukommen sein. Im Folgenden wird zunächst (1.) kurz skizziert, welchen intellektuellen Ursprung und Kontext die Formel des „Extremismus der Mitte“ hat, (2.) diskutiert und bilanziert, welchen Erkenntniswert diese Formel angesichts des inzwischen erreichten Forschungsstandes zur Erklärung der Wahlerfolge der Nationalsozialisten beanspruchen kann, werden (3.) Interpretationen und Debattenbeiträge zum heute erneut beschworenen Radikalismus der „Mitte“ in Augenschein genommen und schließlich (4.) die Frage der Vergleichbarkeit des im 21. Jahrhundert auftretenden Populismus mit der Radikalisierung der Weimarer Gesellschaft anhand von ausgewählten Perspektiven und Positionen überprüft.[5]

1. Seymour Martin Lipsets theoretisches Erklärungsmodell für den Aufstieg des Nationalsozialismus

„Extremismus der Mitte“ ist eine auch in der Mediengesellschaft des 21. Jahrhunderts häufig aufgerufene Deutungsformel. Woher stammen Begriff und Konzept? Diese prägnante Formulierung ist von dem in jungen Jahren sozialis-

4 Vgl. zur Entwicklung der Weimarer Republik: Bracher 1984.

5 Ich danke meiner Kollegin Christiane Schröder herzlich für Anregungen und Kritik.

tisch eingestellten, später als Wissenschaftler neokonservativen amerikanischen Soziologen Seymour Martin Lipset in die Debatte eingeführt worden. Lipsets Hauptarbeitsgebiet war die politische Soziologie. Bekannt geworden ist er u.a. mit der These, dass wachsender Wohlstand die Chancen für Demokratisierungen erhöhe. In einem seiner Hauptwerke, „Political Man" (zu Deutsch: „Soziologie der Demokratie") entwickelte Lipset 1960 seine Interpretation, der Faschismus in Deutschland sei als ein „Extremismus der Mitte" zu verstehen. Seine Grundannahme lautet, dass „in jeder größeren Gesellschaftsschicht sowohl demokratische als auch extreme politische Tendenzen vorhanden sind." (Lipset 1962, 131). Dabei geht er – wie es damals durchaus üblich war – von einer sehr groben Aufgliederung der Gesellschaft aus und ordnet den drei großen sozialen Schichtungen jeweils spezifische Ausprägungen des Extremismus zu: der „Oberschicht" den „traditionellen Autoritarismus", der „Arbeiterklasse" den Kommunismus und dem „Mittelstand" den „Faschismus". Letzterer stelle „einen Protest sowohl gegen den Kapitalismus als auch gegen den Sozialismus, gegen die Großindustrie und gegen die großen Gewerkschaften dar". (Lipset 1962, 135). Lipset ließ sich bei dieser Deutung von dem amerikanischen Nationalökonomen David Saposs inspirieren, der Mitte der 1930er-Jahre konstatiert hatte, der Faschismus sei „die extremistische Ausdrucksform der Mittelstandspolitik oder des Populismus." (Saposs 1935, 395). Lipset teilte diese Einschätzung und fand es „nicht erstaunlich, dass die kleinen Unternehmer unter gewissen Bedingungen extremen politischen Bewegungen in die Arme laufen, sei es nun der Faschismus oder der anti-parlamentarische Populismus, die alle beide in der einen oder anderen Form ihre Verachtung für die parlamentarische Demokratie zur Schau tragen. Diese Bewegungen kommen denselben Bedürfnissen entgegen wie die konventionellen liberalen Parteien; sie stellen eine Art Ventil für den Druck dar, welchen die Struktur der modernen industriellen Ordnung auf den Mittelstand ausübt. Während aber der Liberalismus versucht, den Problemen mit Hilfe von legitimen sozialen Veränderungen und ‚Reformen' […] beizukommen, wollen Faschismus und Populismus die Probleme dadurch lösen, dass sie […] dafür sorgen, dass nicht nur der alte Mittelstand seine wirtschaftliche Sicherheit und seinen hohen gesellschaftlichen Status wiedererhält, sondern, dass auch Macht und Status des Großkapitals und der Gewerkschaften zurückgehen. Die Anziehungskraft extremer Bewegungen mag auch als eine Reaktion […] auf die Auswirkungen der Industrialisierung […] gesehen werden." (Lipset 1962, 139 f.). Schließlich bündelte Lipset seine Interpretation in folgender Feststellung: „Im Jahre 1932 war der idealtypische Wähler der Nationalsozialistischen Partei ein selbständiger protestantischer Angehöriger des Mittelstandes, der entweder auf einem Hof oder in einer kleinen Ortschaft lebte und der früher für eine Partei der politischen Mitte oder eine regionale Partei gestimmt hatte." (Lipset 1962, 154).

Den kritischen Einwand, dass die Nationalsozialisten offensichtlich auch einen sehr hohen Anteil der Erstwähler sowie vormaliger Nichtwähler für sich mobilisieren konnten, diskutierte Lipset zwar, meinte ihn aber – auf der Basis der seinerzeit zur Verfügung stehenden Wahldaten und des damaligen Instrumentariums der Wahlforschung – relativieren zu können. Diese skeptische Betrachtung des Lipset'schen Ansatzes soll keineswegs infrage stellen, dass tatsächlich intensive Affinitäten zwischen sozialen Gruppen aus den Mittelschichten und der aufstrebenden NS-Bewegung bestanden haben. Zu kritisieren ist, dass der exklusive Fokus auf Gewerbetreibende und bäuerliche Hofbesitzer (in damaliger Terminologie: auf den „alten Mittelstand") zu kurz greift. Zudem muss problematisiert werden, ob ein so grobschlächtiges soziologisches Instrumentarium überhaupt ausreichen kann, um die Massenunterstützung für den seit 1929 kometenhaft aufstrebenden Nationalsozialismus zu erklären. In mehr als fünf Jahrzehnten intensiver NS-Forschung ist hierauf eine eindeutig negative Antwort gegeben worden.

2. Konkurrierende Deutungen zur Erklärung des nationalsozialistischen Erfolges

In seiner Längsschnittstudie zu Parteien und zum Wählerverhalten vom Kaiserreich bis zur Bonner Republik hat der Politikwissenschaftler Karl Rohe in großen Linien eine sehr überzeugende Interpretation geliefert. Er charakterisierte die zweite Hälfte des 19. Jahrhunderts als „Ära der ursprünglichen politischen Akkumulation". (Rohe 1992, 57–97). Damit ist gemeint, dass sich in Deutschland bald nach der Reichsgründung 1871 ein politisches Dreilager-System ausgebildet habe, das kulturell sehr eng mit sozial-moralischen Milieus (vgl. Lepsius 1966, 371–393). verwoben gewesen sei: Demnach bildete die Zentrumspartei (sowie als regionale Sondervariante die Bayerische Volkspartei) den politischen Arm eines in sich sehr geschlossenen, gegenüber der protestantischen Bevölkerung aber auch weitgehend isolierten katholischen Sozialmilieus, das schichtenübergreifend war. In deutlichem Kontrast zu diesem konfessionellen Profil konstituierte eine sozial-ökonomische Kategorie, nämlich die Zugehörigkeit zur organisierten Industriearbeiterschaft, in sehr hohem Maße das sozialistische Arbeitermilieu. Dessen politische Ausdrucksform stellte die Sozialdemokratie dar. Nach der Spaltung der Arbeiterbewegung im Zuge des Ersten Weltkrieges konkurrierten um die Stimmen aus dem eng mit diesem Milieu verbundenen sozialistischen Wählerlager vorübergehend die USPD und dauerhaft die KPD mit der MSPD[6] bzw. seit 1922 wieder SPD. Strukturell betrachtet: *ein* umfassendes Milieu, *ein* großes Wählerlager, aber *mehrere* konkurrierende Parteien als politische Exponenten. Als dritten großen Wählerblock identifizierte Rohe das „nationale Wählerlager", aus dem mehrere konservative wie auch liberale bürgerliche Parteien (etwa die DDP, DVP, DNVP sowie völkische Gruppierungen) ihr Stimmenpotenzial und ihre politische Unterstützung generierten. Sozial-kulturell und mental war in diesem Falle nicht die Verbindung mit einem lebensweltlich prägenden und integrierenden Sozialmilieu konstitutiv, wie dies für das katholische wie das sozialistische Wählerlager galt. Der Soziologe Rainer Lepsius, der das Konzept der sozial-moralischen Milieus entwickelt hat, um die sehr tiefgreifende soziokulturelle Fragmentierung der deutschen Gesellschaft abzubilden, unterschied hier zwei Milieus, nämlich ein vor allem in den Städten anzutreffendes liberales Milieu sowie ein konservativ-protestantisches Milieu mit Schwerpunkt in den ostelbischen Gebieten Preußens. In diesem Falle also: *ein* großes „nationales" Wählerlager, aber *zwei* damit verbundene lebensweltliche Milieus und sogar *viele* konkurrierende Parteien und Verbände als politische Ausdrucksform.

In diesem idealtypischen Erklärungsmodell werden die voneinander zu scheidenden „sozial-moralischen Milieus" verstanden als soziokulturelle Gebilde, die „durch eine Koinzidenz mehrerer Strukturdimensionen wie Religion, regionale Tradition, wirtschaftliche Lage, kulturelle Orientierung, schichtspezifische Zusammensetzung" definiert werden. (Lepsius 1993, 38). Empirisch beschreibbar werden die vier von Lepsius konturierten Idealtypen durch einen konkreten Bezug auf aussagekräftige Indikatoren wie Mitgliedschaften in milieuspezifisch geprägten Kultur- und Sportvereinen, Verbänden und Gewerkschaften, in der Bindung an die milieuspezifische Presse und die dort vertretenen Ideen und Gefühlslagen sowie schließlich durch die Zugehörigkeit zur Stammwählerschaft der entsprechenden Milieupartei. Dieses Deutungsmodell ist im Grunde nichts anderes als eine auf die deutschen Verhältnisse angewendete Variante der sogenannten Cleavage-Theorie, die der norwegische Politikwissenschaftler und Soziologe Stein Rokkan gemeinsam mit dem bereits erwähnten Seymour Martin Lipset einige Jahre nach dem Erscheinen von dessen „Political Man" in die Debatte eingeführt hatte. Danach präformieren im

6 Für die Phase bis zur Wiedervereinigung der Unabhängigen Sozialdemokratischen Partei Deutschlands (USPD) mit der Mehrheitssozialdemokratie ist hier die letztere gemeint.

20. Jahrhundert in den Parteiensystemen der westlichen Zivilisation vor allem vier gesellschaftliche Spannungs- oder auch Spaltungslinien, englisch: „cleavages", die Selbstzuordnung der Wähler zu einem bestimmten Wählerlager oder einer konkreten Partei. Rokkan und Lipset zufolge sind diese vier Konfliktlinien, die bereits im Zuge der Industrialisierung entstanden waren: Kapital versus Arbeit, Kirche versus Staat, Urbanität versus Ländlichkeit und Zentrum versus Peripherie. (vgl. Lipset/Rokkan 1967).

Als vorläufiges Zwischenfazit ist festzuhalten: Kategorien der sozialen Schichtung reichen allein nicht aus, um die soziale Basis des Nationalsozialismus zu beschreiben und zu analysieren. Zwingend notwendig ist eine Kombination von sozial-, kultur- und mentalitätsgeschichtlichen Faktoren. (Nebenbei bemerkt: Wir betrachten hier die historischen Wurzeln des heutigen Modebegriffes „Intersektionalität"). Die plakative marxistische These, allein die soziale Lage bestimme die politische Orientierung, ist selbst im Hinblick auf die im ersten Drittel des 20. Jahrhunderts noch vergleichsweise festen Bindungen von sozialen Gruppen der Gesellschaft an bestimmte Wählerlager offensichtlich zu eindimensional: In der Praxis überlagerten sich stets mehrere Faktoren bzw. Konfliktlinien. Die politischen Parteien waren – wie Rokkan und Lipset schon vor 50 Jahren formulierten – zugleich Agenten zur Austragung von Konflikten wie auch Instrumente der politischen Integration. (Lipset/Rokkan 1967, 3–6).

Damit von der Makroanalyse zur Mikroanalyse. Charakterisierte Karl Rohe die NSDAP noch recht pauschal als jene Partei, die „sozialstrukturell gesehen zwar Züge einer Volkspartei, politisch-kulturell gesehen jedoch den Charakter einer Lagerpartei besaß" (Rohe 1992, 160), so ist es das Verdienst des Wahlforschers Jürgen Falter, durch seine auf einer systematisch (re)konstruierten Datenbasis aufbauende Analyse zu methodologisch gesicherteren Erkenntnissen vorgedrungen zu sein. Falter begegnete dem Problem, das uns bis 1945 keine Repräsentativbefragungen von Wählern zur Verfügung stehen, indem er möglichst kleinräumig zum einen die überlieferten Wahlergebnisse und zum anderen vielfältige soziale Daten zu den Wahlberechtigten in denselben Gebietseinheiten als Material für seine quantitative Untersuchung zusammentrug. Für Extremsituationen ergeben sich aus einem solchen Vorgehen ganz unmittelbar ableitbare Erkenntnisse: Wenn zum Beispiel in einem rein katholischen Bezugsraum die NSDAP 15 % aller Stimmen erhalten hatte, dann lag der Anteil der Katholiken, die die NSDAP gewählt hatten, in diesem Fallbeispiel bei exakt 15 %. Vergleichbar einfache Rechnungen lassen sich auch für rein städtische oder ländliche Bezugsräume aufmachen. Der Regelfall ist aber, dass Personen mit unterschiedlichen Merkmalen (im Hinblick auf Konfession, Alter, Geschlecht, Beschäftigungsstatus, Größe des Wohnortes) in dem jeweiligen Bezugsraum wahlberechtigt sind. Verfügt man nun flächendeckend über kleinräumig erhobenes Datenmaterial, dann wird es mithilfe des komplexen statistischen Verfahrens der sogenannten ökologischen Regressionsanalyse möglich, zu sehr plausiblen und vor allem methodisch überprüfbaren Schätzungen des Wahlverhaltens bestimmter sozialer Gruppen zu kommen. Auf dieser Basis erteilte Falter im Ergebnis allen früheren, auf weniger detaillierten statistischen Daten und weniger komplexen Verfahren beruhenden Interpretationen eine Absage. Dies gilt sowohl für Lipsets Mittelstands-These als auch für Richard Hamiltons Interpretation, der der Oberschicht eine besondere Relevanz für den Aufstieg der NS-Bewegung zugewiesen hatte. (vgl. Hamilton 1982). Es gilt ebenso für den von Reinhard Bendix sowie von Hannah Arendt präferierten massentheoretischen Erklärungsansatz[7], der auf die Radikalisierung von atomisierten „unpolitischen" Massen abgehoben und vor allem die Bedeutung von Erstwählern und vormaligen Nichtwählern in den Blickpunkt gerückt hatte. Mittlerweile gelten die von Falter herausgearbeiteten Befunde und Deutungen weitgehend als kanonisiert. Wie sehen sie konkret aus?

Nach der sozialen Zusammensetzung ihrer Wählerschaft ist die NSDAP für Falter als eine schichten- und konfessionsübergreifende „Volkspartei des Protestes" zu qualifizieren, wobei man ihr angesichts des überdurchschnittlichen Wertes von rund 60 % ihres Wählerpotenzials, das aus den alten und neuen Mittelschichten stammte, doch zubilligen könne, dass sie eine „Volkspartei mit Mittelstandbauch" gewesen sei. (Falter 1991, 371 f.). Ganz nebenbei räumte Falter mit einigen immer wieder propagierten Mythen auf. Es ist zum Beispiel nicht belegbar, dass Arbeitslose überproportional die NSDAP gewählt hätten. Im Gegenteil: Die NSDAP war in den frühen 1930er-Jahren gerade in Gebieten besonders erfolgreich, wo die Arbeitslosigkeit unter dem Durchschnitt lag.[8] Die klassische Arbeitslosenpartei war die KPD. Ebenso wenig trifft die von vielen lange Zeit gehegte Illusion zu, dass die Arbeiterschaft vor 1933 weitgehend „immun" gegenüber dem Werben des Nationalsozialismus gewesen sei: Bei den letzten Reichstagswahlen der Weimarer Zeit stammten vier von zehn für die NSDAP abgegebenen Stimmen aus einem Arbeiterhaushalt. In anderer Perspektive: Der Stimmenanteil der NSDAP bei der Reichstagswahl vom März 1933 lag unter allen Arbeiterinnen und Arbeitern bei etwa 27 %. Damit hätten „ab 1932 mehr

---

7 Vgl. dazu Falter 1982, S. 438–469. Vgl. zu Hannah Arendts Reflexionen über die Rolle der Massen für den Aufstieg des Nationalsozialismus: Arendt 1998, S. 663–702.

8 Vgl. speziell zu diesem Aspekt: Falter 2013 sowie Falter 1991.

Arbeiter für die NSDAP als für die KPD oder die SPD gestimmt" (Falter/Hänisch 198–229) – gemeint sind hier allerdings die Einzelergebnisse von KPD und SPD, die gemeinsam auch noch 1932/33 mehr Stimmen aus der Arbeiterschaft erhielten als die NSDAP. Zudem sollte wohl ergänzt werden, dass die Teilgruppe der Landarbeiter eine überdurchschnittlich hohe Affinität zur NSDAP aufwies, während der Kern der gewerkschaftlich organisierten Industriearbeiterschaft unter den NSDAP-Wählern offensichtlich deutlich unterrepräsentiert blieb. (Falter 1991, 198–230).

Zusammengefasst bestätigen die differenzierten Ergebnisse Falters somit Rohes oben zitierte pauschale Evaluierung: Der NSDAP war es in der Spätphase der Weimarer Republik erstens gelungen, zur dominierenden Kraft im nationalen Wählerlager aufzusteigen und dabei konkurrierende liberale, konservative und völkische Parteien weitgehend aufzusaugen bzw. zu marginalisieren. Zweitens gelangen ihr begrenzte, aber doch spürbare Einbrüche in das sozialistische und katholische Wählerlager. Die Addition beider Faktoren reichte aus, um am Ende über 40 % der Wählerinnen und Wähler für sich zu mobilisieren und im Zusammenspiel mit den orientierungslos gewordenen und trügerische Illusionen hegenden konservativen Eliten der Weimarer Gesellschaft an die Macht zu gelangen.

Für unser Erkenntnisinteresse bleibt festzuhalten, dass der Begriff des „Mittelstandes" bzw. der gesellschaftlichen „Mitte" weder in den modellhaften Überlegungen von Rohe und Lepsius, die heute weithin als Basis für die Makroanalyse der sozialen und politischen Strukturen in Deutschland von etwa 1870 bis mindestens 1930 akzeptiert sind, noch in dem von Falter entwickelten Erklärungsmodell eine zentrale Bedeutung gewinnt. Die These vom „Extremismus" oder „Radikalismus der Mitte" beschreibt zwar partiell relevante Phänomene, erklärt aber insgesamt die Wahlerfolge der Nationalsozialisten nicht in ausreichender Weise und vor allem nicht so differenziert wie Falters elaboriertere Analyse. Sie hat daher als Erklärungsmodell für den Nationalsozialismus nur eine sehr begrenzte Reichweite. Wie kommt es also, dass mit Blick auf den Populismus und auf extremistische Einstellungen in unseren Tagen wieder so viel über „die Mitte" gesprochen wird und welchen Sinn macht das?

3. Die „Mitte" und das Problem der Beliebigkeit

Seit 2002 werden alle zwei Jahre an der Universität Leipzig unter Leitung der Sozialpsychologen Elmar Brähler und Oliver Decker repräsentative Erhebungen zu autoritären und rechtsextremen Einstellungen in Deutschland durchgeführt.

Von 2006 bis 2012 geschah dies in Zusammenarbeit mit der Friedrich-Ebert-Stiftung; 2014 und 2016 wurden der Öffentlichkeit jeweils zwei konkurrierende Publikationen präsentiert. In Zusammenarbeit mit der gewerkschaftsnahen Otto-Brenner-Stiftung, der Heinrich-Böll-Stiftung und der Rosa-Luxemburg-Stiftung publizierte das Leipziger Team 2016 die Studie „Die enthemmte Mitte“ (Decker/Kiess/Brähler 2016), während die Friedrich-Ebert-Stiftung in Kooperation mit dem Bielefelder Institut für interdisziplinäre Konflikt- und Gewaltforschung den Band „Gespaltene Mitte – Feindselige Zustände“ (Zick/Küpper/Krause 2016) vorlegte. Letzterer basiert auf dem Erklärungsmodell der „gruppenbezogenen Menschenfeindlichkeit“. Dieses analysiert abwertende und ausgrenzende Einstellungen gegenüber Menschen aufgrund ihrer zugewiesenen Zugehörigkeit zu einer sozialen Gruppe. (vgl. Küpper/Zick 2015). Insgesamt sind bis heute bereits zehn „Mitte“-Studien sowie etliche Aufsätze der Beteiligten publiziert worden. Damit wird die Schlussfolgerung suggeriert: Wer über den Extremismus unserer Tage reden will, darf über die „enthemmte Mitte“ nicht schweigen. Heruntergebrochen werden die zu untersuchenden autoritären und rechtsextremen Einstellungen vom Leipziger Forschungsteam in sechs Dimensionen: „Befürwortung einer rechtsautoritären Diktatur“, „Chauvinismus“, „Ausländerfeindlichkeit“, „Antisemitismus“, „Sozialdarwinismus“ und „Verharmlosung des Nationalsozialismus“. Befragt wurden in den Studien in der Regel etwa 2.400 Personen, anfangs per Face-to-Face-Interview; 2016 arbeitete die Leipziger Studie mit einem Fragebogen, die Bielefelder Studie mit einer repräsentativen telefonischen Befragung.

Irritierend ist allerdings, dass in der aktuellen Studie des Leipziger Teams „die Mitte“ zwar ständig zitiert, aber nirgendwo definiert wird. Anhaltspunkte liefert hier die Einleitung der 2014 publizierten Leipziger Studie, in der folgende historische Ableitung angeboten wird: „Das Aufkommen faschistischer Bewegungen […] führte dazu, dass von den Angehörigen eines bis dahin als des Extremismus unverdächtig geltenden sozialen Milieus eine massive Gefahr für die Demokratie ausging. Der US-amerikanische Soziologe Seymour Lipset ergänzte daher die Unterscheidung zwischen Links- und Rechtsextremismus.“ (Decker/Kiess/Brähler 2014, 7) Ergänzend wird die Denkfigur einer „Panik im Mittelstand“ (Geiger 1930) in Erinnerung gerufen, die der deutsch-dänische Soziologen Theodor Geiger Mitte der 1930er-Jahre geprägt hatte. Die 2014 publizierte Leipziger Studie konstruiert schließlich folgende Gedankenbrücke: „Lipset fand im Faschismus einen Extremismus der Mitte. Der deutsche Soziologe Jürgen Falter bestätigte für Deutschland und die Wählerschaft diesen Befund […]. Auch die Studien zum Autoritären Charakter kamen zu dem Schluss, dass die Bedrohung der demokratischen Gesellschaft von der Mitte der Bevölkerung ausgehe, denn faschistisches Gedankengut und autoritäre Einstellung ließen sich schon damals über die gesamte Breite der Gesellschaft nachweisen [...]. Der Befund provoziert bis heute, zeigt er doch, dass die Idee von der gesellschaftlichen Mitte als Garant der Demokratie und des sozialen Ausgleichs eine Fiktion ist. Und so stellt sich die dringliche Frage, welches Potential diese Bedrohung der Demokratie aus der ‚Mitte' der Gesellschaft in der Gegenwart hat. Kann es zum Aufkommen einer neuen faschistischen Bewegung kommen?" (Decker/Kiess/Brähler 2014, 8).

Um im Folgenden nicht missverstanden zu werden: Es ist sehr sinnvoll und notwendig, die Verbreitung von autoritären und rechtsextremen Einstellungen in unserer Gesellschaft differenziert zu untersuchen und vor allem auch nach den Ursachen für diese Bedrohung der Demokratie zu fragen. Nur können gute Absichten eine überzeugende wissenschaftliche Praxis nicht ersetzen. Was ist konkret an den zitierten Passagen, die die Ausgangsannahmen der Leipziger Studien umreißen, zu kritisieren?[9] *Erstens* sollte man den Forschungsstand korrekt zur Kenntnis nehmen: Falter stimmt Lipset ganz explizit nicht zu, sondern falsifiziert gerade seine These. *Zweitens* gelten die Gesetze der Logik: Wenn die bekannten Studien zum autoritären Charakter belegen, dass sich autoritäre Einstellungen schon in der Zwischenkriegszeit „über die gesamte Breite der Gesellschaft nachweisen" ließen, dann handelt es sich beim historischen Faschismus eben nicht um ein spezifisches Phänomen der „Mitte", sondern um ein Problem der gesamten Gesellschaft – wie auch die Wahlforschung ausdrücklich bestätigt hat. *Drittens* haben einschlägige Forschungen immer wieder zu dem Ergebnis geführt, dass sehr grobe soziale Kategorien nicht zur Analyse des Nationalsozialismus taugen. Für die damalige Situation (man kann ergänzen: ebenso für die heutige) ist vielmehr zu fragen nach Milieus (die in unseren Tagen natürlich anders aussehen als die oben skizzierten) sowie nach Mentalitäten und kulturellen Bindekräften (wie etwa der in den letzten Jahren intensiv beforschten Ideologie der NS- „Volksgemeinschaft"). Last, but not least geht es *viertens* nicht an, den zentralen Arbeitsbegriff ständig plakativ zu benutzen, ohne ihn jemals zu definieren: Was ist überhaupt gemeint, wenn in den Leipziger Studien über „die Mitte" geredet wird? Eine mittlere soziale Schichtung oder doch eher eine „politische Mitte"? Soll letztere nach der getroffenen Wahlentscheidung oder anderen messbaren Daten definiert werden oder auf der Basis einer Selbsteinschätzung? Hierzu nur knapp bemerkt: Im Rahmen der 2014 durchgeführten Biele-

9 Vgl. auch Neu/Pokorny 2015, S. 3–8.

felder Studie ist erhoben worden, dass sich über 90% der Befragten selbst zur „Mitte der Gesellschaft" zählten. (Zick/Klein 2014). Auf diese Selbsteinschätzung zu rekurrieren, wäre daher sinnlos, da fast die gesamte Gesellschaft sich als „Mitte" bezeichnet.

Damit vom soziologischen Zugriff zu aktuellen Studien zum Populismus, die stärker historisch argumentieren: In seiner 2013 publizierten, sehr provokant betitelten Studie „Gegen Wahlen" beklagt der belgische Historiker David Van Reybrouck erhebliche Funktionsprobleme und damit einhergehende Legitimationsdefizite in den parlamentarischen Demokratien unserer Tage. Er konstatiert ein „Demokratiemüdigkeitssyndrom", das sich unter anderem aus folgenden Elementen zusammensetze: „Wahlverweigerung, Wählerwanderung, Mitgliederschwund bei den Parteien, Unfähigkeit der Behörden, politische Lähmung, Angst, bei den Wahlen zu versagen, Mangel an politischem Nachwuchs". (van Reybrouck 2013, 24). Hinzu komme die fatale Dominanz einer Technokratie, die sich im „postpolitischen Zeitalter" der 1990er-Jahre, also nach der Ära des früher bestimmenden ideologischen Kampfes um politische Macht, etabliert und seither das sogenannte „tina"-Prinzip kultiviert habe: „there is no alternative". (ebd., 31) Dies sei der Nährboden, auf dem die Populisten aller Länder, von Geert Wilders und Marine Le Pen über Donald Trump bis zu Beppe Grillo, ihre plakativen Botschaften erfolgreich anpreisen würden: „Das Rezept gegen das Demokratiemüdigkeitssyndrom ist ihrer Meinung nach relativ einfach: [...] eine volknähere Volksvertretung, vorzugsweise erlangt durch eine höhere Stimmenzahl für die eigene populistische Partei. Deren Chef profiliert sich nämlich als der direkte Wortführer des Volkes, als Sprachrohr der niederen Instinkte, die Verkörperung des Common Sense. Anders als seine Kollegen behauptet er, nah beim Mann und der Frau auf der Straße zu stehen. Er sagt, was sie denken, und er tut, was getan werden muss. Der populistische Politiker ist eins mit dem Volk, so will es die Rhetorik." (ebd., 27 f.). Van Reybrouck ist der Auffassung, dass man der zu konstatierenden Krise der Demokratie, wie sein Buchtitel ja bereits signalisiert, eben nicht durch Wahlen, sondern allein durch Elemente einer deliberativen Demokratie in der Tradition von John Rawls und Jürgen Habermas begegnen könne, also durch eine stärkere Beteiligung von Bürgern an öffentlichen Diskursen, Beratungs- und Entscheidungsprozessen. (ebd., 113–171). Für eine ganz ähnliche Option votieren auch Patrizia Nanz und Claus Leggewie mit ihrem Konzept der sogenannten Konsultative, bei der mehr Demokratie ebenfalls durch mehr Bürgerbeteiligung erreicht werden soll. (Nanz/Leggewie 2016). Als offizielle vierte Gewalt solle diese „Konsultative" die bestehenden klassischen Elemente der Gewaltenteilung (also Legislative, Exekutive und Judikative) systematisch ergänzen. Ihre optimistische Perspektive lautet: „Populismus ist kein Schicksal, wenn es gelingt, seine Motive zu verstehen und sie auf ähnliche Weise für eine Demokratisierung der Demokratie zu nutzen wie die eher nach links neigenden populistischen Protestenergien der 1960er bis 1980er Jahre." (Nanz/Leggewie 2016, 19). Beiden hier kurz angesprochenen Konzepten ist gemeinsam, dass der Begriff der „Mitte" bzw. Merkmale der sozialen Schichtung keine wesentliche Rolle spielen.

Der Politologe Jan-Werner Müller räumt in seinem Essay „Was ist Populismus?" zwar ein, dass es so etwas wie einen „Populismus des Zentrums" gäbe, und nennt als Beispiel Geert Wilders, der Wertvorstellungen wie „Freiheit" und „Toleranz" benutze, „um von oben herab zu dekretieren, wer zum wahren niederländischen Volk" gehöre „und wer nicht". (Müller, 2017, 27). Zugleich vertritt Müller aber auch die Position, dass Populismus „kein Anliegen klar identifizierbarer Schichten" sei. Das entscheidende Merkmal, um eine politische Bewegung als „Populismus" zu identifizieren, sei vielmehr „eine ganz bestimmte Politikvorstellung, laut der einem moralisch reinen, homogenen Volk stets unmoralische, korrupte und parasitäre Eliten gegenüberstehen", die im Grunde gar nicht zu diesem idealisierten Volk gehörten. (ebd., 42). Daraus folgt: Populistische Bewegungen können sowohl im rechten wie auch im linken politischen Spektrum entstehen.[10] Auch Personen und Parteien, die sich selbst in der politischen „Mitte" verorten, sind keineswegs immun gegen populistische Versuchungen. Weder die soziologisch messbare Zugehörigkeit zu den Mittelschichten noch die gefühlte Positionierung in der politischen Mitte sage etwas aus über eine mögliche Affinität zu populistischen Bewegungen und der von ihnen gepflegten antipluralistischen politischen Praxis. Andere Analysen rücken Ängste als Auslöser für die Unterstützung von rechtspopulistischen Bewegungen in den Mittelpunkt ihrer Betrachtung: Die österreichische Sprachwissenschaftlerin Ruth Wodak etwa sieht den Populismus als Resultat einer gezielten „Politik mit der Angst". (Wodak 2016). Der niederländische Publizist René Cuperus betont, dass Teile der Gesellschaft sich in ihrer sozialen und kulturellen Existenz durch die Globalisierung bedroht fühlten und gleichzeitig den traditionellen politischen Eliten kein Vertrauen mehr entgegenbrächten. (Cuperus 2011, 163–179). Der Politikwissenschaftler Kai Hirschmann interpretiert den Nationalpopulismus als eine bürgerliche Gegenbewegung zur vermeintlichen Alternativlosigkeit in postmodernen Zeiten. (Hirschmann 2017).

---

10 Ähnlich argumentieren Friso Wielanga und Florian Hartleb (2011).

Offensichtlich waren und sind Soziologen mit ihrem disziplinären Blick auf gesellschaftliche Strukturen dem Begriff der „Mitte“ weitaus stärker zugeneigt als Vertreterinnen und Vertreter der Geschichts- oder Politikwissenschaft – in der Zwischenkriegszeit wie auch heute. Heinz Bude hat in einem jüngst erschienenen Sammelband über Kapitalismus und Ungleichheit „die Mitte“ zu einem zentralen Angelpunkt seiner Überlegungen gemacht. Er geht dabei von einer globalen Beobachtung aus, dem von ihm konstatierten weltweiten Anwachsen von Mittelschichten: „Die Mitte ist schon deshalb ein Thema der Weltgesellschaft, weil in Asien und Lateinamerika wohl bald mehr Angehörige dieser globalen Zurechnungskategorie leben werden als in den Ländern der OECD. Zu diesem Ergebnis kommen jedenfalls Schätzungen einer Studie von Goldman Sachs aus den Nuller Jahren […], die ein Jahreseinkommen zwischen 6.000 und 30.000 Dollar als Maßstab zugrunde legt. Im Jahr 2030 könnte die Hälfte der Weltbevölkerung zu dieser Kategorie gezählt werden.“ (Bude 2017, 129). Insgesamt stehe die soziologisch definierte „Mitte“ im „globalen Norden“ unter Druck, während die expandierenden Mittelschichten im „globalen Süden“ einen Zuwachs an Prosperität und Konsummöglichkeiten verzeichneten. Dies führe, so Bude, in den westlichen Industrieländern zur Bildung von „Verbitterungsmilieus in der gesellschaftlichen Mitte, die auf Gelegenheitsstrukturen der politischen Mobilisierung warten“. (ebd., 130).

Welcher historisch informierten Definition für den Populismus unserer Tage mag man angesichts dieser Vielzahl an Positionen und Perspektiven folgen? Plausibel erscheint vor allem die vom Direktor des Münchener Institutes für Zeitgeschichte, Andreas Wirsching, vorgeschlagene relativ enge Begriffsbestimmung: „Populisten lehnen die politisch-soziale und kulturelle Vielgestaltigkeit demokratischer Gesellschaften ab. Sie behaupten, hinter dem verfassungsmäßig zustande gekommenen politischen Willen gebe es ein anderes, ein ‚wahres‘, ‚eigentliches‘ und in sich einiges Volk, das sie zu repräsentieren vorgeben. Ihre Sprache ist daher stets auf das Volk hin orientiert und doch pseudodemokratisch, weil sie die Legitimität anderer Meinungen, Lebensstile und demokratischer Entscheidungen leugnen. Sie lehnen es ab, die komplexe Realität zum Ausgangspunkt der Politik zu machen. Stattdessen zwängen sie Konflikte moderner Gesellschaften in die Kategorien eines pseudomoralischen Rigorismus hinein, der, konsequent zu Ende gedacht, nur Schuldige und Opfer kennt. An die Stelle eines auf Erfahrung und Vernunft gegründeten pluralistischen Weltbildes tritt ein Freund-Feind-Gegensatz. Ein so definierter Populismus ist politisch radikal, seine Grenze zum politischen Extremismus fließend.“ (Wirsching 2017a).

4. Die aktuelle Debatte über die Vergleichbarkeit des im 21. Jahrhundert auftretenden Populismus mit der Radikalisierung der Weimarer Gesellschaft – ausgewählte Aspekte und Positionen

„Weimarer Verhältnisse' werden zum Schreckbild in einer Zeit, in der traditionelle Gewissheiten in Frage gestellt und neue Ängste erzeugt werden. Stimmbürgerschaft und Regierende, das Volk und seine Repräsentanten scheinen sich immer weiter einander zu entfremden. Begriffe wie ‚Volksverräter' und ‚Lügenpresse' wecken düstere Erinnerungen." So umriss Wirsching im Frühjahr 2017 in seinem Auftaktbeitrag zu einer moderierten Artikelserie in der Frankfurter Allgemeinen Zeitung die Lage und Problematik. Im Rahmen dieser Reihe akzentuierte der Wirtschaftshistoriker Werner Plumpe noch einmal die bekannte These, Weimar sei nicht „in einer zumindest kurzfristig unbeherrschbar gewordenen Problemlage untergegangen, sondern scheiterte am fehlende Willen der verantwortlichen Eliten". (Plumpe 2017). Jürgen Falter war es vorbehalten, sich in seinem Beitrag dem provokanten Thema „Wie viel NSDAP steckt in der AfD?" zu widmen (Falter 2017)[11]. Er entdeckte durchaus einige Gemeinsamkeiten: überraschend starke Wahlerfolge wie aus dem Nichts, unterdurchschnittlicher Wählerzuspruch im katholischen Bevölkerungsteil, die Dominanz von Männern in der neu gegründeten Partei, den Charakter einer Protestpartei sowie einer „Volkspartei mit Mittelschichtsbauch". Aber er sieht auch deutliche Unterschiede: Die AfD sei, so konstatierte Falter, „zumindest anfänglich demokratisch orientiert" gewesen. (ebd.). Zudem sei in der politischen Landschaft der Weimarer Republik – im Gegensatz zu heute – der Wähleraustausch der extremistischen Flügelparteien NSDAP und KPD recht gering gewesen. Die AfD rekrutiere ihre Wählerschaft zwar keineswegs nur in einem einzigen politischen Lager, doch sei eine „überdurchschnittliche Affinität früherer Wähler der Linken unverkennbar." (ebd.). Als Beobachterin, die bewusst einen „Blick von außen" beitragen sollte, stellte die Pariser Zeithistorikerin Hélène Miard-Delacroix fest, dass die Frage, „ob Deutschland die Rückkehr von Weimarer Verhältnissen bevorstehe", im Ausland vor allem „Kopfschütteln" hervorrufe. Sie bilanziert, dass Deutschland eine florierende wirtschaftliche Basis mit weitgehender Vollbeschäftigung habe, einen funktionierenden Sozialstaat und insge-

11 Dieser Artikel trug Falter umgehend wütende Angriffe aus den Reihen der AfD ein, insbesondere durch den ehemaligen stellvertretenden Chefredakteur der „Bild am Sonntag", Nicolaus Fest, der 2017 erfolglos als Direktkandidat in Berlin-Charlottenburg-Wilmersdorf sowie auf Listenplatz 5 der AfD für den Bundestag kandidiert hatte. Vgl. Fest (2017).

samt „eine auffallend souveräne Demokratie mit besonnenen Politikern und einem Talent für den Kompromiss“ sei. (Miard-Delacroix 2017). Zu einem ähnlichen Resümee kam auch Wirsching in seinem Schlussbeitrag: „Berlin“ sei aus vielerlei Gründen weit davon entfernt, ein zweites „Weimar“ zu werden und doch sei es sinnvoll, die verspielte Freiheit der Weimarer Republik als ein Menetekel zu verstehen, das uns – angesichts des in vielen Staaten Raum greifenden kollektiven Missbehagens an der aktuellen Politik – nun im europäischen und globalen Kontext zur politischen Wachsamkeit mahne. (Wirsching 2017b).

5. Fazit

Selbstverständlich „wiederholt“ sich Geschichte nicht einfach im Sinne einer simplen Duplizierung. Dennoch kann man im Hinblick auf historische Ereignisse so etwas wie ein Déjà-vu erleben – oder zumindest empfinden. Letzteres gilt wohl für den in unseren Tagen gefühlten „Extremismus der Mitte“. Die in zahlreichen Studien belegten chauvinistischen und menschenfeindlichen Einstellungen sind leider real – und sie stellen in der Tat eine ernste Gefahr für unsere Demokratie dar. Die viel beschworene „Mitte“ ist dennoch keine sinnvolle Analysekategorie, sondern eine plakative und medienaffine Leerformel, bei deren Verwendung selten geklärt wird, ob diese nebulöse Verortung sich nun auf die konkrete soziale Situation oder auf die Wahlpräferenzen der Befragten bezieht. Zudem muss reflektiert werden, in welchem Maße unsere aktuelle Problemwahrnehmung von historischen Erfahrungen mit historischem Wissen über vermeintlich oder tatsächlich ähnliche strukturelle Prozesse geprägt wird. Man könnte zugespitzt auch sagen: Unsere Rezeptionsgewohnheiten sind darauf trainiert, aktuelle Situationen durch eine historische Brille zu interpretieren. Dies birgt die Gefahr, dass wir für Unterschiede möglicherweise weniger sensibel sind als für Ähnlichkeiten. Die verbreitete Gewohnheit des Interpretierens durch Vergleich kann aber auch Chancen für eine differenzierende Wahrnehmung eröffnen, sofern nicht oberflächliche Ähnlichkeiten fokussiert werden, sondern die Analyse zum substanziellen Kern der betrachteten Prozesse und Vorgänge vordringt – und dabei eben nicht ausblendet, dass die Rahmenbedingungen von unterschiedlichen Situationen niemals völlig identisch sein werden.

Was heißt dies konkret für unsere Problemstellung? Wie gezeigt worden ist, hat die recht prominente Formel des „Extremismus der Mitte“ für den Aufstieg des Nationalsozialismus in der Zwischenkriegszeit nur eine sehr begrenzte Erklärungskraft. Die moderne NS-Forschung reflektiert vor allem die Motive und die Ängste der damaligen Wählerschaft und fragt nach den Mechanismen, die sich die NSDAP zunutze machen konnte. Analog hierzu ist es das Gebot der Stunde, zu diskutieren und zu reflektieren, was den aktuellen Populismus in der Bundesrepublik, in Europa, in den USA antreibt – und zu analysieren, welche Formen politischer Aufmerksamkeitsgenerierung dabei eingesetzt werden. Der Vergleich mit der Zwischenkriegszeit ist legitim und kann erkenntnisfördernd sein, sofern wir nicht auf oberflächliche Phänomene starren, sondern nach den Ursachen von Ängsten und Verunsicherungen fragen, die erst den Nährboden für den Erfolg einer Politik mit der Angst bereiten, die im schlimmsten Falle in eine Diktatur der Ausgrenzung münden kann – wie dies historisch in den 1930er-Jahren der Fall war.

Literatur

Arendt, Hannah (1998): Elemente und Ursprünge totaler Herrschaft. Antisemitismus, Imperialismus, totale Herrschaft. München/Zürich.

Bracher, Karl Dietrich (1984): Die Auflösung der Weimarer Republik. Eine Studie zum Problem des Machtverfalls in der Demokratie. Düsseldorf.

Bude, Heinz (2017): Globale Klassenverhältnisse. In: Ders./Philipp Staab (Hg.): Kapitalismus und Ungleichheit. Die neuen Verwerfungen. Bonn 2017, S. 115–136.

Cuperus, Rene (2011): Der populistische Dammbruch. Die niederländischen Volksparteien unter Druck. In: Wielanga/Hartleb (2011), S. 163–179.

Decker, Oliver/Kiess, Johannes/Brähler, Elmar (Hg.) (2016): Die enthemmte Mitte. Autoritäre und rechtsextreme Einstellung in Deutschland. Gießen.

Decker, Oliver/Kiess, Johannes/Brähler, Elmar (2014): Die stabilisierte Mitte. Rechtsextreme Einstellung in Deutschland 2014. Leipzig.

Falter, Jürgen (2017): Wie viel NSDAP steckt in der AfD? In: Frankfurter Allgemeine Zeitung, 19.06.2017.

Falter, Jürgen, u.a. (2013): Arbeitslosigkeit und Nationalsozialismus. Eine empirische Analyse des Beitrags der Massenerwerbslosigkeit zu den Wahlerfolgen der NSDAP 1932 und 1933. In: Ders. (2013): Zur Soziographie des Nationalsozialismus. Köln, S. 111–144.

Falter, Jürgen/ Hänisch, Dirk (2013): Die Anfälligkeit von Arbeitern gegenüber der NSDAP bei den Reichstagswahlen 1928–1933. In: Ders.: Zur Soziographie des Nationalsozialismus, S. 145–193.

Falter, Jürgen (1991): Hitlers Wähler. München.

Falter, Jürgen (1982): Radikalisierung des Mittelstandes oder Mobilisierung der Unpolitischen? Die Theorien von Seymour Martin Lipset und Reinhard Bendix über die Wählerschaft der NSDAP im Lichte neuerer Forschungsergebnisse. In: Steinbach, Peter (Hg.): Probleme politischer Partizipation im Modernisierungsprozeß. Stuttgart, S. 438–469.

Fest, Nicolaus (2018): Populismus und Establishment. [http://nicolaus-fest.de/populismus-und-es tablishment/, abgerufen am 16. Januar 2018.]

Geiger, Theodor (1930): Panik im Mittelstand. In: Die Arbeit. Zeitschrift für Gewerkschaftspolitik und Wirtschaftskunde, 10/1930, S. 637–654.

Gillies, Peter: „Der Vergleich mit 1929 passt einfach nicht" [https://www.welt.de/finanzen/artic le1814906/Der-Vergleich-mit-1929-passt-einfach-nicht.html. Abgerufen am 18.12.2017]]

Hamilton, Richard (1982): Who voted for Hitler? Princeton.

Heitmeyer, Wilhelm (2006): Gruppenbezogene Menschenfeindlichkeit. Gesellschaftliche Zustände und Reaktionen in der Bevölkerung aus 2002 bis 2005. In: Deutsche Zustände. Folge 4. Frankfurt/M., S. 15–38.

Hesse, Jan-Otmar/ Köster, Roman/ Plumpe, Werner (2017): Die Große Depression. Die Weltwirtschaftskrise 1929–1939. Bonn.

Hirschmann, Kai (2017): Der Aufstieg des Nationalpopulismus. Wie westliche Gesellschaften polarisiert werden. Bonn.

Krugman, Paul (2009): Die neue Weltwirtschaftskrise. Frankfurt/M.

Küpper, Beate/Zick, Andreas (2015): Gruppenbezogene Menschenfeindlichkeit. Dossier für die Bundeszentrale für politische Bildung. [http://www.bpb.de/politik/extremismus/rechtsextre mismus/214192/gruppenbezogene-menschenfeindlichkeit. Abgerufen am 30.01.2018.]

Lepsius, Rainer Mario (1993): Parteiensystem und Sozialstruktur. Zum Problem der Demokratisierung der deutschen Gesellschaft. In: Ders.: Demokratie in Deutschland: soziologisch-histori sche Konstellationsanalysen. Göttingen, S. 25–50.

Lipset, Seymour Martin/ Rokkan, Stein (1967): Cleavage Structures, Party Systems and Voter Alignments. An Introduction. In: Dies. (Hg.): Party Systems and Voter Alignments. Cross-National Perspectives. New York 1967,S. 1–64.

Lepsius, Rainer Mario (1966): Parteiensystem und Sozialstruktur: Zum Problem der Demokratisierung der deutschen Gesellschaft. In: Abel, Wilhelm u. a. (Hg.) (1966): Wirtschaft, Gesellschaft und Wirtschaftsgeschichte. Festschrift zum 65. Geburtstag von Friedrich Lütge. Stuttgart, S. 371–393.

Lipset, Seymour Martin (1962): Soziologie der Demokratie. Neuwied.

Miard-Delacroix, Hélène (2017): Rätselhaftes Deutschland. In: Frankfurter Allgemeine Zeitung, 17.07.2017.

Mommsen, Hans (1990): Die verspielte Freiheit. Der Weg der Republik von Weimar in den Untergang 1918 bis 1933. Frankfurt/M.

Müller, Jan-Werner (2017): Was ist Populismus? Ein Essay. Frankfurt/M.

Nanz, Patrizia/Leggewie, Claus (2016): Die Konsultative. Mehr Demokratie durch Bürgerbeteiligung. Bonn.

Neu, Viola/Pokorny, Sabine (2015): Ist „die Mitte“ (rechts)extremistisch? In: Aus Politik und Zeitgeschichte 40/2015, S. 3–8. [http://www.bpb.de/apuz/212350/ist-die-mitte-rechtsextremistisch?p=all. Abgerufen am 8.1.2018.]

o. A. (2009): Wissenschaftler: Parallelen zur Krise von 1929. In: Hamburger Abendblatt, 24.04.2009.
Plumpe, Werner (2017): Die wahren Totengräber der Republik. In: Frankfurter Allgemeine Zeitung, 8.5.2017.

Pressler, Florian (2013): Der lange Schatten der Großen Depression. Geschichte der Weltwirtschaftskrise in den 1930er-Jahren. München

Ritschl, Albrecht: „War 2008 das neue 1931?“: In: Aus Politik und Zeitgeschichte, Heft 20/2009, S. 27–32.

Rohe, Karl (1992): Wahlen und Wählertraditionen in Deutschland. Kulturelle Grundlagen deutscher Parteien und Parteiensysteme im 19. und 20. Jahrhundert. Frankfurt/M.

Saposs, David J. (1935): The Role of the Middle Class in Social Development: Fascism, Populism, Communism, Socialism. In: Economic Essays in Honor of Wesley Clair Mitchell, New York 1935. Zitiert nach: Lipset, Soziologie der Demokratie, S. 135 f.

Sasse, Stefan: 2008 ist nicht 1929. [http://geschichts-blog.blogspot.de/2010/11/2008-ist-nicht-1929.html. Abgerufen am 18.12.2017]

Van Reybrouck, David (2013): Gegen Wahlen. Warum Abstimmen nicht demokratisch ist. Göttingen.

Wielanga, Friso/Hartleb, Florian (Hg.) (2011): Populismus in der modernen Demokratie. Die Niederlande und Deutschland im Vergleich. Münster u. a.

Wirsching, Andreas (2017a): Appell an die Vernunft. In: Frankfurter Allgemeine Zeitung, 24.04.2017.

Wirsching, Andreas (2017b): Weimarer Verhältnisse? In: Frankfurter Allgemeine Zeitung, 18.09.2017.

Wodak, Ruth (2016): Politik mit der Angst. Zur Wirkung rechtspopulistischer Diskurse. Wien.

Zick, Andreas/Küpper, Beate/Krause, Daniela (2016): Gespaltene Mitte – Feindselige Zustände. Rechtsextremistische Einstellungen in Deutschland 2016. Bonn.

Zick, Andreas/Klein, Anna (2014): Fragile Mitte – Feindselige Zustände. Bonn.

JAN-HINRIK SCHMIDT

Zwischen Partizipationsversprechen und Algorithmenmacht

Wie soziale Medien Meinungsbildung und Orientierung in der Welt prägen

1. Einleitung

In den vergangenen zehn Jahren haben sich Plattformen wie Facebook, YouTube oder Instagram im Alltag vieler Menschen etabliert. Sie gelten als soziale Medien, worunter sich diejenigen Internet-Angebote verstehen lassen, die Menschen das Teilen von Informationen aller Art und die Pflege sozialer Beziehungen erleichtern (vgl. ausführlicher Taddicken/Schmidt 2017). Die Bezeichnung „Soziale Medien" hat das Label „Web 2.0" weitgehend abgelöst, das seit Mitte der 2000er-Jahre öffentliche Debatten um die Entwicklung des Internets prägte. Es steht insofern in dessen Tradition, als auch die sozialen Medien ein Partizipationsversprechen in sich bergen: Sie wollen es Menschen erleichtern, ihre alltäglichen Erlebnisse, Meinungen und Erfahrungen mit anderen zu teilen. Exemplarisch wird dies in den „Mission Statements" populärer Plattformen deutlich. So formuliert etwa Facebook in seinem *Mission Statement* das Ziel, „to give people the power to build community and bring the world closer together" (Facebook.com 2018), und Twitter nennt als zentralen Unternehmenswert: „Wir glauben an die Meinungsfreiheit und sind überzeugt davon, dass jeder Mensch die Welt beeinflussen kann" (Twitter.com 2018).

Es handelt sich dabei letztlich um die jüngsten Varianten eines „digital utopianism" (Turner 2006), der sich bereits in den 1960er und 1970er Jahren aus der spezifischen Melange von kalifornischer Gegenkultur einerseits und der Hacker- und Tüftler-Kultur andererseits entwickelt hatte und gerade das Silicon Valley bis heute prägt. In jüngerer Zeit dominiert aber ein anderer, weniger euphorischer Ton die Debatten. Statt von den Potenzialen des „Mitmachnetzes" für politische Partizipation und gesellschaftliche Teilhabe ist mittlerweile vor allem von Filterblasen, intransparenten Algorithmen und weitgehend ungezügelter Wirtschafts- wie Meinungsmacht der großen Internet-Unternehmen die Rede.

Die britische Brexit-Entscheidung und der Wahlsieg von Donald Trump werden (auch) mit konzertierten Social-Media-Kampagnen in Verbindung gebracht, bei denen „russische Trollfabriken" und dubiose Beratungsfirmen wie Cambridge Analytica eine Rolle spielten.

Der folgende Beitrag wirft einen kommunikationssoziologischen Blick auf die Gestalt sozialer Medien und ihre gegenwärtig beobachtbaren gesellschaftlichen Folgen.[1] Sein Fokus liegt auf der Rolle, die soziale Medien in Prozessen der Informationssuche und Meinungsbildung zu gesellschaftlich relevanten Themen haben, oder anders formuliert: welche Stellung soziale Medien im Gefüge von Öffentlichkeit haben. Die Bedeutung dieser Frage ist eminent, denn demokratische Gesellschaften sind darauf angewiesen, dass Menschen sich zum einen über die Vielfalt existierender Ansichten und Ziele zu relevanten Fragen informieren können, zum anderen aber auch ihre eigene Meinung einbringen und verständigungsorientiert mit anderen Menschen darüber diskutieren können. Unter welchen Bedingungen soziale Medien diese Funktionen von Öffentlichkeit unterstützen oder erschweren, ist daher auch eine wichtige gesellschaftliche Frage.

Der Beitrag beginnt mit einigen ausgewählten repräsentativen Befunden zur Verbreitung sozialer Medien in der Nachrichtennutzung (Abschnitt 2), gefolgt von einer Beschreibung wesentlicher Merkmale der Kommunikationsarchitektur sozialer Medien und ihrer Verbindung zu Meinungsbildung (Abschnitt 3). Abschnitt 4 diskutiert Konsequenzen sozialer Medien, insbesondere die derzeit breit debattierten Filterblasen-Szenarien, die Intransparenz algorithmischer Filterung sowie die Einschränkungen informationeller Selbstbestimmung. Ein kurzes Fazit beschließt in Abschnitt 5 den Text.

2. Stellenwert sozialer Medien im Informationsverhalten

Eine Reihe von empirischen Studien ermittelt regelmäßig den Stellenwert, den algorithmische Medien in den Informationsrepertoires der deutschen Bevölkerung haben. Die folgenden Bemerkungen beschränken sich auf aktuelle Befunde des „Reuters Institute Digital News Survey", der seit 2012 jährlich in mittler-

---

1 Teile des Beitrags beruhen auf dem Abschlussbericht des Projekts „Zur Relevanz von Online-Intermediären für die Meinungsbildung", der Anfang 2017 als Arbeitspapier des Hans-Bredow-Instituts erschienen ist (vgl. Schmidt u.a. (2017)) und an dem Lisa Merten, Uwe Hasebrink, Isabelle Petrich und Amelie Rolfs mitgewirkt haben. Ich danke außerdem Julia Behre und Karl Kriemann für die Unterstützung beim Erstellen dieses Aufsatzes.

weile mehr als 30 Ländern durchgeführt wird und dessen Befunde repräsentativ für die Internetnutzerinnen und -nutzer ab 18 Jahren sind (ausführlich Hölig/Hasebrink 2017). Den aktuellen Daten aus 2017 zufolge ist in dieser Gruppe weiterhin das Fernsehen (genauer: das lineare Programmfernsehen) die mit Abstand am häufigsten genutzte Quelle für aktuelle Informationen über das Weltgeschehen (vgl. Abb. 1). Mehr als drei Viertel der erwachsenen Onliner in Deutschland schauen sich mindestens einmal pro Woche Nachrichten im Fernsehen an (77,3 %). Für mehr als die Hälfte der Befragten (52,5 %) ist das Fernsehen gleichzeitig auch die wichtigste Nachrichtenressource.

Insgesamt 60 Prozent der Internetnutzerinnen und -nutzer über 18 Jahren greifen mindestens einmal in der Woche online auf Informationen über das Nachrichtengeschehen in der Welt zu. Darin enthalten ist auch die Nutzung sozialer Medien[2] als Quelle für Nachrichten, die in Abb. 1 zusätzlich separat ausgewiesen ist. Gut 29 Prozent sagen, dass sie regelmäßig auch soziale Medien verwenden, um sich über das aktuelle Geschehen zu informieren. Für sieben Prozent sind sie die Hauptquelle.

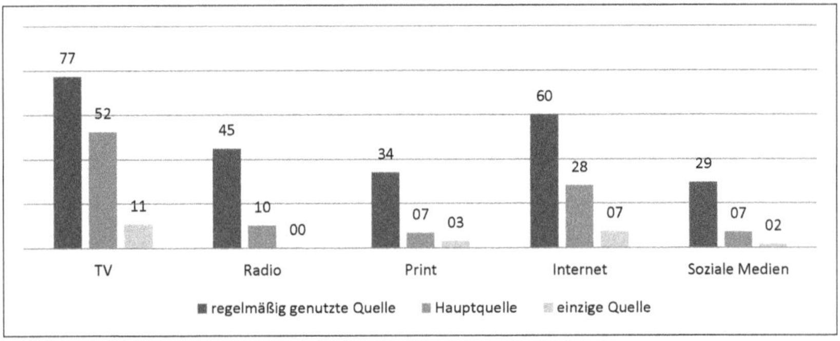

Abb. 1: Regelmäßig genutzte, wichtigste und einzige Nachrichtenquelle in Deutschland 2017 (in %) (Hölig/Hasebrink 2017, 23)
Basis: N=2.062 (regelmäßig genutzte Quelle/einzige Quelle); N=1.950 (Hauptquelle)

Schlüsselt man die Nutzung sozialer Medien nach Altersgruppen auf, zeigt sich ein deutlicher Alterseffekt (vgl. Abb 2.): Insbesondere bei den 18- bis 25-Jährigen sowie, mit leichten Abstrichen, den 25- bis 34-Jährigen sind soziale Medi-

2 In der Studie werden unter sozialen Medien zum einen soziale Netzwerkseiten wie Facebook, Twitter oder Xing, zum anderen Plattformen zur Bereitstellung von Fotos und Videos verstanden (YouTube, Instagram, Pinterest, etc.). Blogs und Messenger-Dienste sind hier nicht berücksichtigt

en als Nachrichtenquelle verbreitet, wenngleich der Anteil jeweils noch unter 50 Prozent liegt. 22 bzw. 14 Prozent der Befragten in diesen Altersgruppen betrachten soziale Medien bereits als ihre Hauptnachrichtenquelle, aber nur sehr kleine Anteile von unter fünf Prozent sehen sie als einzige Quelle an. Mit steigendem Alter sinkt die Bedeutung, die soziale Medien als Nachrichtenquelle haben.

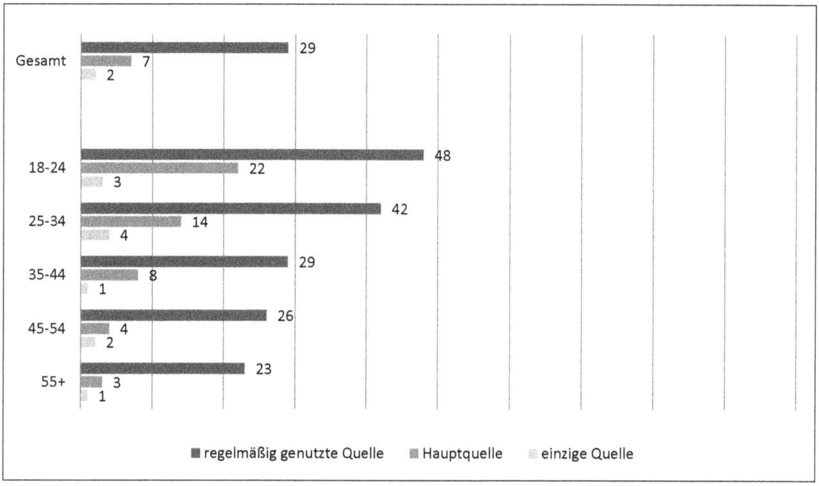

Abb 2: Soziale Medien als Nachrichtenquelle (in %) (eigene Auswertung)

3. Soziale Medien und Meinungsbildung

Daten zur Nachrichtennutzung geben jedoch noch keinen näheren Aufschluss darüber, wie soziale Medien Prozesse und Praktiken der Meinungsbildung beeinflussen. Denn soziale Medien funktionieren anders als journalistische Medienangebote; sie fungieren als „Intermediäre", die zwischen Menschen und im Netz vorfindbaren Informationen und Inhalten aller Art vermitteln. Die Betreiber selbst beschreiben sich meist als „Plattformanbieter", die keine eigenen Inhalte produzieren und zudem den vorgehaltenen oder erschlossenen Informationen und Inhalten gegenüber grundsätzlich neutral eingestellt seien. Allerdings verdeckt dieser Begriff, dass Intermediäre durch ihre technische Gestaltung immer Selektionsleistungen erbringen und aufgrund ihrer Geschäftsmodelle möglicherweise auch bestimmte Inhalte und Praktiken bevorzugen oder erschweren. Daher ist es nötig, sich näher mit ihrer spezifischen Kommunikationsarchitektur auseinander zu setzen, also mit denjenigen Prinzipien, die Kommunikation und Informationsfluss auf bzw. in den sozialen Medien strukturieren. Jenseits aller Unterschiede in technischen Details und Funktionsweise lassen sich drei grundlegende Organisationsprinzipien identifizieren.

Erstens betreiben soziale Medien die Ent- und Neubündelung von Informationen zugleich: Sie erschließen Informationen aus unterschiedlichen Quellen, indem sie diese aus ihrem Ursprungskontext lösen und als Teil ihres eigenen Angebots arrangieren oder gleich die Kanäle für das Veröffentlichen von Inhalten aller Art bereitstellen. Zugleich präsentieren sie diese aber nicht mehr in Form von etablierten publizistischen Ordnungen mit eigenen zeitlichen Rhythmen (wie der „Sendung" oder „Ausgabe"), sondern in Form von augenblicklich erstellten, oft auch ständig aktualisierten „Trefferlisten" oder „Streams". Ein- oder Ausschluss sowie Aggregation von Inhalten unterliegt nicht mehr redaktioneller Entscheidung, sondern wird im Wesentlichen durch algorithmische Filterung geleistet, zum Beispiel durch Prüfung der Relevanz für einen Suchbegriff oder durch das bevorzugte Anzeigen von Informationen, die aus dem eigenen Kontaktnetzwerk stammen.

Diese Form der „Algorithmic Media Production" (Napoli 2014) trägt – zweitens – dazu bei, dass Intermediäre die Personalisierung von Informationsangeboten maßgeblich fördern. Dies kann nutzerseitig gewollt und bewusst geschehen, etwa indem bestimmte Quellen dem eigenen Kontaktnetzwerk hinzugefügt werden. Personalisierung geschieht aber auch unbemerkt oder ungewollt, wenn intermediäre Empfehlungs- und Filtermechanismen einsetzen, die vergangenes Nutzerverhalten oder Metadaten über eine Person und ihre soziale Einbettung auswerten, um bestimmte Informationen ein- bzw. auszublenden. Drittens schließlich unterstützen Intermediäre die Anschlusskommunikation zu veröffentlichten Inhalten, indem sie Kommentare und konversationale Bezugnahmen genauso wie explizite Bewertungen (etwa in Form von „Likes" oder „Thumbs up") sichtbar machen, die lange Zeit nur durch einen Kanalwechsel möglich und dadurch für das Publikum der Ursprungsinhalte nicht sichtbar waren. Die erleichterten Bedingungen für das Weiterleiten und Empfehlen fördern zudem die unter Umständen rasante schneeballartige Verbreitung von Inhalten, insbesondere innerhalb von bereits existierenden Beziehungsgeflechten.

Diese Organisationsprinzipien sozialer Medien haben einen Einfluss auf Prozesse der Meinungsbildung, also auf die Formierung von Einstellungen und Haltungen zu gesellschaftlich relevanten Themen und Entscheidungen. Dies ist zwar streng genommen ein intra-personaler Vorgang, der aber auf verschiedenen Vorbedingungen beruht, für die medienvermittelte Kommunikation eine wichtige Rolle spielt (vgl. ausführlich Bonfadelli 2001; Schenk 2007). Dazu zählen etwa die Zuweisung von Relevanz und Prioritäten zu bestimmten Themen („Agenda Setting"), die Vermittlung von Informationen über gesellschaftlich relevante Themen sowie die Repräsentation von Meinungen und Haltungen zu einem Thema („Meinungsklima"). Zugespitzt: Soziale Medien haben einen Einfluss auf individuelle Meinungsbildung, weil und insoweit sie das Wissen des Einzelnen darüber beeinflussen, (a) welche Themen gesellschaftlich „auf der Tagesordnung stehen", (b) welche Fakten zu diesen Themen vorliegen, und (c) wie die unterschiedlichen Haltungen bzw. alternativen Meinungen dazu im engeren sozialen Umfeld wie auch in der Gesellschaft als ganzer verteilt sind.

Eine Vielzahl von Studien hat in den vergangenen Jahren Befunde zu diesen Zusammenhängen beigetragen und erlaubt es, die Auswirkungen sozialer Medien auf die Meinungsbildung besser zu verstehen. Darunter ist eine Reihe von Analysen und Schlussfolgerungen, die darauf hindeuten, dass sich die Voraussetzungen für eine informierte Meinungsbildung durchaus verbessert haben. Denn weil soziale Medien die Hürden senken, Inhalte aller Art zu erstellen und im Netz zu verbreiten, stehen nun nicht mehr nur journalistisch-redaktionell erstellte publizistische Angebote zur Verfügung, sondern auch eine Vielzahl von Inhalten, die von anderen Organisationen oder von individuellen Nutzerinnen und Nutzern stammen („user-generated content" oder UGC; vgl. Wunsch-Vincent/Vickery 2007). Gerade die Beiträge von Einzelpersonen, die sich nicht als Journalistinnen oder Journalisten verstehen, aber dennoch Beiträge zu gesellschaftlich relevanten Themen leisten, sind mit Begriffen wie „Bürgerjournalismus" oder „partizipativer Journalismus" meist progressiv und positiv konnotiert (vgl. Bruns 2005; Engesser 2013). Die gestiegene Vielfalt beinhaltet aber auch Angebote, die etwa im Grenzbereich zwischen Rechtskonservatismus und Rechtsextremismus angesiedelt sind, verschwörungstheoretische Positionen verbreiten oder Teil staatlicher Desinformationskampagnen sind (vgl. den Überblick bei Schweiger 2017, 48 ff.).

Verschiedene Studien liefern Hinweise darauf, dass die Nutzung von sozialen Medien auf individueller Ebene die unbeabsichtigte Konfrontation mit vielfältigen Informationen – die „inadvertent exposure" (Brundidge 2010, 695), „accidental exposure" (Valeriani/Vaccari 2016) oder „ambient awareness" (Hermida 2010) – und mittelbar auch die wahrgenommene Informiertheit (Müller u.a. 2016) sowie den Wissensstand zu gesellschaftlich relevanten Themen (Bode 2016) fördern können. Erreichen Informationen eine Nutzerin oder einen Nutzer über soziale Kontakte, erhöht dies tendenziell das Vertrauen in die Informationen, insbesondere, wenn diese von wahrgenommenen Meinungsführern stammen (vgl. Turcotte u.a. 2015). In besonderen Situationen, etwa bei Naturkatastrophen oder Anschlägen, können soziale Medien auch dabei helfen, sich rasch mit Informationen etwa über den Verbleib von Bekannten zu versorgen, die man aus den journalistischen Medien nicht erhalten würde (vgl. Schmidt 2016).

Nicht zuletzt gelten die sozialen Medien, die den Austausch in weit gefächerten Beziehungsnetzwerken unterstützen, als Räume für gesellschaftliche Debatten und „öffentliche Bürgerkommunikation" (Schweiger 2017, 55 ff.), in denen Meinungsbildungs- und Persuasionsprozesse ablaufen (vgl. Diehl u.a. 2016). Einigen Studien zufolge hat die Nutzung von sozialen Medien einen positiven Einfluss auf bürgerschaftliches Engagement (vgl. etwa Zhang u.a. 2010; Valeriani/Vaccari 2016). Die Meta-Studie von Boulianne (2015) zeigt einen positiven Zusammenhang zwischen Social Media-Nutzung und Partizipation, schränkt zugleich aber ein, dass (a) die einzelnen Studien meist nur schwache, oft auch statistisch nicht signifikante Zusammenhänge berichten und (b) die Fragen nach der Kausalität nicht beantworten können.

4. Problematische Auswirkungen sozialer Medien

Die bislang genannten Diagnosen und Befunde nähren die Hoffnung, dass soziale Medien die Informiertheit und Meinungsbildung positiv beeinflussen und letztlich einen demokratisch erwünschten Effekt haben können. Den aktuellen gesellschaftlichen Diskurs prägen allerdings andere Positionen, die insbesondere die Risiken und problematischen Folgen betonen. Drei dieser Aspekte stehen im Mittelpunkt der folgenden Abschnitte: (1) Abweichungen vom Ideal deliberativer Öffentlichkeit, (2) die Intransparenz algorithmischer Filterung sowie (3) die Einschränkung informationeller Selbstbestimmung.

4.1 Abweichungen vom Ideal deliberativer Öffentlichkeit

Eine Reihe von Einschätzungen und Szenarien bringen soziale Medien mit Fehlentwicklungen öffentlicher Kommunikation in Verbindung. Sie knüpfen an unterschiedlichen kommunikativen Phänomenen an, denen jedoch gemeinsam ist, dass sie vom Ideal der öffentlichen Deliberation abweichen, in der Menschen die mögliche Vielfalt von Positionen und Meinungen anerkennen und sich auf dieser Basis verständigungsorientiert miteinander austauschen.[3]

---

3 Diese Charakterisierung beruht auf den Gedanken von Jürgen Habermas (1981), ohne der Komplexität seiner Öffentlichkeitstheorie hier gerecht werden zu können.

Das Bild der „Filterblase" (auch „filter bubble") hat der Publizist Eli Pariser (2011) popularisiert. Seiner Argumentation nach nehmen die Nutzer von sozialen Medien nicht die prinzipiell verfügbare Vielfalt von Informationen wahr, sondern sind in ihrer Sicht auf die Welt eingeschränkt. Als Ursache dafür macht Pariser eine Kombination von psychologischen, soziologischen und technischen Mechanismen verantwortlich. Auf psychologischer Ebene führt er generelle kognitive Tendenzen an, nämlich zum einen den Hang der Menschen zur Meinungsbestätigung und zur Vermeidung kognitiver Dissonanz, zum anderen Strategien der selektiven Informationsauswahl („selective exposure"), um kognitive Belastungen zu verringern (vgl. Knobloch-Westerwick 2015). Hinzu kommt das in der Soziologie und Netzwerkforschung etablierte Konzept der Homophilie (vgl. McPherson u.a. 2001), also der Umstand, dass Menschen eine Tendenz dazu haben, sich mit Freundinnen, Freunden und Bekannten zu umgeben, die ihnen ähnlich sind – etwa in Hinblick auf Alter und Bildungsgrad, aber auch auf Interessen, Lebensstile o.ä.

Diese individuell-kognitiven und soziologischen Faktoren gelten auch jenseits der Online-Medien. Aber sie treffen dort auf Mechanismen des algorithmischen Filterns, Empfehlens und Personalisierens, die denjenigen Inhalten höheres Gewicht (bzw. eine höhere Wahrscheinlichkeit, prominent angezeigt zu werden) beimessen, die aus dem eigenen Kontaktnetzwerk stammen oder die denjenigen Inhalten ähneln, denen man in der Vergangenheit Aufmerksamkeit entgegengebracht hat. Im Zeitverlauf würden sich dadurch, so der Kern von Parisers Argument, die Nutzerinnen und Nutzer von Intermediären teils durch eigenes Handeln, teils durch strukturelle Rahmenbedingungen jenseits ihrer direkten Kontrolle, in immer stärker personalisierten „Filterblasen" bewegen, was wiederum die Fragmentierung von Öffentlichkeit verstärke. Eng verbunden mit diesem Szenario, aber analytisch davon zu trennen, ist das Konzept der „Echokammer" (bzw. „echo chambers"; vgl. Garrett 2009). Es beschreibt Kommunikationsräume (z.B. Diskussionsforen oder Kommentarbereiche auf Facebook-Seiten), deren Nutzerinnen und Nutzer keine abweichenden oder widersprechenden Informationen zulassen, sondern sich nur in ihren vorgefassten Meinungen bestärken.

Beide Diagnosen legen also nahe, dass soziale Medien die Vielfalt von Informationen einschränken – Gegenstand der „Filterblase"-These sind die Informationsrepertoires eines Individuums, während sich die „Echokammer"-These auf das kollektive kommunikative Handeln in digital unterstützten Räumen bezieht. Zu welchem Grad sich welche Personenkreise tatsächlich in ausgeprägten Filterblasen bzw. Echokammern bewegen, ist empirisch jedoch längst nicht abschließend geklärt (vgl. O'Hara/Stevens 2015). Es ist unstrittig, dass gerade auf

Facebook und Twitter Cluster von Nutzerinnen und Nutzern existieren, die bestimmte Weltsichten oder Ideologien vertreten, sich gegenüber widerstreitenden Informationen abschotten und anfälliger für Falschinformationen sind, sofern diese ihr Weltbild bestätigen. Entsprechende Studien liegen etwa für die Anhänger von Verschwörungstheorien (vgl. Bessi u.a. 2015) sowie von populistischen oder politisch extremen Gruppierungen vor (vgl. Stier u.a. 2017). Andere Studien nehmen Twitter in den Fokus und liefern Hinweise, dass es dort gerade in Diskussionen zu politischen Themen zu einer Polarisierung der Nutzerinnen und Nutzer kommen kann (vgl. etwa Himelboim u.a. 2013; Lorentzen 2014).

Allerdings gibt es trotzdem substanzielle Anteile der Nutzerschaft, die mit konträren Meinungen und Informationen konfrontiert werden, bei denen sich also „cross-cutting discussions" wie auch „like-minded discussions" finden lassen (vgl. Flaxman u.a. 2016). Weitere Studien argumentieren, dass die Nutzung von sozialen Medien die Heterogenität von Diskussionsnetzwerken eher fördere (vgl. Kim u.a. 2013). Vor diesem Hintergrund ist Schweiger (2017), 93) zuzustimmen: „Insgesamt liegen derzeit zu wenig empirische Befunde vor, als dass man daraus konkrete Hypothesen zur Stärke des Personalisierungseffekts auf individueller und gesellschaftlicher Ebene ableiten könnte."

Während die Filterblasen- und Echokammern-Thesen also postulieren, soziale Medien würden die Vielfalt wahrgenommener Informationen und Positionen faktisch beschränken, zielt die Debatte um „hate speech" auf die Tonalität der Inhalte, die dort zu finden sind. Es geht dabei insbesondere um solche Beiträge und Kommentare, die einzelne Personen oder ganze Personengruppen beleidigen, beschimpfen, verunglimpfen o.ä. (vgl. Filipovic 2016). Zwar sind diesen Äußerungen durch rechtliche Vorgaben (zum Beispiel des Persönlichkeitsrechts) gewisse Grenzen gesetzt und auch die allgemeinen Geschäftsbedingungen bzw. „Terms of Service" der Plattformbetreiber sehen in der Regel vor, dass Beiträge, die diese verletzen, gelöscht werden und in drastischen Fällen ihre Urheber von der Plattform ausgeschlossen werden. Aber die Grenzen zwischen offener Hassrede und Beiträgen, die noch vom Recht auf freie Meinungsäußerung gedeckt sind, lassen sich nicht immer eindeutig ziehen (vgl. Ben-David/Fernández 2016). Im Sommer 2017 verabschiedete der Deutsche Bundestag das „Netzwerkdurchsetzungsgesetz", das Anbieter sozialer Medien stärker als bisher in die Verantwortung nimmt, beanstandete Inhalte rascher zu prüfen und zu löschen.

Zwei weitere Phänomene sind erst im Laufe des Jahres 2016, insbesondere im Zuge des US-amerikanischen Präsidentschaftswahlkampfs, in den Fokus der öffentlichen Diskussion rund um Pathologien der digitalen Öffentlichkeit gerückt: „Fake News" und „Social Bots". Ersteres bezeichnet „news stories that have no factual basis but are presented as facts" (Allcott/Gentzkow 2017, 5) – eine Definition, die deutlich macht, wie schwer der Begriff „Fake News" etwa von Propaganda oder auch von Verschwörungstheorien abzugrenzen ist (vgl. Mocanu u.a. 2015). Die Verbreitung von faktisch falschen Informationen lässt sich auf Plattformen wie Facebook oder Twitter zunächst nur schwer unterbinden, weil es keine zentrale Instanz der redaktionellen Kontrolle gibt, sondern die Nutzerinnen und Nutzer selbst über das Einstellen und Weiterverbreiten von Inhalten entscheiden. Allerdings hat Facebook Ende 2016 angekündigt, stärker gegen die Verbreitung von „Fake News" vorzugehen und dazu auch mit externen „fact checking"-Organisationen (wie etwa dem investigativen Recherche-Team Correctiv) zusammen zu arbeiten, die entsprechende Beiträge als „umstritten" melden können (vgl. Mosseri 2016).

Die Debatte um „Social Bots" schließlich verweist darauf, dass gerade auf Plattformen wie Facebook und Twitter eine wachsende Zahl von Accounts nicht von Menschen, sondern von Software betrieben wird, die Beiträge eigenständig nach vorher festgelegten Kriterien veröffentlicht bzw. auf andere Beiträge reagiert (vgl. Dankert/Dreyer 2017). Dies ist nicht zwingend problematisch; so sind beispielsweise „News Bots" (Lokot/Diakopoulos 2016) oder auch „Service Bots" im Umfeld der Wikipedia (Geiger 2014) sehr hilfreiche Werkzeuge, um den Informationsfluss zu kanalisieren und Wissenssammlungen zu pflegen. Die aktuelle Debatte konzentriert sich allerdings vor allem auf diejenigen Bots, die versuchen, im Sinne einer „computational propaganda" (Howard/Kollany 2016) öffentliche Debatten zu manipulieren, etwa indem sie sich zu bestimmten Twitter-Hashtags oder auf Facebook-Profilen äußern und so eine Meinungsverteilung vortäuschen, die nicht wirklich existiert (vgl. Hegelich 2016). Insbesondere wenn dies verdeckt geschieht, verstoßen Bots gegen kommunikationsethische Grundsätze (vgl. Marechal 2016).

4.2 Intransparenz der algorithmischen Filterung

Andere Debatten, die die gegenwärtige Gestalt der Intermediäre kritisch thematisieren, drehen sich um die Gestaltung der Selektions- und Empfehlungsalgorithmen und den Umstand, dass diese eine ganz wesentliche Rolle beim personalisierten Erschließen der Informationsvielfalt spielen.[4] Der wesentliche

4 Medienvermittelte Informations- und Meinungsbildungsprozesse sind ein wichtiger, aber beileibe nicht der einzige Bereich, für den die Konsequenzen algorithmischer Entscheidungssysteme derzeit diskutiert werden. Ein knapper, aber umfassender Überblick aus Governance- bzw. Regulierungsperspektive findet sich bei Saurwein u.a. (2015).

Kritikpunkt ist in diesem Zusammenhang, dass diese Mechanismen nicht hinreichend transparent seien und sich der Kenntnis wie auch der Mitsprache von einzelnen Nutzerinnen und Nutzern und der Gesellschaft als Ganzer entzögen (vgl. Tufekci 2015a). Zwar ist die grundlegende Funktionsweise von Filter- und Empfehlungsalgorithmen bekannt; „content-based filtering" etwa bezieht vorrangig Merkmale der zu gruppierenden Inhalte ein, um Ähnlichkeiten festzustellen, während Verfahren des „collaborative filtering" insbesondere Daten über die Nutzerinnen und Nutzer und ihr früheres Verhalten zu Grunde legen (vgl. weiterführend Ricci u.a. 2015). Doch wie genau welche dieser Algorithmen mit welchen Parametern und Datenpunkten Teil des ungleich komplexeren soziotechnischen Systems einer Netzwerk- oder Videoplattform sind, ist weitgehend unklar.

Verschiedene qualitative Studien konnten mittlerweile zeigen, dass die „algorithm awareness", also das Wissen um den Einfluss und die Funktionsweise von Algorithmen, gerade in Hinblick auf Facebooks „Newsfeed" bei den Nutzerinnen und Nutzern nur sehr schwach ausgeprägt ist (vgl. etwa Eslami u.a. 2015; Bucher 2017). Dies ist zum Teil dem Umstand geschuldet, dass die Betreiber dieser Plattformen aus geschäftlichen Überlegungen keine vollständige Transparenz herstellen können und wollen; neben dem Schutz von Betriebsgeheimnissen gegenüber der Konkurrenz ist hier auch die berechtigte Sorge zu beachten, dass bei völliger Transparenz der algorithmischen Systeme die Ergebnisse leichter manipuliert werden könnten. Hinzu kommt, dass die Intermediärsbetreiber ihre zentralen algorithmischen Systeme – etwa den PageRank-Algorithmus von Googles Suchmaschine oder den Algorithmus hinter dem Newsfeed von Facebook – kontinuierlich erweitern, verändern und anpassen (vgl. DeVito 2016).

Doch warum ist diese Intransparenz der algorithmischen Filter- und Empfehlungssysteme so problematisch? Aus einer Makroperspektive betrachtet, konstruieren sie durch die Auswahl und Priorisierung bestimmter Informationen gegenüber anderen eine bestimmte Sichtweise auf die Realität; in dieser Hinsicht erfüllen sie eine äquivalente Funktion zu journalistischer bzw. massenmedialer Selektion (vgl. Just/Latzer 2017; Loosen/Scholl 2017). Allerdings legen sie andere Kriterien zugrunde und sind in andere ökonomische Strukturen eingebettet als redaktionell-publizistische Medien; zudem haben sich bislang noch keine vergleichbaren institutionalisierten Strukturen der Selbstreflexion und Selbstkontrolle herausgebildet, wie es sie im Journalismus gibt.[5] Eine Reihe von Indizien sprechen da-

5 Unter dem Schlagwort der „Algorithmenethik" gibt es allerdings mittlerweile eine rege Debatte darüber, wie Entstehung, Einsatz und Konsequenzen algorithmischen Entscheidens gesellschaftlich begleitet werden können (vgl. überblicksartig Heise 2016).

für, dass die algorithmischen Entscheidungen im Aggregat zu unintendierten oder sogar gesellschaftlich unerwünschten Effekten führen können. Insbesondere Fälle möglicher Manipulation durch algorithmische Selektion, etwa durch die Bevorzugung bestimmter politisch-ideologischer Positionen, geben Anlass zur Sorge.

Zwei Studien, die in Kooperation mit Facebook entstanden sind, haben dieser Sorge (unfreiwillig) Nahrung gegeben: Bakshy u.a. (2015) analysierten das Informationsverhalten von etwa 10 Millionen US-amerikanischen Nutzerinnen und Nutzern, die ihre politische Einstellung (Liberal vs. Conservative) explizit in ihrem Profil angegeben haben. Sie argumentieren, dass individuelle Selektionsentscheidungen in der Summe einen größeren Einfluss als algorithmische Selektion darauf hätten, wie vielfältig die Informationen sind, die eine Nutzerin oder ein Nutzer auf Facebook zu sehen bekommt. Dennoch wirkt sich die algorithmische Selektion einschränkend auf die Vielfalt aus, und zwar bei den „self-reported liberals" stärker als bei den „self-reported conservatives". Eher beiläufig bestätigen ihre Befunde auch, dass die Platzierung eines Beitrags im Newsfeed – die algorithmisch bestimmt ist – einen sehr starken Einfluss auf die Wahrscheinlichkeit hat, dass eine Nutzerin oder ein Nutzer eine Information überhaupt wahrnimmt (vgl. zur Kritik an der Studie Tufekci 2015b).

Wohl noch größeres Aufsehen erregte die Studie von Bond u.a. (2012), die in einem „61-million-person experiment" zeigten, dass sich die Wahlbeteiligung durch das Einblenden einer Meldung erhöhen ließ, dass enge Freunde auch bereits wählen gegangen sind. Zwar war der Effekt nur sehr schwach, doch aufgrund der immens hohen Nutzerzahlen von Facebook sind Szenarien denkbar, wo auch dieser schwache Effekt den Ausgang einer Wahl entscheidend beeinflussen kann. In Bezug auf Google kamen Epstein/Robertson (2015) auf Grundlage mehrerer Experimente zu dem Schluss, dass die Anzeige von manipulierten Trefferlisten bei der Suche nach Kandidierenden einen signifikanten Einfluss auf die Wahlentscheidung haben kann, dass diese Form der Manipulation für die Nutzenden aber kaum zu erkennen sei.

4.3 Einschränkung der informationellen Selbstbestimmung

Mit der Art und Weise, wie Online-Intermediäre Daten sammeln, aggregieren und verwerten, hängt ein weiterer Diskursstrang zusammen, der den Einfluss der Plattformen auf die Grenzziehung zwischen Privatsphäre und Öffentlichkeit sowie, weitergehend, auf die informationelle Selbstbestimmung im Verhältnis zu anderen Personen, zu den Unternehmen, sowie zum Staat adressiert.

Bereits seit den 2000er Jahren, als die sozialen Medien ihren Aufstieg begannen, wird wissenschaftlich wie gesellschaftlich darüber debattiert, welche

Konsequenzen es hat, wenn Menschen Informationen auch privat-persönlicher Natur deutlich einfacher anderen Personen zugänglich machen können (vgl. Trepte/Reinecke 2011). In dieser Hinsicht ist entscheidend, dass Intermediäre Kommunikationsakte bzw. Inhalte persistent, kopierbar, durchsuchbar und in ihrer Reichweite skalierbar machen. Deswegen müssen Nutzerinnen und Nutzer in ihrem Handeln immer berücksichtigen, dass das von ihnen in einer konkreten Situation intendierte und adressierte Publikum einer Äußerung nicht mit dem tatsächlichen und potenziellen (zukünftigen) Publikum übereinstimmt (vgl. Boyd 2014). Dies wiederum kann zu Rollenkonflikten führen und erfordert eigene, der Kommunikationsarchitektur der Plattformen angepasste Strategien der Selbstoffenbarung und des Schutzes der Privatsphäre (vgl. Marwick u.a. 2011).

Darüber hinaus ist in den vergangenen Jahren, nicht zuletzt im Zuge von „Big Data"-Debatten (vgl. Boyd u.a. 2012), deutlich geworden, welche zentrale Rolle das möglichst umfassende Sammeln von Daten aller Art für die Online-Intermediäre spielt. Das Geschäftsmodell ihrer Betreiber beruht im Wesentlichen darauf, die Präferenzen, Eigenschaften und Aktivitäten ihrer Nutzerinnen und Nutzer in möglichst fein differenzierte Datenpunkte zu transformieren und diese dann zur Konstruktion möglichst spezifisch segmentierter Zielgruppen für Werbeeinblendungen (vgl. Tucker 2014) oder auch „political microtargeting" (Kruikemeier u.a. 2016) zu nutzen. Aufgrund der Besitzverhältnisse können diese Daten auch zwischen solchen Plattformen ausgetauscht und aggregiert werden, die aus Nutzersicht eigenständige Dienste sind (etwa zwischen der Google Suchmaschine und YouTube, oder zwischen Facebook und WhatsApp). Hinzu kommen noch die Datenflüsse zwischen den Intermediären und anderen Dienstleistern, z.B. Trackingdiensten und Werbevermarktern (vgl. Schneider u.a. 2014). Diese Prozesse und Zusammenhänge sind in ihrer Gänze kaum zu überblicken, sodass bei vielen Nutzerinnen und Nutzern Bedenken gegenüber personalisierten Diensten bestehen (vgl. etwa Dreyer u.a. 2014; Smit u.a. 2014).

Die wirtschaftlich motivierte, umfassende Datensammlung alleine wäre schon Anlass genug, von einer eklatanten Einschränkung des Grundprinzips informationeller Selbstbestimmung auszugehen, das vorsieht, in Kenntnis der geplanten Verwendung bzw. Verwertung der eigenen personenbezogenen Daten entscheiden zu können, ob man die Dienste eines bestimmten Anbieters in Anspruch nehmen möchte. Spätestens seit den Enthüllungen von Edward Snowden ist noch dazu klar, dass die Online-Intermediäre Teil eines weit ausgebauten Systems staatlicher Überwachung sind, insbesondere durch US-amerikanische und britische Geheimdienste (vgl. Smit u.a. 2014). Als Bürgerin und Bürger muss man mithin davon ausgehen, dass jegliche Kommunikation auf diesen Plattformen (und darüber hinaus) prinzipiell „abhörbar" ist. Sich mit technischen Mitteln, etwa dem Einsatz von Verschlüsselungstechnologie und Anonymisierungssoftware wie dem Tor-Browser, gegen diesen permanenten Eingriff in die eigene Privatsphäre zu schützen, ist allerdings derzeit mit vergleichsweise hohen Hürden versehen und nur technisch versierten Nutzerinnen und Nutzern zuverlässig möglich.

5. Fazit und Ausblick

Soziale Medien prägen, das sollten die bisherigen Bemerkungen deutlich gemacht haben, die Struktur digitaler Öffentlichkeit und damit auch die Informationssuche und Meinungsbildung. Ihr Bedeutungsgewinn ist Ausdruck einer tiefgreifenden „platformization of the web" (Helmond 2015) sowohl in technischer als auch in ökonomischer Hinsicht. Bei seinen Anfängen in den frühen 1990er Jahren war das World Wide Web noch als offenes und dezentrales Geflecht von Inhalten gestaltet, die durch Hyperlinks miteinander verbunden wurden. Schon rasch, spätestens aber in der Phase des dot.com-Booms vor der Jahrtausendwende verlor das Web seinen nicht-kommerziellen Charakter. Die Zeit nach dem Zusammenbruch der „new economy" und insbesondere die vergangenen zehn Jahre brachten dann ein bis dahin nicht gekanntes Ausmaß der Konzentration auf wenige große Anbieter mit sich: Google und Facebook sowie Amazon, Microsoft und Apple sind die zentralen, machtvollen Akteure des gegenwärtigen Internets, die den Zugang zu Informationen und Wissen wie auch zu generellen Kommunikationsdiensten kontrollieren (vgl. Dolata/Schrape 2018). Sie besetzen Schlüsselstellen im globalen „surveillance capitalism" (Zuboff 2015), bei dem Wertschöpfung wie auch Zuweisung von gesellschaftlichen Ressourcen und Partizipationschancen (mithin: Macht) im Wesentlichen auf der Verfügungsgewalt über Informations- und Datenflüssen beruht (vgl. Sevignani 2015).

Die Frage, ob und wie sich diese Machtfülle gesellschaftlich einhegen lässt, gehört zu den zentralen Herausforderungen, der sich die Medienpolitik derzeit stellen muss. Das Jahr 2018 könnte dabei im Rückblick durchaus ein Wendepunkt sein. Denn zum einen geraten im Zuge der einleitend erwähnten „Cambridge Analytica"-Affäre Facebook (und Google) mittlerweile auch in den USA stärker unter Druck, ihre strukturellen Schwächen offen zu legen und zu beheben. Zum anderen existiert mit Inkrafttreten der europäischen Datenschutzgrundverordnung ein sehr komplexes Regelwerk, das die Rechte der Nutzerinnen und Nutzer bei Datenspeicherung und –austausch stärken soll. Es gilt zwar zunächst nur für die EU, wird aber erwartbare Ausstrahlungseffekte haben. Die Entwicklung der nächsten Jahre wird zeigen, ob sich dadurch möglicherweise zumindest manche der in diesem Beitrag identifizierten problematischen Entwicklungen sozialer Medien werden abwenden lassen.

Literatur

Allcott, Hunt/Gentzkow, Matthew (2017): Social Media and Fake News in the 2016 Election (NBER Working Paper). https://web.stanford.edu/~gentzkow/research/fakenews.pdf (letzter Abruf: 2.5.2018).

Bakshy, Eytan/Messing, Solomon/Adamic, Lada A. (2015): Exposure to ideologically diverse news and opinion on Facebook. In: Science, 6239/2015, S. 1130–1132.

Ben-David, Anat/Fernández, Ariadna Matamoros (2016): Hate Speech and Covert Discrimination on Social Media. Monitoring the Facebook Pages of Extreme-Right Political Parties in Spain. In: International Journal of Communication, 2016, S. 1167–1193.

Bessi, Alessandro/Coletto, Mauro/Davidescu, George Alexandru Scala Antonia/Caldarelli, Guido/ Quattrociocchi, Walter (2015): Science vs Conspiracy: Collective Narratives in the Age of Misinformation. In: Plos One, 2/2015, o.S.

Bode, Leticia (2016): Political News in the News Feed: Learning Politics from Social Media. In: Mass Communication and Society, 1/2016, S. 24–48.

Bond, Robert M./Fariss, Christopher J./Jones, Jason J./Kramer, Adam D. I./Marlow, Cameron/ Settle, Jaime E./Fowler, James H. (2012): A 61-million-person experiment in social influence and political mobilization. In: Nature, 489/2012, S. 295–298.

Bonfadelli, Heinz (2001): Medienwirkungsforschung I. Grundlagen und theoretische Perspektiven. Konstanz.

Boulianne, Shelley (2015): Social media use and participation. A meta-analysis of current research. In: Information, Communication & Society, 5/2015, S. 524–538.

Boyd, Danah (2014): It's complicated. The social lives of networked teens. New Haven.

Boyd, Danah/Crawford, Kate/Boyd, Danah (2012): Critical questions for big data. Provocations for a cultural, technological, and scholary phenomenon. In: Information, Communication and Society, 5/2012, S. 662–679.

Brundidge, Jennifer (2010): Encountering „Difference" in the Contemporary Public Sphere. The Contribution of the Internet to the Heterogeneity of Political Discussion Networks. In: Journal of Communication, 4/2010, S. 680–700.

Bruns, Axel (2005): Gatewatching. Collaborative online news production. New York [u.a.].

Bucher, Taina (2017): The algorithmic imaginary. Exploring the ordinary affects of Facebook algorithms. In: Information, Communication & Society, 1/2017, S. 30–44.

Dankert, Kevin/Dreyer, Stephan (2017): Social Bots. Grenzenloser Einfluss auf den Meinungsbildungsprozess? In: Kommunikation & Recht, 2/2017, S. 73–78.

DeVito, Michael A. (2016): From Editors to Algorithms. In: Digital Journalism, 2016, Online First. DOI: 10.1080/21670811.2016.1178592 (letzter Abruf: 2.5.2018)

Diehl, Trevor/Weeks, Brian E./Gil de Zúñiga, Homero (2016): Political persuasion on social media. Tracing direct and indirect effects of news use and social interaction. In: New Media & Society, 9/2016, S. 1875–1895.

Dolata, Ulrich/Schrape, Jan-Felix (2018): Kollektives Handeln im Internet. Eine akteurtheoretische Fundierung. In: dies. (Hg.): Kollektivität und Macht im Internet. Soziale Bewegungen – Open Source Communities – Internetkonzerne. Wiesbaden, S. 7–38.

Dreyer, Stephan/Lampert, Claudia/Schulze, Anne (2014): Kinder und Onlinewerbung. Erscheinungsformen von Werbung im Internet, ihre Wahrnehmung durch Kinder und ihr regulatorischer Kontext. Leipzig.

Engesser, Sven (2013): Die Qualität des Partizipativen Journalismus im Web. Bausteine für ein integratives theoretisches Konzept und eine explanative empirische Analyse. Wiesbaden.

Epstein, Robert/Robertson, Ronald E. (2015): The search engine manipulation effect (SEME) and its possible impact on the outcomes of elections. In: Proceedings of the National Academy of Sciences of the United States of America, 33/2015, E4512-21.

Eslami, Motahhare et al. (2015): „I always assumed that I wasn't really that close to [her]". Reasoning about invisible algorithms in news feeds. In: Begole, Bo/Kim, Jinwoo/Inkpen, Kori/Woo, Woontack (Hg.): Proceedings of the the 33rd Annual ACM Conference on Human Factors in Computing Systems (CHI 2015). New York, NY, S. 153–162.

Facebook.com. 2018. Informationen über das Unternehmen. https://www.facebook.com/pg/facebook/about (letzter Abruf: 2.5.2018)

Filipovic, Alexander (2016): Verrohung der Debatte? Hassrede im Kontext des Flüchtlingszuzugs nach Deutschland in den Sozialen Medien. In: Heimbach-Steins, Marianne (Hg.): Begrenzt verantwortlich? Sozialethische Positionen in der Flüchtlingskrise. Freiburg, S. 39–50.

Flaxman, Seth/Goel, Sharad/Rao, Justin M. (2016): Filter Bubbles, Echo Chambers, and Online News Consumption. In: Public Opinion Quarterly, S1/2016, S. 298–320.

Garrett, R. Kelly (2009): Echo chambers online? Politically motivated selective exposure among Internet news users. In: Journal of Computer-Mediated Communication, 2/2009, S. 265–285.

Geiger, R. Stuart (2014): Bots, bespoke, code and the materiality of software platforms. In: Information, Communication & Society, 3/2014, S. 342–356.

Habermas, Jürgen (1981): Theorie des kommunikativen Handelns. Frankfurt/M.

Hegelich, Simon (2016): Social Bots. Invasion der Meinungs-Roboter (Analysen und Argumente Nr. 221). Berlin. http://www.kas.de/wf/de/33.46486 (letzter Abruf: 2.5.2018).

Heise, Nele (2016): Algorithmen. In: Heesen, Jessica (Hg.): Handbuch Medien- und Informationsethik. Stuttgart, S. 202–210.

Helmond, Anne (2015): The Platformization of the Web. Making Web Data Platform Ready. In: Social Media + Society, 2/2015, o.S. DOI: 10.1177/2056305115603080 (letzter Abruf: 2.5.2018).

Hermida, Alfred (2010): Twittering the News. In: Journalism Practice, 3/2010, S. 297–308.

Himelboim, Itai/McCreery, Stephen/Smith, Marc (2013): Birds of a Feather Tweet Together. Integrating Network and Content Analyses to Examine Cross-Ideology Exposure on Twitter. In: Journal of Computer-Mediated Communication, 2/2013, S. 40–60.

Hölig, Sascha/Hasebrink, Uwe (2017): Reuters Institute Digital News Survey 2017. Ergebnisse für Deutschland (Arbeitspapiere des Hans-Bredow-Instituts Nr. 42). Hamburg.

Howard, Philip N./Kollany, Bence (2016): Bots, #Strongerin, and #Brexit. Computational Propaganda During the UK-EU Referendum (Comprop Research Note 2016.1). http://comprop.oii.ox.ac.uk/wp-content/uploads/sites/89/2016/06/COMPROP-2016-1.pdf (letzter Abruf: 2.5.2018).

Just, Natascha/Latzer, Michael (2017): Governance by algorithms. Reality construction by algorithmic selection on the Internet. In: Media, Culture & Society, 2/2017, S. 238–258.

Kim, Yonghwan/Hsu, Shih-Hsien/Zúñiga, Homero Gil de (2013): Influence of Social Media Use on Discussion Network Heterogeneity and Civic Engagement. The Moderating Role of Personality Traits. In: Journal of Communication, 3/2013, S. 498–516.

Knobloch-Westerwick, Silvia (2015): Choice and preference in media use. Advances in selective exposure theory and research. New York, NY [u.a.].

Kruikemeier, Sanne/Sezgin, Minem/Boerman, Sophie C. (2016): Political Microtargeting. Relationship Between Personalized Advertising on Facebook and Voters' Responses. In: CyberPsychology, Behavior and Social Networking, 6/2016, S. 367–372.

Lokot, Tetyana/Diakopoulos, Nicholas (2016): News Bots. Automating news and information dissemination on Twitter. In: Digital Journalism, 6/2016, S. 682–699.

Loosen, Wiebke/Scholl, Armin (2017): Journalismus und (algorithmische) Wirklichkeitskonstruktion. Epistemologische Beobachtungen. In: Medien & Kommunikationswissenschaft, 2/2017, S. 348–366.

Lorentzen, David Gunnarsson (2014): Polarisation in political Twitter conversations. In: Emerald Insight, 3/2014, S. 329–341.

Marechal, Nathalie (2016): When Bots Tweet: Toward a Normative Framework for Bots on Social Networking Sites. In: International Journal of Communication, 2016, S. 5022–5031.

Marwick, Alice E./Boyd, Danah/Boyd, Danah (2011): I tweet honestly, I tweet passionately. Twitter users, context collapse, and the imagined audience. In: New Media & Society, 1/2011, S. 114–133.

McPherson, Miller/Smith-Lovin, Lynn/Cook, James M. (2001): Birds of a Feather. Homophily in Social Networks. In: Annual Review of Sociology, 1/2001, S. 415–444.

Mosseri, Adam (2016): News Feed FYI. Addressing Hoaxes and Fake News. In: Facebook Newsroom v. 15.12. http://newsroom.fb.com/news/2016/12/news-feed-fyi-addressing-hoaxes-and-fake-news/ (letzter Abruf: 2.5.2018).

Napoli, Philip M. (2014): Automated Media. An Institutional Theory Perspective on Algorithmic Media Production and Consumption. In: Communication Theory, 3/2014, S. 340–360.

O'Hara, Kieron/Stevens, David (2015): Echo Chambers and Online Radicalism. Assessing the Internet's Complicity in Violent Extremism. In: Policy & Internet, 4/2015, S. 401–422.

Pariser, Eli (2011): The filter bubble. What the Internet is hiding from you. New York, NY.

Ricci, Francesco/Rokach, Lior/Shapira, Bracha (Hg.) (2015): Recommender systems handbook. New York [u.a.].

Saurwein, Florian/Just, Natascha/Latzer, Michael (2015): Governance of algorithms. Options and limitations. In: Info, 6/2015, S. 35–49.

Schenk, Michael (2007): Medienwirkungsforschung. Tübingen.

Schmidt, Jan-Hinrik (2016): Soziale Medien in Krisen und Katastrophenfällen. In: Zoche, Peter/Kaufmann, Stefan/Arnold, Harald (Hg.): Grenzenlose Sicherheit? Gesellschaftliche Dimensionen der Sicherheitsforschung. Berlin [u.a.], S. 271–287.

Schmidt, Jan-Hinrik/Merten, Lisa/Hasebrink, Uwe/Petrich, Isabelle/Rolfs, Amelie (2017): Zur Relevanz von Online-Intermediären für die Meinungsbildung. (Arbeitspapiere des Hans-Bredow-Instituts Nr. 40). Hamburg.

Schneider, Markus/Enzmann, Matthias/Stopczynski, Martin (2014): Web-Tracking-Report 2014 (SIT technical reports Nr. 2014,02). Stuttgart.

Schweiger, Wolfgang (2017): Der (des)informierte Bürger im Netz. Wie soziale Medien die Meinungsbildung verändern. Wiesbaden.

Sevignani, Sebastian (2015): Privacy and Capitalism in the Age of Social Media. Hoboken, NJ.

Smit, Edith G./van Noort, Guda/Voorveld, Hilde A.M. (2014): Understanding online behavioural advertising. User knowledge, privacy concerns and online coping behaviour in Europe. In: Computers in Human Behavior, 2014, S. 15–22.

Stier, Sebastian/Posch, Lisa/Bleier, Arnim/Strohmaier, Markus (2017): When populists become popular. Comparing Facebook use by the right-wing movement Pegida and German political parties. In: Information, Communication & Society, 9/2017, S. 1365–1388.

Taddicken, Monika/Schmidt, Jan-Hinrik (2017): Entwicklung und Verbreitung sozialer Medien. In: dies. (Hg.): Handbuch Soziale Medien. Wiesbaden, S. 3–22.

Trepte, Sabine/Reinecke, Leonard (Hg.) (2011): Privacy online: perspectives on privacy and self-disclosure in the social web. Berlin, Heidelberg.

Tucker, Catherine E. (2014): Social Networks, Personalized Advertising, and Privacy Controls. In: Journal of Marketing Research, 5/2014, S. 546–562.

Tufekci, Zeynep (2015a): Algorithmic Harms Beyond Facebook and Google: Emergent Challenges of Computational Agency. In: Colorado Technology Law Journal, 2015, S. 203–217.

Tufekci, Zeynep (2015b): How Facebook's Algorithm Suppresses Content Diversity (Modestly) and How the Newsfeed Rules Your Clicks. In: Medium v. 7.5. https://medium.com/message/how

-facebook-s-algorithm-suppresses-content-diversity-modestly-how-the-newsfeed-rules-the-clicks-b5f8a4bb7bab#.amwlz8ia2 (letzter Abruf: 2.5.2018).

Turcotte, Jason/York, Chance/Irving, Jacob/Scholl, Rosanne M./Pingree, Raymond J. (2015): News Recommendations from Social Media Opinion Leaders: Effects on Media Trust and Information Seeking. In: Journal of Computer-Mediated Communication, 2015, S. 520–535.

Turner, Fred (2006): From counterculture to cyberculture: Stewart Brand, the whole earth network, and the rise of digital utopianism. Chicago.

Twitter.com.2018. Unsere Werte. https://about.twitter.com/de/values.html (letzter Abruf: 2.5.2018)

Valeriani, Augusto/Vaccari, Christian (2016): Accidental exposure to politics on social media as online participation equalizer in Germany, Italy, and the United Kingdom. In: New Media & Society, 9/2016, S. 1857–1874.

Wunsch-Vincent, Sacha/Vickery, Graham (2007): Participative web and user-created content. Web 2.0, wikis and social networking. Paris.

Zhang, Weiwu/Johnson, Thomas J./Seltzer, Trent/Bichard, Shannon L. (2010): The Revolution Will be Networked. The Influence of Social Networking Sites on Political Attitudes and Behavior. In: Social Science Computer Review, 1/2010, S. 75–92.

Zuboff, Shoshana (2015): Big other. Surveillance capitalism and the prospects of an information civilization. In: Journal of Information Technology & Politics, 1/2015, S. 75–89.

KLAUS-PETER HUFER

Populismus im Alltag – Merkmale und Handlungsmöglichkeiten

1. Vom Extremismus zur Mitte

Lange Zeit war mit Blick auf die extreme Variante der politischen Rechten von einem „rechten Rand" die Rede. Zahlreiche Buchtitel belegen das (z.B. Fromm 1993 und 2000). Dieser „Rand" wurde mit Rechtsradikalismus oder Rechtsextremismus gleichgesetzt. Von dieser Randständigkeit ist heute nicht mehr die Rede. Caroline Y. Robertson-von Trotha stellte klar, dass „[d]as Wort ‚Rechtsextremismus' [...] ein Relationsbegriff [ist]", ein Gegenbegriff zum Rand oder zur Mitte. „Während nun der Rand bzw. die ‚Extreme' als Bedrohung und Gefährdung der Demokratie und des Rechtsstaates erscheint, wird die Mitte als Schutzraum der freiheitlichen demokratischen Grundordnung imaginiert und idealisiert. Nach allgemeiner Vorstellung wird die Demokratie ausschließlich von den Extremen bedroht, nicht aber ‚aus der Mitte der Gesellschaft heraus'. Damit wird der Rechtsextremismus zunehmend zu einem Randphänomen erklärt." (Robertson-von Trotha 2012, 12).

Dieser selektive Blick hat sich als trügerisch erwiesen. Stattdessen richtet sich neuerdings bei der Suche nach rechtsextremen Einstellungen der Blick auf die „Mitte" der Gesellschaft. Dort werden Einstellungen verortet, die als rechtsextrem eingeschätzt werden. Die Titel von drei empirischen Untersuchungen bringen auf den Punkt, wie schwankend und aufgeheizt die Stimmung ist: „Fragile Mitte. Feindselige Zustände" (Zick/Klein 2014), „Gespaltene Mitte. Feindselige Zustände" (Zick/Küpper/Krause 2016) und „Die enthemmte Mitte" (Decker/Kiess/Brähler 2016). In diesen Untersuchungen – und in anderen auch, so in der zehnbändigen Reihe „Deutsche Zustände" von Heitmeyer u.a. (Heitmeyer 2002–2012) – sind zahlreiche und sich immer wieder bestätigende und ergänzende Daten und Fakten zu den autoritären, (sozial-)chauvinistischen, rassistischen, sexistischen, muslimfeindlichen, antisemitischen, antidemokratischen und letztlich rechtsextremen Einstellungen enthalten, die zeigen, wie verbreitet diese Aversionen, Aggressionen, illiberalen und antidemokratischen Haltungen und Meinungen in der Mitte der Gesellschaft sind.

In der aktuellen politischen und wissenschaftlichen Diskussion zeigt sich eine Unklarheit bei den Bemühungen, das damit zum Ausdruck kommende Phänomen zu benennen. Es gibt eine Vielzahl von Begriffen, mit denen das versucht wird: Faschisten, Faschos, Nazis, Neofaschisten, Neonazis, Rechtsextreme, Rechtsradikale, Rechtspopulisten, Neue Rechte, radikale Rechte, Rechtskonservative, Nationalkonservative ... Zusammen mit jeder dieser Zuordnungen gibt es Debatten und Diskurse zur jeweiligen Definition, zur spezifischen Ursachenerklärung, zur Erscheinungsform und zur Abgrenzung zu den anderen Begriffen. Die definitorische Trennschärfe der jeweiligen Termini und Zuschreibungen ist unklar und verwirrend. Zudem kommen noch unterschiedliche und länderspezifische Erscheinungsformen hinzu. Aber es sind nicht nur terminologische, klassifikatorische und semantische Bemühungen, die da zum Ausdruck kommen. Es zeigt sich vielmehr, dass das „rechte Feld" facettenreich und in sich differenziert geworden ist (siehe Priester 2016, 534–538).

Schon in seiner Analyse aus dem Jahr 1987 hatte Arno Klönne festgestellt: „Die Vielfalt der politischen und ideologischen Optionen im rechten Teil des gesellschaftlichen Spektrums der Bundesrepublik ist heute weitaus größer als in den 50er und 60er Jahren; die Milieus, aus denen die Rechte sich rekrutiert und in denen sie sich bewegt, weisen größere Unterschiede auf; die Meinungsverschiedenheiten innerhalb der Rechten sind oft so tiefreichend, dass es kaum möglich erscheint, den rechten Konsens zu identifizieren" (Klönne 1987, 290).

2. Populismus zwischen links und rechts

Rechtspopulismus ist ein derzeit verbreiteter Begriff, mit dem das auf einen Nenner gebracht werden soll, was bei Pegida-Kundgebungen, in der Programmatik der AfD und bei Äußerungen ihrer Politiker/-innen, bei offensichtlich zunehmender Demokratie- und Politikverachtung sowie bei diskriminierenden, rassistischen, fremdenfeindlichen oder sexistischen Äußerungen im Alltag zum Ausdruck kommt.

Wie ist Populismus zu definieren? Zunächst einmal eine allgemeine sprachliche Herleitung: „Der Begriff ‚Populismus' lässt sich auf das lateinische Wort *Populus* zurückverfolgen: Es bedeutet ‚Volk' im Sinne von ‚Leute' oder ‚Nation', wie bei ‚das römische Volk' *(Populus Romanus)* oder ‚das deutsche Volk', nicht im Sinne von ‚mehreren Personen'" (Wodak 2016, 25). Bei allen Definitionen spielt der Bezug auf „das Volk", als einheitliches kollektives Subjekt, eine zentrale Rolle. Das allein würde nicht ausreichen, um die Erscheinungsformen des Populismus zu erklären. Deutlich wird es aber, wenn der Widerpart „des Volkes“ benannt wird: die „Elite“. Das zeigen die folgenden Beschreibungen des Populismus:

- „[...] diejenigen Bewegungen [werden] als populistisch bezeichnet [...], die in ihren programmatischen Äußerungen den Antagonismus zwischen Volk und Elite als das politische Hauptproblem betrachten, das es vor allem zu lösen gilt“ (Lucardie 2011, 22).
- „Populisten machen sich symbolisch zu Fürsprechern des Volkes und seines angeblichen Willens oder Wohls in Abgrenzung zu einer herrschenden, vermeintlich korrupten Elite“ (Jörke/Selk 2017, 67).

Wichtig ist darauf hinzuweisen, dass es nicht nur einen rechten, sondern auch einen linken Populismus gibt. Diese unterschiedliche Verortung ist nicht „eindeutig“ (Jörke/Selk 2017, 43). Dennoch gibt es deutliche Differenzen:

- „Der Rechtspopulismus ist mit seiner doppelten Kritik nach oben (‚die Elite‘, ‚das liberale Establishment‘) und nach unten bzw. außen (‚die Immigranten‘, ‚der Islam‘) durch eine triadische Struktur gekennzeichnet. Der Linkspopulismus besitzt demgegenüber eine dyadische Struktur. Er kommt von unten und aus der Mitte und richtet sich gegen oben (‚die Elite‘, ‚das Establishment‘, ‚die oberen 10.000‘). Einwanderer oder Minderheiten wertet er jedoch nicht ab [...]“ (Jörke/Selk 2017, 43).
- Kennzeichnend für den Rechtspopulismus ist also ein konflikthaltiges „Dreieck“: Volk – Elite – Fremde, typisch für den Linkspopulismus ist der Gegensatz von unten und oben. „Linker Populismus [...] strebt die Inklusion der bisher aus dem politischen, sozialen und ökonomischen System Ausgeschlossenen an. [...] Rechtspopulismus ist dagegen exkludierend. Er fordert politische und soziale Teilhaberechte ausschließlich für die autochthone Bevölkerung [...]“ (Priester 2016, 546).

Der gemeinsame Kern des linken und des rechten Populismus ist im Gegenüber von „Wir, das Volk“ und „Ihr, die Elite“ zu sehen. Das führt zu ideologischen und aktionistischen Schnittmengen, z.B.

- im Anti-Parlamentarismus, dem eine direkte, plebiszitäre Demokratie entgegengesetzt wird,
- in der Kritik am „Finanzkapital“,
- in der Idee von einem (linken oder rechten) Nationalismus als Gegenmodell zur EU oder als Abwehr der Globalisierung,
- in einer unkritischen Russlandfreundlichkeit und, passend dazu, einem kategorischen Antiamerikanismus,
- in einer israel-feindlichen Haltung, die auch eine antisemitische Tönung hat,

- in der Annahme von einem „gekauften Journalismus“,
- im Glauben an diverse Verschwörungstheorien (Butter 2018).

Der Begriff, mit dem diese punktuellen Gemeinsamkeiten benannt werden, ist „Querfront“ (Storz 2015, Ahlheim/Kopke 2017). Mit dem Teilwort „Front“ wird deutlich, dass damit Kampagnen und kämpferische Aktivitäten verbunden sind. Viele der vertretenen Positionen finden sich „in den Einstellungen von zumindest starken Minderheiten in der Bevölkerung wieder“ (Storz 2015, 31 f.). „Querfront“ bezeichnet auch den Wechsel von nicht wenigen Personen von links nach rechts (siehe Storz 2015).

3. Rechtspopulismus und das „Volk“

Im Folgenden wird ausschließlich auf den rechten Populismus geblickt, da dieser sich europa- und weltweit verbreitet hat, und das schnell und wirkungsvoll. In Polen und Ungarn, in den USA und Russland sind rechtspopulistische Politiker in Präsidenten- bzw. Regierungsämtern. In Deutschland ist die AfD zu einem z.Z. (2018) stabilen politischen Faktor geworden. Sie war im Mai 2018 in 14 von 16 Landtagen sowie im Bundestag vertreten, dort als stärkste Oppositionspartei. Es besteht „Konsens im wissenschaftlichen Diskurs wie auch in journalistischen Untersuchungen, dass die AfD als rechtspopulistische Partei eingeordnet werden kann […]“ (Hafeneger/Jestädt/Klose/Lewek 2018, 23).

Wenn im weiteren Verlauf der rechte Populismus generalisiert dargestellt wird, dann soll nicht außer acht bleiben, dass es unterschiedliche Typen gibt, was sich bei näherer Betrachtung der einzelnen europäischen Länder zeigt (siehe Priester 2016, 546–553). Auch darf Rechtspopulismus nicht mit Rechtsextremismus gleichgesetzt werden. Zwar gibt es fließende Übergänge, programmatische Schnittmengen und Personen, die sowohl rechtspopulistische als auch rechtsextreme Positionen artikulieren, doch „beim Rechtspopulismus [handelt es sich] um ein eigenes, postmodern-hybrides ideologisches Phänomen“ (Priester 2016, 547). Im Unterschied zu Rechtsextremen „[streben] Rechtspopulisten […] keine radikale Umwälzung der bestehenden Werteordnung und keine revolutionären Veränderungen an“ (Hartleb 2014, 20). Inhaltlich und ideologisch sind rechtspopulistische Aussagen „zwischen Konservatismus und Rechtsextremismus“ zu verorten. „[D]ie Kategorisierung ‚rechtspopulistisch‘ allein [reicht] zur politischen Verortung einer Partei nicht aus […], denn sowohl national-konservative als auch radikal rechte Parteien können sich rechtspopulistisch inszenieren“ (Häusler/Roeser 2017, 19). Die ideologisch uneindeutige Zuordnung hat ein weiteres irritierendes Moment: „Gleichzeitig vertreten ‚Rechtspopulisten‘

Argumente, die eher neoliberalen oder sogar libertären Argumentationsformen zuzuordnen wären“ (Zorn 2017, 32).

Zwar „[gibt] es für das komplexe Phänomen des Rechtspopulismus keine allgemeingültige Erklärung“ (Wodak 2016, 43), aber konkrete Merkmale, die verallgemeinert werden können:

- Das eigene Volk wird als „eine gute Gemeinschaft“ konstruiert, „die von zwei Seiten bedroht werde: von einer korrupten Elite und von Fremden“ (Jörke/Selk 2017, 69).
- Die Konflikte, die Rechtspopulisten meinen auszumachen, „finden nicht […] zwischen einzelnen Nationen, sondern zwischen Kulturen statt“ (Priester 2016, 546).
- Es gibt ein „Kernland“, eine „Heimat“, ein „Vaterland“, es „richtet sich nach innen und schließt ‚dämonisierte‘ Andere aus“ (Wodak 2016, 44).
- Es wird eine „Rhetorik der Ausgrenzung“ betrieben nach dem Motto ‚*Wir*‘ (das Abendland oder christliche Europa) müssen ‚*Uns*‘ gegen ‚*Die*‘ (den Orient: Roma, Juden, Muslime) verteidigen“ (Wodak 2016, 40).
- Damit wird eine „Politik der Angst“ konstruiert (Wodak 2016, 40). Dabei werden in den Gesellschaften vorhandene Ängste, z.B. vor dem „Fremden“, vor der Schnelligkeit der Veränderungen, vor der Unsicherheit der Zukunft aufgegriffen und propagandistisch zugespitzt.
- Neben dem „Volk“ und dem „Wir“ ist die „Nation“ ein zentraler Topos in der rechten politischen Ideologie. Daher sind Rechtspopulisten dezidierte, mitunter sehr aggressive „Anti-Europäer“ (Leggewie 2016).
- Rechtspopulismus ist „exkludierender Anti-Establishment-Protest“ (Priester 2016, 546).

Diese Kennzeichen verdeutlichen sich beispielsweise bei den Pegida-Aufmärschen, wenn dort skandiert wird: „Wir sind das Volk“. Dabei liegt die Betonung im Unterschied zu den Demonstrationen am Ende der DDR nicht auf „Wir“, sondern auf „Volk“.

Damit wird eine Homogenisierung „des Volkes“ konstruiert, das „Volk“ wird als essentiell, als wesentlich oder wesenhaft angenommen. Das steht im Widerspruch zu einer pluralen Gesellschaft und der Realität einer repräsentativen Demokratie. Doch demokratisch wollen Rechtspopulisten auch sein. Deutlich wurde das im Wahlprogramm der AfD zur Bundestagswahl 2017. Es hat den bezeichnenden Titel „Verteidigung der Demokratie in Deutschland“. Dort heißt es:

> *„Das Volk muss wieder zum Souverän werden. Heimlicher Souverän in Deutschland ist eine kleine, machtvolle politische Oligarchie, die sich in den bestehenden politischen Parteien ausgebildet hat. Sie hat die Fehlentwicklungen der letzten Jahrzehnte zu verantworten. Es hat sich eine politische Klasse herausgebildet, deren vordringliches Interesse ihrer Macht, ihrem Status und ihrem materiellen Wohlergehen gilt. Diese Oligarchie hat die Schalthebel der staatlichen Macht, der politischen Bildung und des informationellen und medialen Einflusses auf die Bevölkerung in Händen." (Programm für Deutschland 2017, Kap. 1.3)*

Der Dualismus, ja Antagonismus von „Volk" und „Politik" wird hier deutlich. Populisten sind „anti-pluralistisch" eingestellt (Müller 2016, 26). Im Unterschied zum linken Verständnis vom „Volk", gemeint ist da „die arbeitende Klasse", gehören nach der Vorstellung der Rechten zum „Volk" nur die „ethnisch angestammten" „kleinen Leute" dazu (Häusler 2016, 137). Die Logik eines so stilisierten Volksideals ist, dass es dann auch welche gibt, die nicht dazu gehören, die ausgegrenzt oder entfernt werden müssen.

Rechtspopulisten (wie Populisten überhaupt) wollen sich stets „volksdemokratisch" geben, aber sie sind „der Tendenz nach immer antidemokratisch" (Müller 2016, 18). Denn die ultimative Forderung einer unmittelbaren Demokratie, einer Volksabstimmung unterläuft das Prinzip der Gewaltenteilung und verzichtet auf den Schutz und die Artikulationsfähigkeit von Minderheiten. Vielfalt und Unterschiede sind Kennzeichen einer liberalen Demokratie, Einheit und Gleichheit dagegen sind Merkmale autoritärer Gesellschaftsvorstellungen (auch wenn sie als besonders „demokratisch" etikettiert werden).

4. Das Volk, die Gemeinschaft, der Islam

Wie sich rechtspopulistisches Denken darstellt, soll an drei Beispielen demonstriert werden: den Bewertungen von Volk, Gemeinschaft und Islam (siehe hierzu auch Hufer 2018).

4.1 Volk

Im „Staatspolitischen Handbuch", erschienen im neurechten Antaios-Verlag, geht es im Band eins – es gibt fünf Bände – um rechte „Leitbegriffe". Dort liest man unter dem Schlagwort *„Volk": „Völker sind historische Größen, aber sie sind, wie Tilman Meyer feststellte, ‚nicht vereinbart, beschlossen, kontrahiert, gestiftet, gegründet, geschaffen, d. h. konventionell'. Das Volk ist nicht mehr Natur, aber auch nicht künstlich wie etwa der Staat künstlich ist. Es beruht oft auf ‚Abstammungs-', in jedem*

Fall aber auf ‚Fortpflanzungsgemeinschaft', und die ‚Ethnogenese' ist ein in vielen Fällen durchaus rekonstruierbarer Prozeß" (Lehnert/Weißmann 2009, 156).

Jürgen Elsässer, Chefredakteur des rechtspopulistischen Magazins „Compact", ist ein personifiziertes Beispiel für „Querfront". Früher war er ein dezidiert linker, ja radikal linker Journalist, heute ist er einer der rechtspopulistischen Chefideologen. Seine Vorstellung vom Volk: *„Schon begrifflich gibt es überhaupt kein deutsches Volk mehr, sondern es wird ein neues Wir gebaut, ohne Fundierung in der Herkunft, der Tradition, ohne Unterscheidung zwischen denen, die das Land aufgebaut haben und denen, die jetzt hier aufgenommen werden und verköstigt. Und da find ich schon ein Element: Es ist kein Völkermord, aber es ist eine Auflösung des Volkes über Atomisierung und über Austausch. Also schon ein Austauschprozess, der natürlich nicht im Sinne von Abschlachten erfolgt, obwohl er im Kleinen auch Elemente des Abschlachtens hat […]"* (Jürgen Elsässer, in: Compact-Gespräch 2016, 14:02).

Mit diesen beiden Beispielen wird der zentrale Kern rechtspopulistischer Ideologie deutlich: Ein Volk beruht auf „Abstammung", hat also eine biologische Begründung, und das soll auch für die Zukunft weiter so gelten. Doch dieses naturalistisch definierte Volk befindet sich in Auflösungserscheinungen, es wird „atomisiert", ja „abgeschlachtet" durch diejenigen, die hinzugekommen sind und hinzukommen, durch Migranten und Flüchtlinge. In der letzten Behauptung findet man wieder eine der typischen Verschwörungstheorien, so als gäbe es eine steuernde Kraft, die gezielt „das deutsche Volk" in seiner „Reinheit" minimieren, schwächen, töten wollte. Doch wer steckt hinter dieser Kraft? Wer kann das, ohne dass es bemerkt wird? Die Antwort bleibt unklar und gibt daher Raum für Spekulationen und Verschwörungsphantasien.

In der Realität zeigt ein Blick auf die Weltgeschichte, dass Völker sich durch Zu- und Abwanderungen immer wieder neu gefunden und zusammengefunden haben. Jeder Mensch hat durch seine Vorfahren viele geographische und ethnische Herkünfte. Und alle stammen letztendlich aus Afrika, wo vor Millionen Jahren die Völkerwanderung begann. Sie setzt sich bis heute fort. Das hat immer wieder, über Jahrtausende hinweg, zu genetischen Vermischungen geführt. Ein biologisch „reines" deutsches Volk gibt es nicht. Und wer setzt die Maßstäbe und bestimmt den Zeitpunkt, ab wann, ab welchem Jahr jemand „biologisch" einwandfrei definiert deutsch sei?

Das durch Biologie erklärte und definierte Volk hat ausschließenden, ausgrenzenden Charakter. Das Gegenmodell erkennt die Pluralität im Volk, die Vielfalt der Interessen, Religionen und ethnischen Herkünfte an. Über den durchaus konflikthaltigen Interessenausgleich und den geregelten Weg einer diskursiven Verständigung und daraus folgender Kodifizierung der Regeln kommt es zur gemeinsamen Bürgerschaft. Die Bürger/-innen werden in ihrer Gesamtheit zu einem Staatsvolk. Die Staatszugehörigkeit ist unabhängig von der kulturellen oder ethnischen Zugehörigkeit der einzelnen Bürger/-innen. Dieses Volk ist offen für Hinzukommende, die Staatsangehörigkeit kann man erwerben, die Volkszugehörigkeit im Verständnis der Rechtspopulisten dagegen nicht.

4.2 Gemeinschaft

Zum zentralen Stellenwert, den das „Volk" im Rechtspopulismus hat, gehört auch dessen homogenisierende und harmonisierende Idealisierung. Das Volk ist eine Gemeinschaft und so ist dieser Begriff eine Schlüsselkategorie im rechten Denken und Handeln. Ein Zitat aus dem „Staatspolitischen Handbuch" macht das deutlich:

> *„Zu den wichtigsten Elementen aller konservativen Gesellschaftskritik gehört [...], daß sich die G. [Gesellschaft, Anm. d. Verf.] den Forderungen des Staates beziehungsweise der Gemeinschaft unterzuordnen habe und weiter, daß die Vorstellung einer beliebigen ‚Konstruierbarkeit' in die Irre führen muß" (Lehnert/Weißmann 2009, 72).*

In dieser Erklärung wird zwischen Gesellschaft und Gemeinschaft unterschieden – das ist richtig so. Der Soziologe Ferdinand Tönnies hat in seinem zum Klassiker gewordenen Buch „Gemeinschaft und Gesellschaft", erschienen 1887, diese beiden Begriffe genauestens analysiert und den Unterschied herausgearbeitet: „Gesellschaft ist die Öffentlichkeit, ist die Welt. In Gemeinschaft mit den Seinen befindet man sich, von der Geburt an, mit allem Wohl und Wehe daran gebunden" (Tönnies 1991, 3). In der Gemeinschaft ist und bleibt man „durch *Abstammung* und Geburt miteinander verbunden" (Tönnies 1991, 7). Gemeinschaft ist eine „Verbindung des ‚Blutes'" (Tönnies 1991, 46), wohingegen die „Gesellschaft [...] nichts [ist] als abstrakte Vernunft" (Tönnies 1991, 39).

Diese „klassische" Unterscheidung macht deutlich, warum im rechten Denken die Gemeinschaft einen höheren Wert hat als die Gesellschaft. Das „Blut" war, ist und hat da eine konstante, nicht zu veräußernde, ja schicksalhafte Bindekraft. Aber Bindungen, die so definiert werden, haben immer auch einen ausschließenden, aus- und eingrenzenden Charakter. Besonders problematisch wird es, wenn das „selbe Blut" einem ganzen Volk zugeschrieben wird. Die Begründung von Gemeinschaft ist irrational, sie ist emotional, im äußersten Fall auch schicksalhaft.

Die der „Gesellschaft" von Tönnies zugeschriebene Kategorie „Vernunft" ist dagegen rational, offen und allen Menschen zugänglich. Ein Vertrag zwischen

Mitgliedern einer Gesellschaft beruht auf gleichberechtigter Verhandlung und wechselseitiger Übereinkunft. „Beliebig konstruierbar“, wie Lehnert/Weißmann behaupten, ist eine so zustande gekommene gesellschaftliche Verbindung nicht. Für das Zustandekommen einer liberalen demokratischen Gesellschaft gibt es keinen Konstrukteur, sondern einen Vertrag, an dem viele mitsamt ihren unterschiedlichen Vorstellungen und Absichten beteiligt sind.

4.3 Islam

Mit „dem Islam“ verbindet sich auch die Einwanderung nach Deutschland. Wie in den oben skizzierten Merkmalen bereits gezeigt, ist die Programmatik des Rechtspopulismus ausgrenzend und auf ein sich auf sich selbst zurückziehendes „Volk“ bezogen. Da ist kein Platz für Immigrant/-innen. So heißt es klipp und klar im Programm der AfD zur Bundestagswahl 2017:

> *„Die Grenzen müssen umgehend geschlossen werden, um die ungeregelte Massenimmigration in unser Land und seine Sozialsysteme durch überwiegend beruflich unqualifizierte Asylbewerber sofort zu beenden. Eine erfolgreiche Anpassung all dieser Menschen, darunter ein beträchtlicher Anteil von Analphabeten, ist unmöglich. Wir brauchen über mehrere Jahre diesbezüglich eine Minuszuwanderung“ (Programm für Deutschland 2017, Kap. 5.2).*

Bemerkenswert ist das widersinnige Wort von der „Minuszuwanderung“. Es ist ein Euphemismus, ein Beispiel für Neusprech im Orwellschen Sinn, denn gemeint ist nichts anderes als Ausweisung oder Abschiebung.

Kaum ein gesellschafts- und kulturpolitisches Thema erzeugt dermaßen erregte Emotionen wie die Debatte über „den Islam“ und „die Muslime“. Für Rechtspopulisten ist klar: „der Islam“ gehört nicht zu Deutschland. Ihre exkludierende Programmatik wird hier besonders deutlich und zeigt sich in einer heftigen Aversion gegenüber dem Islam. Noch einmal die AfD:

> *„Der Islam gehört nicht zu Deutschland. In der Ausbreitung des Islam und der Präsenz von über 5 Millionen Muslimen, deren Zahl ständig wächst, sieht die AfD eine große Gefahr für unseren Staat, unsere Gesellschaft und unsere Werteordnung. […] Wir wollen verhindern, dass sich Muslime bis zum gewaltbereiten Salafismus und Terror radikalisieren. Auch die Finanzierung des Baus und Betriebs von Moscheen durch islamische Staaten oder ausländische Geldgeber bzw. deren Mittelsmänner soll unterbunden werden. […]*

Das Minarett lehnt die AfD als islamisches Herrschaftszeichen ebenso ab wie den Muezzin-Ruf, nach dem es außer dem islamischen Allah keinen Gott gibt. Es handelt sich hierbei um religiösen Imperialismus.

Minarett und Muezzin-Ruf stehen im Widerspruch zu einem toleranten Nebeneinander der Religionen, das die christlichen Kirchen, jüdischen Gemeinden und andere religiöse Gemeinschaften in der Moderne praktizieren" (Programm für Deutschland, Kap 6).

Suggeriert wird eine „Gefahr" für „unsere Werteordnung". Doch was meint das besitzanzeigende Fürwort „uns"? Wie einheitlich ist eine Werteordnung in einer pluralen, mitunter schon fragmentierten Gesellschaft wie der deutschen? Das, was alle an Werten annehmen müssen, die hierzulande leben, steht in den Artikeln des Grundgesetzes. Daran müssen sich alle halten, die hier leben, Christen, Muslime, die Anhänger aller anderen Religionen, die Agnostiker und Atheisten. Ein Grundrecht ist die Gleichheit vor dem Gesetz. Niemand darf u.a. wegen seiner Abstammung, seiner Rasse, seiner Herkunft, seines Glaubens oder seiner religiösen Anschauung benachteiligt werden (Art. 3 Abs. 3 GG). Das Diskriminierungsverbot ist eine grundgesetzliche Norm.

Ob in Deutschland „über 5 Millionen Muslime" leben, bleibt dahingestellt, eher ist von „knapp fünf Millionen" auszugehen (Röther 2018). Davon sind nicht alle „konfessionsgebunden" (Röther 2018). Schließlich gibt es auch bei den Muslimen eine religiöse Pluralität, die sich in unterschiedlichen Moscheegemeinden und -verbänden zeigt. „Der Islam" ist vielfältig. Allein dadurch verbietet sich die pauschale Verallgemeinerung. Das bestätigt auch die Islamwissenschaftlerin Gudrun Krämer: „Der Islam ist eine Weltreligion mit weit über einer Milliarde Anhängern, die ihn in vielerlei Weise leben und erleben. Sunniten unterscheiden sich in gewissen Dingen von Schiiten, schriftgläubige Muslime von liberalen; die einen suchen einen spirituellen Weg zu Gott, andere stehen der Mystik fern, manche leben streng puritanisch, andere ausgesprochen lebensfroh; viele sehen in der Politik eine wichtige Dimension ihrer Religion, andere lehnen Politik im Namen des Islam strikt ab" (Krämer 2007, 172).

In ihrer Programmaussage zum Islam verknüpft die AfD Muslime pauschal mit gewaltbereiten Salafisten und Terroristen. Einer millionenstarken Bevölkerungsgruppe wird undifferenziert eine Beziehung zu Gewalt und Terrorismus unterstellt. Damit werden Ängste mobilisiert. So funktioniert die rechtspopulistische Ausgrenzungsstrategie. Die Konstruktion einer solchen Verbindung, in diesem Fall zwischen einer Religionszugehörigkeit und der Bereitschaft zur Gewalt, ist im Kern rassistisch. Verstärkt wird das durch die imaginierte Bedrohung eines „religiösen Imperialismus".

> *Gegen diese Pauschalverunglimpfung stehen Fakten: Eine Studie der Bertelsmann-Stiftung ergab, dass die darin befragten Muslime „eine hohe Verbundenheit mit Deutschland […] zeigen. Ausdruck dafür ist einerseits die hohe Zustimmung zu gesellschaftlichen Grundwerten und andererseits umfangreiche Kontakte zu Nicht-Muslimen. Somit sind Grundvoraussetzungen für den Zusammenhalt in Gesellschaften, die sich durch kulturelle und religiöse Vielfalt auszeichnen, seitens der Muslime weitestgehend gegeben: geteilte Grundwerte und vielfältige gesellschaftliche Beziehungen. […] Der Aussage, dass die Demokratie eine gute Regierungsform ist, stimmen 90 % der hochreligiösen sunnitischen Muslime zu" (Bertelsmann-Stiftung 2015).*

5. Gründe für das Aufkommen des Populismus

Die Welt befindet sich im Wandel und mit ihr Gesellschaft und Politik. Zentrale Verursacher dieses Wandels sind die Megatrends Individualisierung und Globalisierung. Mit ihnen einhergehen bzw. geht:

- rasante Veränderungen in nahezu allen Lebensbereichen, Schnelligkeit und Hektik werden zu einem markanten Lebensgefühl, Flexibilitätsanforderungen im Beruf, und zwar in der Anpassung des Wissens an immer neue Gegebenheiten und in der Wahl des Wohnortes,
- die Entgrenzung von Räumen und Milieus, man bleibt nicht mehr, wie es einst das Motto der Sozialdemokratie war, „von der Wiege bis zur Bahre" am selben angestammten Ort und in derselben sozialen und kulturellen Gemeinschaft, stattdessen pluralisieren sich die Lebensformen und Herkünfte,
- ein Bedeutungsverlust des Hergebrachten, Traditionen verschwinden ebenso wie alte Gepflogenheiten, das Neue bringt ständig wieder Neues hervor,
- die Erkenntnis, dass das Ferne das Nahe bestimmt (und nicht mehr umgekehrt) und bedroht. Beispiele dafür sind weltweite Finanzverschiebungen, Migrationsströme und Klimaveränderungen, die ihre Ursachen in ökologischen Katastrophen auf nicht-europäischen Kontinenten haben und hierzulande zu bisher unerkannten Veränderungen der Natur führen,
- eine wachsende Zahl von „Abgehängten", die auf Grund ihrer wirtschaftlichen und sozialen Situation nicht mehr in der Lage sind, mitzuhalten und sich aus dem gesellschaftlichen Leben zurückziehen, es sind „Ausgeschlossene" (Budde 2008); gleichzeitig nimmt der Reichtum Weniger exorbitant zu,

- nachlassende Bindekräfte von bisher das politische, soziale und kulturelle Leben wesentlich mitbestimmenden „Ligaturen" (Dahrendorf 1992, 41–46) wie Kirchen, Parteien oder Gewerkschaften,
- sich ständig weiterentwickelnde Kommunikationsformen, die absurderweise nicht nur zur Aufklärung führen, sondern auch zu einer nicht mehr einzuordnenden Informationsfülle und vielfachem Rückzug in autistische Filterblasen und Echokammern,
- das Ende der „großen Erzählungen" wie Aufklärung, Sozialismus oder Demokratie, was zum Verlust und zur Preisgabe von utopischen und positiv besetzten Gesellschaftsentwürfen führt,
- eine beunruhigende Ungewissheit der Zukunft bzw. ob diese überhaupt noch zu gestalten ist.

Alle diese – und viele weitere – Faktoren bringen eminente Herausforderungen für jeden Einzelnen mit sich. Nicht alle haben die mentalen und ökonomischen Ressourcen, um darin eine Chance für die eigene Verwirklichung zu sehen.

Schon 1985 hat Jürgen Habermas von einer „neuen Unübersichtlichkeit" gesprochen. Damit hat er „die Erschöpfung der utopischen Energien" (Habermas 1985, 144) und die „Sackgasse" gemeint, in die „die Sozialstaatsentwicklung [...] geraten [ist]" (Habermas 1985, 157).

Das rechtspopulistische Angebot in dieser Situation bietet dagegen eine „alte Übersichtlichkeit": die Erklärungen sind eingängig („die da oben" verursachen in unverantwortlicher Weise die Missstände), die leitenden Kategorien sind klar und unumstößlich (Volk, Gemeinschaft), die Bedrohung hat einen Verursacher (Islam), die Entwicklung erscheint mit einfachen Lösungen steuer- und gestaltbar.

Populismus ist eine Reaktion auf die Globalisierung und ihre als bedrohlich empfundenen Folgen. Gegen weltweit agierende Konzerne und miteinander verflochtene Staatenbünde setzt er die Rückkehr zu nationalen oder regionalen Entscheidungen. Er verheißt damit Überschaubarkeit und Sicherheit in einer angeblich aus den Fugen geratenen Welt.

„Populismus ist [...] auch eine Reaktion auf die Individualisierung und ihre eingebildeten oder tatsächlichen Zumutungen. Er setzt sich für den Erhalt oder die Wiederherstellung vermeintlich sicherer Kollektividentitäten und Lebensformen ein. Und er plädiert gleichsam dafür, kollektiv zu entscheiden, nicht mehr so viel entscheiden zu müssen" (Jörke/Selk 2017, 110). Offensichtlich treffen Populisten damit die Bedürfnislage vieler Menschen.

6. Wie gefährlich ist der Populismus?

Die Protagonisten des rechten Populismus stellen sich als Gralshüter einer „wahren“ Demokratie dar. In der Tat könnte man das durch ihre dezidierte Forderung meinen, „das Volk“ solle die unmittelbare, gestaltende und entscheidende Stimme in der Politik sein. Aber das hier gemeinte Volk als politisches Subjekt ist ein Konstrukt, eine Ideologie. Dessen herbeigeredete Homogenität hat in der Tendenz totalitäre Konsequenzen, da ausgeklammert wird, dass es in einer offenen Gesellschaft viele divergierende, konträre Interessen und Meinungen gibt. In der Konsequenz von direkten, von einem homogen verstandenen „Volk“ herbeigeführten politischen Entscheidungen bleiben Minoritäten unberücksichtigt, statt Vielfalt dominiert Einheit.

Wie soll übrigens von wem die „Volksmeinung“ herbeigeführt werden, wie soll über anstehende Entscheidungen informiert und aufgeklärt werden, wenn eines der Feindbilder des rechten Populismus „die Presse“ ist, und es insbesondere die öffentlich-rechtlichen Medien sind, die von Rechtspopulisten immer wieder als „Lügenpresse“ bezeichnet werden? Soll die Meinungsbildung etwa in den Foren des Internets, in den sozialen Medien stattfinden, in denen ja oft wenig wirklich Soziales, nicht selten das krasse Gegenteil davon, zur Sprache kommt?

Der französische Politikprofessor Jacques de Saint Victor sieht einen unmittelbaren Zusammenhang zwischen dem Internet und dem Aufkommen des Populismus: „Dank der Begünstigung scheinbar ‚horizontaler‘ Partizipationsmöglichkeiten durch das Netz liegen die Träume von einer ‚direkten Demokratie‘, die seit Perikles’ Zeiten vergessen waren, wieder voll im Trend“ (Saint Victor 2015, 11). Diesen Träumen spielt die „Vertrauenskrise“ der Politik in der westlichen Welt (Saint Victor 2015, 15) in die Hände. Im Populismus sieht Saint Victor ein „Bündnis von Netz und Straße“ (Saint Victor 2015, 33). Das, was sich da entwickelt hat, bezeichnet er als „Antipolitik“ (Saint Victor 2015, 10).

Dieser Begriff ist zwar zunächst irreführend, da ja gerade Populisten richtiges politisches Handeln beanspruchen. Aber die Bezeichnung trifft doch insofern zu, weil die moralisch aufgeladene Entrüstung der Populisten eine Rebellion gegen die liberale und plurale Politik ist. Der Hauptfeind des Populismus ist der Liberalismus (gemeint ist die politische Strömung und Idee, nicht irgendeine parteipolitische Etikettierung), sind libertäre Denkweisen, Ideen und Lebensformen. Gemeint sind damit im Prinzip alle in der Bundesrepublik etablierten Parteien, der größte Bereich der Kultur sowie die meisten Organisationen und Initiativen der sozialen Bewegung. Der Liberalismus ist verhasst, weil er für den Individualismus und Subjektivismus der Moderne und damit für den Verlust an Gemeinschaft(sgefühl) verantwortlich gemacht wird. Das hat Tradition, denn schon in der Weimarer Zeit proklamierte der Vordenker einer Neuen Rechten, Arthur Moeller van den Bruck, dass am „Liberalismus […] die Völker zugrunde [gehen]" (Moeller van den Bruck 2007).

Mit dem klischeehaften Bild vom Islam und von Muslimen konstruieren Populisten eine gefahrenvolle, feindselige „Andersartigkeit" und propagieren Ausgrenzungsideen. Das widerspricht der humanitären Prinzipien verpflichteten offenen Gesellschaft.

Der weltweit bekannte US-amerikanische Philosoph Michael Sandel sieht ebenfalls wie Saint Victor einen Zusammenhang zwischen der intensiven Nutzung des Internets und dem Aufkommen des Populismus. Auf eine Frage in einem Interview, ob es „eine Verbindung zwischen der massiven Ablenkung [durch Social Media] einerseits und der Unterstützung des Populismus andererseits [gibt]", gab er die folgende Antwort:

> *„Ja, und zwar auf indirektem Weg. Der Aufstieg des Populismus ist eine Reaktion auf die Verarmung des öffentlichen Diskurses. Wir erleben zunehmend einen öffentlichen Diskurs, der keinen moralischen Gehalt mehr hat, der frei ist von Debatten über politische Identitäten und gemeinsame Ziele. Es gibt eine Reihe von Gründen, warum der Diskurs so flach und entleert ist. Eine Ursache hat mit der vom Markt getriebenen Version der Globalisierung zu tun, der wir in den letzten vier Jahrzehnten gefolgt sind. Das hat zu einem öffentlichen Diskurs geführt, der von einer technokratischen Sprache dominiert ist, die niemanden inspiriert …*
>
> *… und von dem sich die Menschen abwenden?*
>
> *…. oder den sie gar nicht mehr führen können. Hier kommt wieder das permanente Abgelenktsein ins Spiel: Wir sind inzwischen schlecht ausgestattet, um Bürger im besten Sinne sein zu können. Wir sind immer weniger in der Lage, jene grundsätzlichen Debatten zu führen, die dringend notwendig sind. In der Konsequenz entsteht ein moralisches Vakuum. Früher oder später wird dieses Vakuum dann gefüllt von rauen, engstirnigen und intoleranten Kräften – und damit meine ich lauten Nationalismus oder Fundamentalismus" (Sandel 2018).*

7. Rechtspopulismus: was tun?

Populismus, sowohl in seiner linken als auch in seiner rechten Ausprägung, ist die Gegenbewegung zu einer pluralen und offenen Demokratie. Statt Pluralismus wollen Populisten Hegemonie, statt Offenheit Geschlossenheit.

Wer zu dieser Herausforderung schweigt, stimmt ihr letztlich zu. Im Vorwort zu einem materialreichen Band, den der Bund der Deutschen Landjugend herausgegeben hat, heißt es:

> *„Es ist höchste Zeit, dass wir aufstehen und für die Demokratie einstehen. Lasst uns autoritären und unangenehmen Zwischentönen die Stirn bieten, rechte Sprüche aufdecken und uns – einzeln und als Gemeinschaft – dagegen positionieren. Denn schnell wird Schweigen falsch gedeutet und als Zustimmung einkassiert. Doch wir lassen uns nicht vereinnahmen. Rechtsextremismus und Rechtspopulismus haben bei uns keinen Platz." (Sebastian Schaller in: Bund der Deutschen Landjugend 2017, 8)*

Dafür müssen Voraussetzungen und Gelegenheiten geboten werden. Zunächst bedarf es eines öffentlichen Raums, der Meinungsbildung, Verständigung, Informationsvermittlung und Argumentationssicherheit ermöglicht. Dieser Raum schwindet aber in einer individualisierten, segmentierten und vielfach auch fragmentierten Gesellschaft. Viele ziehen sich zurück und schotten sich ab in ihren engen und selbstbezogenen Kommunikationsblasen. Schon 1974 – das Internetzeitalter hatte gerade begonnen – hat Richard Sennett „Verfall und Ende des öffentlichen Lebens" diagnostiziert (Sennett 1986). Weitsichtig stellt er fest: „Die elektronische Kommunikation ist einer der Faktoren, die das öffentliche Leben zum Erliegen gebracht haben." (Sennett 1986, 357)

Wenn in einer Demokratie die Öffentlichkeit schwindet, dann zerbröselt diese Demokratie. Umso wichtiger ist es, dass demokratische Institutionen, Organisationen und Initiativen einen Raum bereitstellen, in dem die allgemeinen, gesamtgesellschaftlichen Fragen und Themen, die Befunde und Ziele gemeinsam und diskursiv besprochen werden.

Jürgen Habermas hat ein entsprechendes, „deliberatives" Politik- und Demokratieverständnis entwickelt: In einer deliberativen Demokratie sind die Bürger/-innen aktiv an den Entscheidungsprozessen beteiligt. Deren Verwirklichung ist „von der Institutionalisierung entsprechende[r] Verfahren [abhängig]" (Habermas 1996, 287).

Herausgefordert sind damit Bildungseinrichtungen, Parteien, Verbände, Kirchen NGOs, selbstorganisierte Initiativen und – speziell im hier betrachteten Zusammenhang – Beratungseinrichtungen und Netzwerke „gegen rechts“. Mit der Erwartung an die demokratisierende Wirkung solcher Foren der Verständigung verbindet sich der nicht widerlegte Glaube an die Kraft der Aufklärung.

Ein Thema dabei ist auch die Dechiffrierung der von Rechtspopulisten gebrauchten Sprache. Zentrale Begriffe werden von ihnen in einen eigenen ideologischen Kontext (um)gedeutet. Gewollt ist ein Kampf um die Begriffe (Hufer 2018, 23–26). Im bereits erwähnten „Staatspolitischen Handbuch“ wird klipp und klar betont, „[d]aß Sprache ein Machtmittel ist“ (Lehnert/Weißmann 2009, 7). Das Ziel ist es, auf diesem Weg „eine politische Veränderung“ (Lehnert/Weißmann 2009, 9) herbeizuführen. Von dem rechten Gebrauch von Volk, Gemeinschaft und Islam war bereits die Rede. Daneben gibt es noch viele weitere Begriffe, die ideologisch vereinnahmt und so gezielt in Umlauf gebracht werden, um die öffentliche Meinung zu beeinflussen, z.B. Demokratie, Freiheit, Heimat, Identität, Kultur, Nation, Patriotismus, Politik, Raum, Staat u.a. (Hufer 2018, 27–77). Diese Begriffe zu „besetzen“, ist eine gezielte Strategie. In rechten Zirkeln gibt es dafür den dort geläufigen Begriff „Metapolitik“ (Lehnert/Weißmann 2009, 100–102). Über diese Absicht sollte durch Bildungseinrichtungen und Medien aufgeklärt werden mit dem Ziel, eine demokratische Deutung der Begriffe zurückzugewinnen.

Für die Argumentationssicherheit und den Widerspruch bei der Konfrontation mit rechtspopulistischen Parolen, z.B. mit ausländerfeindlichem, rassistischem, islamfeindlichem oder politikverachtendem Inhalt, gibt es bewährte Seminar- und Trainingskonzepte aus dem Bereich der politischen Bildung: „Argumentationstraining gegen Stammtischparolen“ (Hufer 2016a, 2016b, 2017, 2018a) und „Politik wagen. Ein Argumentationstraining“ (Boeser-Schnebel/Hufer/Schnebel/Wenzel 2016). Diese in der außerschulischen politischen Jugendbildung und politischen Erwachsenenbildung vielfach angebotenen und sehr gut nachgefragten Seminare sind orientiert an den Alltags- und Lebenswelterfahrungen der daran Teilnehmenden. In moderierender (und keinesfalls belehrender) Weise lernen die Seminarteilnehmer/-innen den Kern populistischer Parolen kennen und üben gemeinsam, deren Inhalte und Strategien zu widerlegen bzw. ihnen wirkungsvoll entgegenzutreten. Das rege Interesse an diesen Veranstaltungen zeigt, dass „das Volk“ in erheblich großer Zahl und mit absoluter Sicherheit in seiner Mehrzahl ganz anders denkt als das, was Rechtspopulisten als „Volkswillen“ darstellen wollen und propagieren.

Literatur

Ahlheim, Klaus/Kopke, Christoph (Hg.) (2017): Handlexikon Rechter Radikalismus. Ulm.

Bertelsmann-Stiftung (2015): Religionsmonitor. Verstehen was verbindet. Sonderauswertung Islam 2015. Die wichtigsten Ergebnisse im Überblick. In: https://www.bertelsmann-stiftung.de/file admin/files/Projekte/51_Religionsmonitor/Zusammenfassung_der_Sonderauswertung.pdf (aufgerufen am 05.05.2018).

Boeser-Schnebel, Christian/Hufer, Klaus-Peter/Schnebel, Karin/Wenzel, Florian (2016): Politik wagen. Ein Argumentationstraining. Schwalbach/Ts.

Bude, Heinz (2008): Die Ausgeschlossenen. Das Ende vom Traum einer gerechten Gesellschaft. München.

Bund der Deutschen Landjugend e.V. (Hg.) (2017): Rechtsextremismus im ländlichen Raum. Berlin.

Butter, Michael (2018): „Nichts ist, wie es scheint". Über Verschwörungstheorien. Berlin.

Compact-Gespräch (2016): Merkels letzter Kampf, Gespräch zwischen Jürgen Elsässer, Martin Müller-Mertens, Michael Stürzenberger, veröffentlicht am 23.12.2016. In: https://www.you tube.com/watch?v=lXuZUmyy4r4 (aufgerufen am 05.05.2018).

Dahrendorf, Ralf (1992): Der moderne soziale Konflikt. Stuttgart.

Decker, Oliver/Kiess, Johannes/Brähler, Elmar (Hg.) (2016): Die enthemmte Mitte. Autoritäre und rechtsextreme Einstellungen in Deutschland. Gießen.

Fromm, Rainer (1993 und 2000): Am rechten Rand. Lexikon des Rechtsradikalismus. Marburg.

Habermas, Jürgen (1985): Die Neue Unübersichtlichkeit. Frankfurt/M.

Habermas, Jürgen (1996): Die Einbeziehung des Anderen. Studien zur politischen Theorie. Frankfurt/M.

Häusler, Alexander (2016): Themen der Rechten. In: Virchow, Fabian/Langebach, Martin/Häusler, Alexander (Hg.): Handbuch Rechtsextremismus. Wiesbaden, S. 135–180.

Häusler, Alexander/Roeser, Rainer (2017): Rechtspopulismus: Entwicklungen und aktuelle Erscheinungsformen in Deutschland. In: Allmendinger, Björn/Fährmann, Joachim/Tietze, Klaudia (Hg.): Von Biedermännern und Brandstiftern. Rechtspopulismus in Betrieb und Gesellschaft. Hamburg, S. 18–28.

Hafeneger, Benno/Jestädt, Hannah/Klose, Lisa-Marie/Lewek, Philine (2018): AfD in Parlamenten. Themen. Strategien. Akteure. Frankfurt/M.

Hartleb, Florian (2014): Die Wandlungsfähigkeit von und die Herausforderung durch Extremismus und Terrorismus in Europa. In: Schieren, Stefan (Hg.): Populismus, Extremismus, Terrorismus. Schwalbach/Ts.

Heitmeyer, Wilhelm (Hg.) (2002–2012): Deutsche Zustände. Folge 1–10. Frankfurt/M. und Berlin.

Hufer, Klaus-Peter (102016a): Argumentationstraining gegen Stammtischparolen. Materialien und Anleitungen für Bildungsarbeit und Selbstlernen. Schwalbach/Ts.

Hufer, Klaus-Peter (72016b): Argumente am Stammtisch – Erfolgreich gegen Parolen, Palaver und Populismus. Schwalbach/Ts.

Hufer, Klaus-Peter (2017): Argumente gegen Parolen und Populismus. Schwalbach/Ts.

Hufer, Klaus-Peter (2018a): Stammtischparolen: Rechtspopulismus im Alltag. Eine Herausforderung für demokratische Kultur und politische Bildung. In: Butterwegge, Christoph/Hentges, Gudrun/Lösch, Bettina (Hg.): Auf dem Weg in eine andere Republik? Neoliberalismus, Standortnationalismus und Rechtspopulismus. Weinheim und Basel, S. 165–173.

Hufer, Klaus-Peter (2018b): Neue Rechte, altes Denken. Ideologie, Kernbegriffe und Vordenker. Weinheim und Basel.

Jörke, Dirk/Selk, Veith (2017): Theorien des Populismus. Zur Einführung. Hamburg.

Klönne, Arno (1987): Bundestagswahl, Historiker-Debatte und ‚Kulturrevolution von rechts'. In: Blätter für deutsche und internationale Politik Nr. 3, S. 285–296.

Krämer, Gudrun (2007): Zum Verhältnis von Religion, Recht und Politik: Säkularisierung im Islam. In: Hans Joas/Wiegendt, Klaus (Hg.): Säkularisierung und die Weltreligion. Frankfurt/M., S. 172–193.

Leggewie, Claus (2016): Anti-Europäer. Breivik, Dugin, al-Suri & Co. Berlin

Lehnert, Erik/Weißmann, Karlheinz (Hg.) (2009): Leitbegriffe. Staatspolitisches Handbuch, Band 1. Schnellroda.

Lucardie, Paul (2011): Populismus: begriffshistorische und theoretische Bemerkungen. In: Wielenga, Frisco/Hartleb, Florian (Hg.): Populismus in der modernen Demokratie. Die Niederlande und Deutschland im Vergleich. Münster, S. 17–37.

Moeller van den Bruck, Arthur (1922): An Liberalismus gehen die Völker zugrunde. In: Moeller van den Bruck/Heinrich von Gleichen/Max Hildebert Böhm (Hg.): Die Neue Front. Quellentexte zur Konservativen Revolution. Die Jungkonservativen: Band 3. Toppenstedt 2007 (Nachdruck der Ausgabe Berlin 1922), S. 5–34.

Müller, Jan-Werner (2016): Was ist Populismus? Ein Essay. Berlin.

Priester, Karin (2016): Rechtspopulismus – ein umstrittenes theoretisches und politisches Phänomen. In: Virchow, Fabian/Langebach, Martin/Häusler, Alexander (Hg.): Handbuch Rechtsextremismus. Wiesbaden, S. 533–560.

Programm für Deutschland. Wahlprogramm der Alternative für Deutschland für die Wahl zum Deutschen Bundestag am 24. September 2017. In: https://www.afd.de/wp-content/uploads/sites/111/2017/06/2017-06-01_AfD-Bundestagswahlprogramm_Onlinefassung.pdf (aufgerufen am 05.05.2018).

Robertson von Trotha, Caroline Y. (Hg.) (2012): Rechtextremismus in Deutschland und Europa. Rechts außen – Rechts ‚Mitte'. Baden-Baden.

Röther, Christian (2018): Zahl der Muslime in Deutschland, eine Sendung des Deutschlandfunks vom 26.01.2018. In: http://www.deutschlandfunk.de/religionsstatistik-zahl-der-muslime-in-deutschland.886.de.html?dram:article_id=408677 (aufgerufen am 5.5.2018).

Saint Victor, Jacques de (2015): Die Antipolitischen. Hamburg.

Sandel, Michael (2018): „Der Aufstieg des Populismus ist eine Reaktion auf die Verarmung des öffentlichen Diskurses". Interview mit der Neuen Zürcher Zeitung vom 24.4.2018. In: https://www.nzz.ch/feuilleton/aufstieg-des-populismus-ist-eine-gegenreaktion-auf-die-verarmung-des-oeffentlichen-diskurses-ld.1379811 (aufgerufen am 01.05.2018).

Sennett, Richard (1986): Verfall und Ende des öffentlichen Lebens. Die Tyrannei der Intimität. Frankfurt/M. (erstmals in den USA 1974).

Storz, Wolfgang (2015): „Querfront" – Karriere eines politisch-publizistischen Netzwerks. Ein Projekt der Otto-Brenner-Stiftung. Frankfurt/M.

Tönnies, Ferdinand (31991): Gemeinschaft und Gesellschaft, 3. unveränderte Auflage. Darmstadt.

Wodak, Ruth (2016): Politik mit der Angst. Zur Wirkung rechtspopulistischer Diskurse. Wien und Hamburg.

Zick, Andreas/Küpper, Beate/Krause, Daniela (2016): Gespaltete Mitte. Feindselige Zustände. Rechtsextreme Einstellungen in Deutschland 2016. Bonn.

Zick, Andreas/Klein, Anna: Fragile Mitte (2014). Feindselige Zustände. Rechtsextreme Einstellungen in Deutschland 2014. Bonn.

Zorn, Daniel-Pascal (2017): Logik für Demokraten. Eine Anleitung. Stuttgart.

Didaktische Überlegungen

FRIEDRICH HUNEKE

Im Wettstreit der Narrative: Dekonstruktion des Populismus aus geschichtsdidaktischer Perspektive

1. Populismus – Fragen zu einem Krisenphänomen

2017 war ein Jahr des Populismus: Donald Trump inszenierte sich als Gegenspieler der politischen „Elite" und wurde mit seinen Mottos „America first" und „Make America great again" der 45. amerikanische Präsident. Bei den französischen Präsidentschaftswahlen reüssierte Marine Le Pen mit den rechten Themen des Front National als zweitstärkste Kandidatin. Die rechtspopulistische FPÖ wurde Koalitionspartner in Österreich. Im Wahlprogramm der AfD zur Bundestagswahl 2017 kommt „Islam" 27 Mal, stets in ausgrenzendem Kontext, vor, statistisch auf mehr als jeder dritten Seite, Christentum dreimal (AfD 2017)[1]. Die Erfolge populistischer Parteien sind erheblich. Sie werfen viele Fragen auf, von denen ich für die Geschichtsdidaktik einige herausgreifen möchte:

- Das Wort *Populismus* wird zunehmend inflationär verwendet – aber auf welche Konzepte zielt der *Begriff* eigentlich?
- Lässt sich Populismus als feste Substanz rechter oder linker *Themen* und *Ideologie* definieren oder ist er ein opportunistisch-demagogischer *Politikstil*, ein wandlungsfähiger Relationsbegriff?
- Gibt es so etwas wie ein *Verlaufsschema*, um Ursachen, Formen und Folgen, typische Anfänge, Aufstiege und Fall populistischer Bewegungen darzustellen?
- Populisten beanspruchen, *direkt für das Volk* zu sprechen. Sie diskreditieren die sogenannten „Eliten", die Institutionen und die Regeln der repräsenta-

1 Dagegen kommt der Begriff „Kirche" im Wahlprogramm der AfD nur 6 Mal vor, davon nur einmal ohne abgrenzenden Bezug auf den Islam: „Die Bezahlung von Kirchenrepräsentanten wie Bischöfen etc. aus allgemeinen Steuermitteln ist abzuschaffen." – womit sich die AfD gegen den Beschluss der Reichsdeputation vom 25.2.1803 stellt, der die Zahlungen als Gegenleistung für die Verstaatlichung von Kircheneigentum festlegte (AfD 2017, 50).

tiven Demokratie als angeblich korrumpiert und diffamieren gewählte Amtsträger mit Stereotypen, die ad personam verunglimpfen. Welche Narrative kennzeichnen die typischen Erzählungen des Populismus, und wie können Lernende zur kritischen Dekonstruktion befähigt werden?
- Im Folgenden wird die These vertreten, dass es *komplexe historische Krisen* und *Modernisierungsschübe* sind, in denen verunsicherte Menschen einfache Antworten bei harmonisierenden, oft rückwärtsgewandten Narrativen suchen, die mit Inklusions- und Exklusionsmechanismen arbeiten. Was muss kritischer Geschichtsunterricht leisten, um diese Mechanismen aufzudecken und Lernende zu kritischen Sach- und Werturteilen zu befähigen?

Der Geschichtsunterricht sollte sich diesen Fragen stellen. Während der Politikunterricht sein Handlungsfeld in der Gegenwartsanalyse findet, bietet es das Geschichtscurriculum an, Formen des Populismus in Neuzeit und Zeitgeschichte als abgeschlossene Fallanalysen zu untersuchen. Und wenn man Populismus als eine gesellschaftliche Reaktion auf unübersichtliche Krisen versteht, so muss der Typus neuzeitlicher Krisen zum Ausgangspunkt der Betrachtung gemacht werden. Es sind die Dynamiken der Modernisierungskrisen der industriellen und postindustriellen Gesellschaften, die Verunsicherungen auslösen und verschiedene Formen des Populismus als Lösungsmuster hervorrufen. Diese scheitern über kurz oder lang, bis sich in der Geschichte letztendlich erfolgreichere und dauerhaftere Lösungen durchsetzen. Der vorliegende Beitrag wird ausgewählte Formen und Fallbeispiele des Populismus in Europa modellhaft skizzieren, der Schwerpunkt liegt jedoch auf didaktischen Reflexionen, die eine Basis für aktuelle Unterrichtskonzepte anbieten sollen. Für die tiefer gehende fachwissenschaftliche Analyse ist auf die fachwissenschaftlichen Beiträge dieses Bandes und die umfangreiche Populismusforschung zu verweisen[2].

Zur Einleitung wird aus den zahlreichen Definitionsangeboten eine pragmatische Auswahl zusammenzutragen.

2. Was ist Populismus? Definitionsversuche

Der Begriff des Populismus ist erst etwa 120 Jahre alt. Mit Karin Priester (Priester 2012, 36) und Paul Taggart (Taggart 2004, 273) möchte ich fünf zentrale Wesenszüge nennen:

---

2 Als Einstiegslektüre eignen sich das Heft Populismus (Aus Politik und Zeitgeschichte 5-6/2012) sowie Karin Priester (2012a): Rechter und Linker Populismus. Campus, Frankfurt a.M., sowie die Auswahlbibliographie am Ende dieses Beitrages.

1. Populismus reagiert auf das Gefühl einer extremen *Krise*, die Verunsicherung hervorruft.
2. der Politikstil des Populismus lehnt die Formen der *repräsentativen Demokratie* als Lösungsweg aus der Krise ab.
3. Populismus bietet eine Identifikation mit einem *„Heartland"* an, der rückwärtsgewandten Utopie eines harmonischen Idealzustandes in Politik und Gesellschaft, der als scheinbar unveränderlicher Maßstab dient, um aktuelle Zustände radikal abzulehnen.
4. Der Populismus hat ein „leeres Herz", er hat *keine feste Ideologie* wie Sozialismus oder Liberalismus, vielmehr können seine Werte spontan gesetzt werden, sie reagieren auf aktuelle Krisen, Themen und Ängste. Populismus ist also in größerem Maße zu verstehen als eine Form und ein Stil der Politik. Seine Inhalte sind wandlungsfähig, so dass eine Definition über Inhalte nur von eher kurzer Reichweite ist. „Der" Populismus ist ein Chamäleon, wie es Karin Priester nennt.
5. Populismus ist ein *episodisches Phänomen*, er hat ein kurzes „Haltbarkeitsdatum": Die Beteiligung an der Macht, der Tod eines charismatischen Führers, die Anforderungen durch neue politische Themen haben meist begrenzenden Einfluss auf die Dauerhaftigkeit populistischer Bewegungen.

Zwei weitere Punkte möchte ich ergänzen:

6. Der Übergang vom *Protest-Populismus* zum *Identitäts-Populismus* (Priester 2012b, 6) stellt eine entscheidende Schwelle dar: Das TTIP-Handelsabkommen, Stuttgart 21, die Euro-Rettungspakete für Griechenland, die Flüchtlingskrise – diese als Krisen wahrgenommenen politischen Großereignisse führten zunächst zu Protesten, die auf den Anlass bezogen waren. Es wurden teils Sachargumente in den politischen Diskurs eingebracht, teils Ängste und Verunsicherungen. Dabei haben diejenigen Narrative am meisten Bestand, die auf Identität zielen. Ihre Prägung geht tiefer und hat auf dem Hintergrund aktueller Globalisierungsängste eine andere Qualität als Sachkritik an einem vorübergehenden Sachproblem. „Wir" gegen „die Anderen": Dieses narrative Muster ist außerordentlich flexibel und eignet sich dadurch, um die verschiedensten Ängste und negativen Erscheinungen abzuweisen oder abzuleiten auf einen Sündenbock. Dagegen mag der Protest gegen das Bauprojekt Stuttgart 21 populäre Elemente aufgegriffen haben, aber seine Sachargumente haben nicht zu einer populistischen Bewegung geführt, sondern zu einem Regierungswechsel im Rahmen der Landtagswahlen in Baden-Württemberg beigetragen.

7. Vor einem *inflationären Gebrauch des Populismus-Begriffs* ist zu warnen. Das Aufgreifen einzelner populistischer Elemente in Reden von Politikern, in Protestbewegungen oder die ungeprüfte Gleichsetzung von Populismus mit Formen des Faschismus dient nicht der Klärung, sondern hat Missverständnisse und Verharmlosung zur Folge.

3. Populismus und Gemeinschaft

Diese Aspekte einer Definition leiten zu der Frage über, wie der populistische Politikansatz ein Spannungsverhältnis zu den legalen Formen der repräsentativen, parlamentarischen Demokratie aufbaut. Die Populismusforscher Yves Mény und Yves Surel beschreiben drei Schritte in der Argumentationsstruktur dieses Politikstils (2002, zitiert nach Priester 2012a, 37):

1. Den Ausgangspunkt stellt die Konstruktion der Gesellschaft als einer geschlossenen *Gemeinschaft* dar, als ein *Volk*. Die Akteure des Populismus deuten jedoch einen Zerfall dieser Gemeinschaft. Die sogenannten „Eliten" verstünden die Sorgen und Nöte des „Kleinen Mannes" nicht (oder: nicht mehr), der hier als „Underdog" charakterisiert wird.
2. Die *„Eliten"* verträten also nicht mehr die Interessen des einfachen Volkes, sie hätten sich vielmehr zu privilegierten Nutznießern eines korrupten Systems entwickelt und begingen Betrug am Volk.
3. Daraus ergibt sich die Forderung, den Primat eines „einfachen Volkes" und seines „gesunden Menschenverstandes" wiederherzustellen. Die Rolle des uneigennützigen Retters aus der Krise sprechen sich die Akteure der populistischen Bewegung selbst zu. Sie inszenieren sich als unverbrauchte Kämpfer aus dem Volk gegen ein sogenanntes „Establishment". Der AfD-Politiker Höcke benutzt gern die Formulierung „unser liebes Volk" (Höcke 2017). Die Mechanismen der Inklusion – wer gehört dazu? – und der Exklusion – wer ist ausgeschlossen? – prägen diesen Politikstil.

Ein zentrales Narrativ des Populismus beruht also auf der Behauptung, direkt für das Volk zu sprechen. Eine vorgebliche *Legitimität* des Populismus wird gegen die *Legalität* der Institutionen der repräsentativen Demokratie ausgespielt. Das Demokratieverständnis des Populismus ist eindimensional. Die politische Strategie des Populismus lässt sich damit beschreiben als ein Indikator in Krisensituationen der Demokratie. Populismus sollte als Hinweis auf Mängel in den Kommunikationskanälen der repräsentativen parlamentarischen Demokratie ernst genommen werden. Der Diskurs des Populismus geht von denjenigen mittleren Schichten aus, die von Statusängsten geprägt sind. Im Stil des Populismus ist also eine größere Eigendynamik zu erkennen. Der Zusammenhang zwischen Krise und Populismus ist natürlich komplexer, als es seine Narrative behaupten:

- Welche realen Formen des gesellschaftlichen, politischen und kulturellen Wandels lösen Verunsicherungen aus?
- Wieso geht das Vertrauen in die legalen Institutionen der repräsentativen Demokratie verloren?
- Woher stammen die Narrative, mit denen der Populismus seine Lösungsangebote inszeniert? welche Mechanismen der Inklusion und Exklusion, welche Wahrnehmungsmuster und Stereotype benutzt und bedient er?

In einem ersten Zwischenresümee ist festzuhalten, dass eine Protestkultur als Indikator für ein Krisenbewusstsein zu lesen ist und so durchaus eine nützliche Reparaturfunktion in der repräsentativen Demokratie erfüllen kann. Defizite im Bereich der politischen Willensbildung werden aufgezeigt und finden Eingang in den politischen Prozess.

Zu den problematischen Aspekten zählen jedoch vor allem die Abwertung oder gänzliche Ablehnung demokratischer Institutionen und eine völkische Rhetorik, die mit Kategorien der Inklusion und Exklusion arbeitet. Schließlich bieten Populisten plakative, oberflächliche Lösungsstrategien an, die ungeeignet sind, die komplexen Ursachen einer Modernisierungskrise wirklich anzugehen.

4. Die Rhythmen des Populismus

Der Zusammenhang zwischen Modernisierungskrise und Populismus soll im Folgenden genauer betrachtet werden.

Ich greife dabei die Skizze von Karin Priester (2012a, 230 ff.) auf, die eine Parallelität langjähriger Wirtschaftszyklen und deren Auswirkungen auf Gesellschaft und Politik untersucht. Priester misst den langen Takten der etwa 40 bis 50 Jahre währenden, technologischen Großinnovationen folgenden Kondratjew-Zyklen zentrale Bedeutung bei, weil sie die gewohnten Lebenswelten, die Berufe und Identitäten einem grundlegenden Wandel unterwarfen. So war die erste Hälfte des 19. Jahrhunderts in Europa von einer fundamentalen Mechanisierung der Produktion geprägt, die zweite Hälfte vom kontinentalen Eisenbahnbau und der flächendeckenden Ausweitung der Schwerindustrie. Einen dritten Zyklus prägte der Aufstieg der Chemie- und Elektroindustrie in der von der Weltwirtschaftskrise 1929 geschüttelten ersten Hälfte des 20. Jahrhunderts. An dieser Stelle ist allerdings die Rolle der sogenannten Juglar- Investitionszyklen von etwa 6–10 Jahren Dauer stärker ins Spiel zu bringen, die zu den neuen Krisentypen der wachsenden Industriegesellschaften gehörten. Am „Schwarzen Freitag“ 1929 trafen beide Krisenformen aufeinander und verstärkten die Erfahrungen und Gefühle von Unsicherheit und Ausgeliefertsein.

In der Wellenbewegung des vierten Kondratjew-Zyklus (1950–1990) veränderten Konsumgüter, Massenmotorisierung und Massenmedien in einem zunehmend globalen Freihandel die Produktions- und Handelsströme. Neue Energiequellen, Computer- und Informationstechnologie vernetzen die Lebenswelten weltweit seit den 1990er Jahren in einem global noch niemals zuvor erlebten Ausmaß und mit großer Beschleunigung.

Diese kurzen und langen konjunkturellen Wellen lösen Szenarien des Wachstums und der Schrumpfung aus. Auf optimistische und reformfreudige Phasen der Prosperität folgen Abschnitte von Zweifeln in der Rezession und einem pessimistischen Krisenbewusstsein in der Depressionsphase, bis ein neuer Aufschwung den verlorenen Glauben an harmonische Utopien erneut ans Tageslicht befördert. Jeder Konjunkturzyklus bringt *Gewinner* und *Verlierer* hervor, Ängste vor *Statusverlust* und sozialem Abstieg bei den potentiellen Verlierern, sowie sozialen Neid gegenüber den Gewinnern. Das Konzept der schöpferischen Zerstörung erklärte der Wirtschaftswissenschaftler Josef Schumpeter in seinen Forschungen zur Wirtschaftsethik zum Leitmotiv der Marktwirtschaft (Schumpeter 2005, 137 f.). Schauen wir uns dazu einige Fallbeispiele an.

5. Krisenszenarien und historische Fallbeispiele populistischer Bewegungen

Die Industrielle Revolution stürzte das traditionelle Textilhandwerk mit der ersten Phase der fundamentalen Mechanisierung in eine Krise. Die Entwicklung begann in England. Sie leitete die Entwicklung von der handwerklichen Produktionsweise zum Fabrikwesen ein und änderte das Leben der Handweber und Handspinner von Grund auf. Ihre Handarbeit veraltete, sie verarmten und wurden über eine Phase der Verlagsarbeit zu abhängigen Fabrikarbeitern. Gegen diesen Modernisierungsschub kam es zu einer ersten populistischen Bewegung, dem *Luddismus*. Englische Textilhandwerker und Gesellen zerstörten von 1811 bis etwa 1817 mechanische Webstühle, von denen sie Statusverlust und Verelendung befürchteten. Ihre Aktionen wendeten sich auch gegen die neuen, schwankenden Marktpreise, welche Regelungen der Zünfte ablösten (Thompson1987, 635). Aufrufe der Ludditen waren mit dem fiktiven Namen ihres legendenumwobenen Anführers unterzeichnet: *Ned Ludd*, auch charismatisch als *King Ludd*, *Captain Ludd* oder *General Ludd* tituliert, auch als *Wiedergutmacher* oder *Großer*

Vollstrecker verehrt, der die traditionellen Rechte der Handwerker und Gesellen verteidigte, bis diese antimodernistische Bewegung wenige Jahre später am Militäreinsatz tragisch scheiterte. Ähnliche Bewegungen gab es in Deutschland, Österreich und der Schweiz. Die schlesischen Handweber konkurrierten jetzt mit Webstühlen in Indien und der mechanischen Weberei und Garnspinnerei in Manchester.

Der populäre Versuch der Maschinenstürmer, die alte, vertraute Lebenswelt des Handwerks vor der Krise zu retten, war gescheitert, und erst die mühsame Suche nach neuen Lösungswegen führte zu einer gerechteren Verteilung des Wohlstands, den die Entfesselung der Produktivkräfte in der Industriellen Revolution möglich machte. Sozialreformern und Sozialisten gelang es, die Arbeitsbedingungen in den entstehenden Industriegebieten nachhaltig zu verbessern. Karl Marx entwickelte seine Theorie des Klassenkampfes, die SPD stieg zur größten Reichstagsfraktion auf, und mit Bismarcks Sozialgesetzen begann der Wandel des Obrigkeitsstaates zum Sozialstaat – jedenfalls in Europa. Wir befinden uns mit diesem Beispiel mitten in klassischen Themengebieten des Geschichtsunterrichts, denen allerdings neue Akzente aufgesetzt werden können. Der Luddismus ist übrigens kein abgeschlossenes historisches Kapitel – im 20. und 21. Jahrhundert verübten Neo-Ludditen Anschläge auf Personen, die sich mit Kern- oder Nanotechnologien beschäftigten.

Im Gefolge des zweiten Kondratjew-Zyklus, also in der zweiten Hälfte des 19. Jahrhunderts, kam es in den USA zum Agrar-Populismus. Um 1890 opponierten die einfachen Farmer der Great Plaines gegen die Eisenbahnmogule und das Bankengewerbe, welche die wirtschaftliche Unabhängigkeit der kleinen Farmen bedrohten. Die People's Party forderte niedrigere Frachtraten und einen größeren Geldumlauf, um Kredite zu verbilligen, sowie eine progressive Steuerreform. Vorurteilslos sprach sie auch afroamerikanische Farmer an. Als die Partei der Demokraten die zentralen Forderungen der Farmer schrittweise aufgriff, wurde die Protestpartei, die People's Party, damals auch als „Populist Party" oder als „Populist's" bekannt, die ab 1890 wachsenden Zulauf erhalten hatte, bis 1908 in die Demokratische Partei aufgesogen. Die sachorientierte Ein-Themen-Partei hatte sich eingefügt in die politischen Entscheidungsmechanismen der repräsentativen Demokratie.

In Frankreich sind zwei prominente Szenarien im 19. Jahrhundert zu nennen, der Bonapartismus und der Boulangismus. Als Bonapartismus oder auch Cäsarismus bezeichnet man eine autoritäre Staats- und Regierungsform, die sich propagandistisch auf einen Volkswillen stützt, dabei aber monarchisch-aristokratische Elemente beibehält. Napoleon III. verkörperte diese Staatsform in der

Jahrhundertmitte gegenüber dem wirtschaftlich erstarkenden Bürgertum (Beck et al. 2018). Nachdem diese Staatsform in der französischen Niederlage von 1870/71 unterging, vertrat der General Georges Boulanger in den 1880/90er Jahren ein politisches Konzept aus außenpolitischem Revanche-Gedanken, Antisemitismus, sozialen Forderungen und einem plebiszitären Einkammern-System. Der am Bonapartismus orientierte, populistische Personenkult um den „General Revanche“ wurde zu einem Bezugspunkt der Neuen Rechten in Frankreich (Engels 2007).

Die nächste Welle des Populismus prägte Deutschland infolge der Bewusstseinskrise nach dem verlorenen Ersten Weltkrieg und der wirtschaftlichen Verwerfungen der Weltwirtschaftskrise. Die Dolchstoßlegende markiert eine ressentimentgeladene Identitätskrise in der Zwischenkriegszeit und zusammen mit der Weltwirtschaftskrise entstand hier der Nährboden für den Nationalsozialismus mit seinen stark populistischen Komponenten. Ähnliche faschistische Bewegungen gab es zwar in fast allen europäischen Staaten, aber sie konnten in den meisten anderen Ländern nicht an die Macht gelangen.

Gehen wir zum nächsten Kondratjewzyklus weiter. Im Frankreich der 1950er Jahre rief die Ausbreitung von Warenhäusern und Großhandelsketten die „Union zur Verteidigung der Händler und Handwerker“ (UDCA) hervor, den von Pierre Poujade angeführten Poujadismus.

Pierre Poujade (1920–2003; Priester 2006, 142ff; Benz/Mihok 2009, 650 f.; Bouclier 2006) hatte sich 1953 mit seinem Papiergeschäft in der südfranzösischen Provinzstadt Saint-Céré einem militanten Steuerboykott angeschlossen, um die Interessen der kleinen Geschäftsinhaber gegen den „Vampir-Staat“ und „seine großen Schreiber“, die „Vaterlandslosen“, die „zur Suppe gehen“, zu vertreten. Als charismatischer Redner griff Poujade auch antisemitische Themen auf, wenn er etwa dem zeitweiligen Ministerpräsidenten Pierre Mendes-France vorwarf, außer seinem Namen nichts Französisches zu haben – Mendes-France war französischer Jude. Die UDCA zog bei den Parlamentswahlen 1956 mit 11,6 % der Stimmen in die französische Nationalversammlung ein, darunter als jüngster Abgeordneter ein gewisser Jean-Marie Le Pen.

Nach dem Niedergang der Poujade-Protestpartei in den 1960er Jahren steht Le Pen für die Entwicklung zur zweiten Form des Populismus, dem Identitäts-Populismus (Fonvieille 1984; Igounet 2014). Im französischen Kontext markiert die Gründung des Front National im Jahre 1972 diesen Wechsel. Der ethno-nationalistische Diskurs des Identitäts-Populismus stützt sich auf Narrative einer regional oder national, traditionalistisch oder völkisch definierten Identität. Anders als beim Protest-Populismus steht hier die kulturelle Zugehörigkeit im

Zentrum. Mit den Mechanismen von Inklusion und Exklusion werden „Andere“ abgewertet, um die „eigene“ Kultur aufzuwerten. Der Front National gehört damit zu einer dritten Welle populistischer Parteien, die in Europa in den 1970er Jahren entstanden, als Ölpreisschock, Wirtschaftskrise und Wachstumsschwäche die Arbeitslosenzahlen steigen ließen.

Die vierte Welle populistischer Parteien entstand Anfang der 1990er Jahre, als die Länder des ehemaligen Ostblocks eine Transformationskrise erlebten und auch Westeuropa von einem hohen Niveau der Arbeitslosigkeit und sozialen Verwerfungen infolge der neoliberalen Wirtschaftsdoktrin verunsichert wurde. 1992 leitete die EU Schritte einer modernisierenden EU-Integration ein (1992 Vertrag von Maastricht, 1993 Kopenhagener Beitrittskriterien). Diese langfristig erfolgreiche Strukturpolitik beförderte kurzfristig Identitätsängste.

6. Protest- und Identitätspopulismus

Der Identitätspopulismus suchte seine plakativen Themen mit den Narrativen von Inklusion und Exklusion. Zur Stärkung der nationalen Identität ist das Phänomen der Ausländerfeindlichkeit als ein Ausschlussmechanismus zu nennen, aber auch auf dem Feld der Erinnerungspolitik werden regelmäßig Identitätskonflikte ausgetragen.

Da ist zum Beispiel der Streit um die Wehrmachtsausstellungen des Hamburger Instituts für Sozialforschung zu nennen, die zwischen 1995 und 2004 zu heftigen Identitätsdebatten führten (Thamer 2007, 123–131). Der kritische Blick auf die Rolle der Wehrmacht stieß auf eine verbreitete Unfähigkeit zum Traditionsbruch. Der Bayernkurier unterstellte den Verantwortlichen, sie würden einen „moralischen Vernichtungsfeldzug gegen das deutsche Volk“ (Stumfall 1997, 1) inszenieren, und der bayerische Kultusminister Zehetmair (CSU) empfahl Lehrern, die Ausstellung mit Schulklassen *nicht* zu besuchen. Die zwei Fassungen der Ausstellung führten aber schließlich zu einer Verbreitung wissenschaftlicher Erkenntnisse über den verbrecherischen Charakter des Ostfeldzuges und die Rolle der Wehrmacht als Institution. Das kann man als ein Lehrbeispiel für die Durchsetzung eines kritischen Geschichtsbewusstseins betrachten. Die pauschalen Vorwürfe einer Verunglimpfung wichen der Korrektur kleinerer Fehler und dem abwägenden Urteil. Die Proteste blieben unterhalb der Schwelle zu einer Bewegung oder Partei, die Fakten der Ausstellung werden aber weiterhin von der neuen Rechten abgelehnt (Speit 2016).

Es gibt auch weniger dramatische Beispiele der Identitätspolitik. In Österreich wendete sich in den Jahren 2002–2007 der damalige Kärntner Landeshauptmann Jörg Haider (FPÖ) gegen zweisprachige Ortsnamensschilder für Gemeinden mit slowenischer Minderheit. Haider sprach von einem „Wiener Diktat" und forderte, die österreichischen Verfassungsrichter müssten „zurechtgestutzt" werden (Priester 2012b, 7). In der Schweiz rief die Jugendorganisation der SVP im März 2011 die „Aktion Wilhelm Tell" ins Leben, bei der auf Ortsnamensschildern der Schriftzug „Gemeinde Europas" übermalt wurde mit der Aufschrift „Schweizer Gemeinde" (ebd.). Mit dem Bezug auf die mythische Gründerfigur Wilhelm Tell zielte die SVP auf das Herz schweizerischer Identität.

Massiver trat der thüringische AfD-Landesvorsitzende Björn Höcke (2017) auf, etwa wenn er in einer Ansprache an sein „liebes Volk" für die deutsche Erinnerungskultur eine „Kehrtwende um 180 Grad", inklusive einer Abkehr von einem so bezeichneten „Denkmal der Schande" verlangt.

Diese Äußerungen zeigen die Unfähigkeit des Populismus zu einem reflexiven Geschichtsbewusstsein. Eine unreflektierte, nationale Traditionspflege soll vor dem Bruch mit unseligen Traditionen des Nationalismus geschützt werden. Die Entstehung einer neuen, europäischen Erinnerungskultur, die auf einer kritischen Transformierung und Erweiterung nationaler Geschichtsbilder beruht, wird offensichtlich nicht verstanden und abgelehnt. Eine Fähigkeit und Bereitschaft zum Perspektivwechsel gehört nicht zu den Kompetenzen des Populismus. Der Populismus vertritt eine rückwärtsgewandte Position im „Kampf um die europäische Erinnerung", um einen kritischen Titel von Claus Leggewie (2011) zu zitieren.

7. Rechtspopulismus – Hybridisierung des Populismus

Die historischen Beispiele haben noch einmal gezeigt, dass der Populismus in seinen Ursprüngen über keine fest gefügte Ideologie verfügt, sondern aus einem Politikstil besteht, der sich verschiedene Inhalte zu eigen macht, er hat eine „dünne Ideologie" (Priester 2016, 533f, 547). Populistische Bewegungen formulieren in den jeweiligen aktuellen Krisen und politischen Situationen Proteste jenseits der politischen Institutionen. Dabei betreiben sie „Bricolage", eine Hybridisierung von Komponenten.

Das trifft auch auf den aktuellen Rechtspopulismus zu. Ältere Formen werden noch als Kombinationen aus *fremdenfeindlichem Nationalismus, Autoritarismus* und dem *Neoliberalismus* der 1990er Jahre beschrieben (Priester 2016, 538). Aber hier melden Forscher wie Cas Mudde (2007, 47 f.) Zweifel an. Rechtspopulistische, aber nicht rechtsradikale Parteien wie die Dänische Volkspartei, die niederländische LPF oder Berlusconis Forza Italia (2009 in Popolo della Liberta umbe-

Abb.: Der Front National versuchte bei den Präsidentschaftswahlen 2007, auch Migranten mit dem Bild einer assimilierten Maghreb-Französin zu erreichen. Aber aufgrund von Protesten orthodoxer Parteimitglieder verschwand dieses Plakat umgehend.
Bildquelle: Valérie Igounet (2014): Le Front national de 1972 à nos jours. Editions du Seuil, Paris, unpag. [gegenüber S. 241], ohne Bildnr.

nannt, PdL) hätten zwar fremdenfeindliche Kampagnen durchgeführt, Ethno-Nationalismus sei aber kein zentraler ideologischer Bestandteil dieser Parteien.

Für eine jüngere Generation rechtspopulistischer Parteien treffe eine solche klare Definition noch viel weniger zu. Die niederländische „Lijst Pim Fortuyn“ (LPF, 2002–2007) war weder autoritär noch neoliberal und setzte sich für Meinungsfreiheit ein. Fortuyn lehnte als Homosexueller den politischen Islam radikal ab, aber er war nicht pauschal fremdenfeindlich. Seine Schrift *„Der Scherbenhaufen von acht Jahren violettem [sozialliberalem] Kabinett“* war allerdings von typisch populistischer Elitenkritik geprägt (Fortuyn 2002).

Auch vom Neoliberalismus der 1990er Jahre sind die Parteien FPÖ, PVV, Dänische Volkspartei, Perussuomalaiset (PS: Wahre Finnen) und Front National längst abgerückt und übernehmen vereinzelt sozialpolitische Forderungen der Linken. Klassische Werte der Rechten wie Disziplin und Autorität sind zugunsten individuellerer Lebensstile zurückgetreten und die LGBT-Themen (Lesbian, Gay, Bisex, Transgender) werden allenfalls halbherzig betrachtet.

Rechtspopulistische Parteien folgen dem Individualisierungsschub der westlichen Gesellschaften und mischen ihren Diskursen und Programmen liberale Elemente bei. Karin Priester vertritt die These, dass die niederländische Partei „Lijst Pim Fortuyn“ und darauffolgend Geert Wilders „Partij voor de Vrijheid“ „am Beginn von etwas Neuem standen beziehungsweise stehen“. Die Diskurse dieses Rechtspopulismus hätten sich verschoben, von den älteren Leitideen „Nation“, „Hierarchie“ und „Autorität“ zu den neuen Leitideen „Freiheit/freiheitlich“. Priester sieht bei diesen sich „freiheitlich“ nennenden Parteien sogar eine Abgrenzung vom Rechtsextremismus. Als gemeinsame Basis bleibe jedoch das „exkludierende Verständnis von Identität und deren Verteidigung gegen die Globalisierung“ (Priester 2016, 538f.).

Diese Definition einer eindeutigen Erneuerung rechtspopulistischer Werte scheint mir aber zu unflexibel. Vielmehr liegt eben wirklich eine Hybridisierung vor. Gerade der seit dem Jahr 2015 zu verzeichnende Rechtsruck der AfD – deren Gründung ja auf Bernd Luckes neoliberale, ökonomische Kritik an der Griechenland-Rettungspolitik zurückgeht – zeigt, dass in der AfD völkisches Gedankengut und rassistische Äußerungen ebenso vertreten sind wie ein konservatives Familienbild und liberale Positionen zum Thema LGBT, wenn auch mit den internen widersprüchlichen Aussagen, wie sie für populistische Bewegungen typisch sind.

8. Unterrichtsthemen und Kompetenzen

Die Handlungsmöglichkeiten des Geschichtsunterrichts sind auf zwei Ebenen angesiedelt. Zum einen sind es abgeschlossene historische Fallbeispiele populistischer Bewegungen, deren Analyse typische Ursachen, Formen und Folgen dieses Politikstils zum Thema machen. Zum anderen müssen mit Hilfe der Kompetenzen unter empirischer Auseinandersetzung mit dem Gegenstand des Populismus Komponenten entwickelt werden, die Lernende zur kritischen Analyse befähigen. Der Geschichtsunterricht vertraut keinen „fake news“, sondern er fördert domänenspezifische Kompetenzen. Ich beziehe mich im Folgenden auf das Kompetenzmodell von Hans-Jürgen Pandel (2013, 221–239), um in Auseinandersetzung mit dem Gegenstand des Populismus zu jeder Kompetenz inhaltsbezogene Komponenten vorzuschlagen.

- *Gattungskompetenz:* Lernende hinterfragen Quellen und Darstellungen kritisch auf ihre Autoren und Adressaten, auf Intentionen und Standpunkte; sie überprüfen Quellengattungen wie das Wahlplakat, die Propagandarede oder das provokante Statement, das dem Agenda-Setting dient, auf Narrative und versteckte Wertungen, auf Interessen der Autoren und entwickeln eine kritische Erwartungshaltung.

- *Interpretationskompetenz:* Lernende überprüfen die Verwendung historisch geprägter Begriffe wie Volk und Gemeinschaft; sie arbeiten offene oder verdeckte Absichten des Erzählers heraus, wie etwa Traditionsbildung zu vordemokratischen Sichtweisen oder aber kritisches Erzählen zur Modernisierung überlieferter Deutungen und die Bereitschaft zu notwendigen Traditionsbrüchen; Lernende analysieren, ob ein Autor seine Deutung auf fachwissenschaftlich überprüfbare Modelle oder auf Verschwörungstheorien stützt, auf Mythen und Legenden. Sie arbeiten die Wertordnung des Autors heraus. Sie überprüfen, ob der Autor versucht, durch provokante Tabuverletzungen Aufmerksamkeit zu erregen und die politische Sprache zu verändern. Sie fassen strukturiert zusammen, inwieweit der Autor auf andere Standpunkte argumentativ und sachlich oder emotional und nach dem Freund-Feind-Schema reagiert und Fakten und Fiktionen mischt.
- *Narrative Kompetenz:* Lernende übernehmen nicht einfach vorgegebene Deutungen von Geschichte oder reihen bloß Fakten aneinander. Erzählkompetente Lernende übernehmen Narrative wie die Behauptungen der Dolchstoßlegende nicht einfach, sondern sie überprüfen, wer aus dieser Legende Nutzen zog, welche Folgen sie hatte und welche Fakten dagegen sprechen. Sie dekonstruieren Mythen. Sie können in ihrer eigenen Darstellung von Geschichte Angaben zur empirischen und normativen Triftigkeit machen, indem sie argumentieren und auf Quellen verweisen. Sie können in eigenen Darstellungen Faktualitätsgrade angeben (sicher, wahrscheinlich, strittig, ...). Sie trainieren die kritische Reflexion über Narrative wie Fortschritt und Niedergang, Ursache und Folge, Täter und Opfer, Inklusion und Exklusion, gruppenbezogene Menschenfeindlichkeit. Sie berücksichtigen verschiedene historische Standpunkte und Rollen. Sie arbeiten Wertorientierungen und Maßstäbe wie die Grund- und Menschenrechte in ihre Erzählung von Geschichte ein.
- *Geschichtskulturelle Kompetenz:* Rechtspopulistische Aussagen und Deutungen zur Erinnerungskultur sind von Motiven gekränkter nationaler Identität geprägt. Wenn AfD-Politiker vom „Schuldkult“ sprechen und das Gedenken und Erinnern an den Holocaust meinen, wenn AfD-Abgeordnete im Bundestag bei der Begrüßung von Abgeordneten der französischen Nationalversammlung zum 55. Jahrestag des Elysee-Vertrages demonstrativ sitzen bleiben (23. Januar 2018), wenn die gewählten Funktionsträger der parlamentarischen Demokratie persönlich diffamiert werden, dann müssen

Lernende zu diesen Formen des öffentlichen, geschichtspolitischen Diskurses kritisch Stellung nehmen können. Dazu müssen sie:

... die Funktionsweise der Institutionen der politischen Willensbildung kennen,

... Narrative des Freund-Feind-Denkens unterscheiden können vom politischen Meinungsstreit mit dem konstruktiven Ziel der kritischen Abwägung,

... eine pietätvolle, verantwortungsbewusste Gedenkkultur kennenlernen,

... analysieren, wie aus den ehemals getrennten Erinnerungen der europäischen Nachbarstaaten eine gemeinsame europäische Erinnerungskultur entwickelt werden kann und deren friedenssichernden Funktionen erkennen,

... deutsche und europäische Identität fruchtbar zueinander in Beziehung setzen können.

9. Populismus und Curriculum

Die Lehrplanentwicklung orientiert sich an aktuellen Entwicklungen in Fachwissenschaft und Gesellschaft (Pandel 2013, 193, i.F. auch 377–380). Wenn populistische Bewegungen die Lebenswelt der Lernenden in erheblichem Maße prägen, so ist diese Gegenwartsproblematik als ein Faktor der Lehrplankonstruktion zu berücksichtigen. Dabei müssen fachwissenschaftliche Erkenntnisse über populistische Bewegungen in geeigneter Weise im Rahmen der didaktischen Analyse aufbereitet werden. In diesem Sinne schließt dieser Beitrag mit Überlegungen für ein Wahlmodul zum aktuellen niedersächsischen Kerncurriculum von 2017 für den Geschichtsunterricht in der Oberstufe, denn dieses Kc fordert ausdrücklich dazu auf, neben den Pflichtbereichen eigene adäquate Wahlmodule zu entwickeln. Darüber hinaus ist es empfehlenswert, schon für den Mittelstufenunterricht bei geeigneten Themen entsprechende Komponenten zu unterrichten. Fachliche Kriterien zur Themenauswahl liefern die Krisenmodelle der Juglar- und Kondratjew-Zyklen, wie oben an einigen Beispielen aufgezeigt wurde, und der im Vorstehenden entwickelte Katalog fachdidaktischer Komponenten ist für den jeweiligen Unterricht zu konkretisieren und zu aktualisieren.

Wahlmodul: Populismus – Rechtspopulismus			
Theoriebezug: • Modernisierung • Kondratjew- und Juglar-Zyklen • Krisen- und Beschleunigungserfahrungen	Perspektive: • national • europäisch	Strukturierende Aspekte: • Herrschaft und Staatlichkeit • Gesellschaft und Recht • Individuum und Gesellschaft	Dimensionen: • Politikgeschichte • Sozialgeschichte • Kultur- und Ideengeschichte • Wirtschaftsgeschichte
• Fallbeispiele für den Zusammenhang von Krisenbewusstsein und populistischen Bewegungen (z. B. Luddismus, Bonapartismus, Boulangismus, Weltwirtschaftskrise und Nationalsozialismus) • Entstehung von Populismus und Rechtspopulismus in Europa nach 1945 (Poujadismus, Parteien der 1970er und 1990er Jahre) • Formen und Funktionselemente des Rechtspopulismus (Protest- und Identitätspopulismus, Legenden, Mythen und Utopien, „Volk" und Gemeinschaftsideologie, Inklusion und Exklusion) • das Verhältnis des Rechtspopulismus zur parlamentarischen, repräsentativen Demokratie (unkritische Traditionspflege versus kritische Erinnerungskultur, das Narrativ der Elitenkritik, eindimensionales Demokratieverständnis versus Legitimität des gesellschaftlichen Pluralismus)			

Als Ausgangspunkt der Themenkonstruktion kann der bereits angesprochene zentrale Topos des Populismus dienen, der behauptet, das „wahre Volk" zu repräsentieren. Die intermediären Institutionen des Staates werden dagegen als korrupt abgewertet – Verfassungsgerichte, die den Spielraum der Regierungen durch Normenkontrolle einschränken; Medien, die als „Lügenpresse" angeblich „fake news" produzieren, und wissenschaftliche Forschungseinrichtungen, deren Erkenntnisse Populisten nicht wahrhaben wollen. Gegen solche Verunglimpfungen muss der Geschichtsunterricht die Geschichte der repräsentativen, parlamentarischen Demokratie und ihrer Leistungen thematisieren, in deren Tradition wir heute stehen.

Begriffe wie der des *Völkischen*, den Frauke Petry (damals AfD) im September 2016 provokant neu zu besetzen versuchte, müssen auf ihre fatale Geschichte hin thematisiert werden.

Die Geschichtsdidaktik muss auch für die Verwendung historischer *Symbole* sensibilisieren. So wurde bei Pegida-Demonstrationen 2015 das schwarz-rot-goldene Philippuskreuz mitgeführt. Erst wenn man seine Herkunft von dem katholischen Widerstandskämpfer Josef Wirmer (1901–44) aus dem Umkreis von Claus Graf Schenk von Stauffenberg kennt, kann man sich ein kritisches Urteil über seinen arbiträren Gebrauch im neuen Umfeld der gruppenbezogenen Menschenfeindlichkeit der Pegida bilden. Und auf das Christentum berufen sich AfD und Pegida stets nur dann, wenn sie eine Aussage gegen den Islam formulieren. Das christliche Gedankengut der Barmherzigkeit bleibt unerwähnt und unbekannt.

Der Geschichtsunterricht hat die Aufgabe, auf Verschiebungen im Umgang mit der Geschichte kritisch hinzuweisen und die Lernenden zu einem reflektierten Geschichtsbewusstsein zu befähigen. Das ist grundsätzlich keine neue Zielsetzung, aber die Herausforderungen des Populismus bedingen spezifische Akzentuierungen (Schulze-Wessel 2017, 3 f.):

a) Dem Geschichtsunterricht kommt eine Orientierungsfunktion zu, indem er die „Verarbeitung von Geschichte in Legenden, Lügen und Alltagsmythen" thematisieren muss (Pandel 2005, 53). Der rein quellenkritisch arbeitende Geschichtsunterricht reicht nicht aus, Schüler müssen auch kritisch „falsche" Geschichtsdarstellungen überprüfen und lernen, eklektizistische, widersprüchliche „Schwätzertheorien" zu analysieren.

b) Die Geschichte erweist, dass gesellschaftliche *Totalentwürfe und Utopien* sowie monokausale Erklärungen stets auch unintendierte Folgen haben. Beispiele sind der Manchester-Liberalismus der Industriellen Revolution, Faschismus und Stalinismus. Ein reflektiertes Geschichtsbewusstsein verlangt die Einsicht in die Kontingenz von Geschichte, in politische Kompromisse und ambivalente Bewertungen. Radikale politische „Lösungen" zeigen in der Geschichte meist eine kurze Halbwertszeit.

c) Die *Geschichtskultur* in Demokratien ist offen, pluralistisch und streitlustig. Sie erfordert die Entwicklung von Ambiguitätstoleranz und die Einsicht in die Leistungsfähigkeit des kritischen Diskurses, der Regeln der sachlichen Argumentationslogik unterliegt. Das Beispiel der Endphase der Weimarer Republik zeigt die Fehlentwicklung zu einem „Parteienstaat", in dem Radikale ihre Vorstellung vom Volk als dem einzig legitimen Souverän deuteten, von dem Andersdenkende und schließlich „Andersrassige" ausgeschlossen wurden.

d) Eine Dimension des reflektierten Geschichtsbewusstseins ist das *politische Bewusstsein*. Auch Jugendliche haben Erfahrungen mit Macht und Ohnmacht. Die Kontrolle von Macht durch Verfassungsrechte schützt auch ihre Individualität, die Verrechtlichung im Verfassungsstaat schützt auch ihre individuelle Lebensgestaltung.

e) Populisten stellen der liberalen Demokratie das Konzept einer eindimensionalen „Alternative" gegenüber. Der Politologe Peter Graf Kielmansegg erkennt im Populismus „das Aufbegehren eines *eindimensionalen Demokratieverständnisses* gegen eine komplexe demokratische Wirklichkeit. … Zum Grundverständnis der liberalen Demokratie gehört es, dass nicht jeder Mehrheitsentscheid legitim ist, sondern nur demokratische Entscheidungen, die mit der Achtung von Menschenrechten vereinbar sind." (Kielmansegg 2017)

f) Die Rückkehr von Kampfbegriffen wie „Lügenpresse" und „Volksverräter" signalisiert, dass sich im politischen Diskurs des Rechtspopulismus eine politische Sprache der absoluten Feindschaft wieder etablieren kann, die ihre Parallelen im politischen Freund-Feind-Narrativ der 1920er und 1930er Jahre findet.
g) Zur Geschichtskultur als dem öffentlichen Umgang mit Themen der Geschichte gehört auch die Teilhabe an Debatten und Gedenkritualen, der Besuch von Gedenkstätten und Museen und die Reaktion auf Akte des Geschichtsrevisionismus. Originale Gegenstände und Orte können unleugbare Fakten über den Holocaust und andere Verbrechen der NS-Herrschaft sichern und sie stoßen moralisch-ethische sowie staatsbürgerliche Reflexionen an. Für die Schüler geht es dabei um Verantwortung, nicht mehr um persönliche Schuld. Die populistischen Feinde der pluralistischen und freien Gesellschaft wollen dagegen ein „ruhmreiches und makelloses nationales Geschichtsbild" durchsetzen, das frei ist von Ambivalenzen, Brüchen und vor allem von historischer Schuld (Schulze-Wessel 2017, 5) bzw. von Verantwortung für die heutigen Generationen. Dahinter steht wohl eine Art volkspädagogisches Motiv: Das eigene „Volk" könne durch ein kritisches Geschichtsbewusstsein in der Konkurrenz mit anderen Völkern geschwächt werden. Das Gerede von einem „deutschen Schuldkult", die Forderung nach einer „erinnerungspolitischen Wende um 180 Grad", um den „Gemütszustand eines total besiegten Volkes" (Höcke 2017) zu überwinden, ist nicht nur ethisch-moralisch bodenlos, sondern es entzieht potentiell jungen Deutschen die Einsicht in eine zentrale Lehre aus der Geschichte, die sich mit Artikel 1 des Grundgesetzes formulieren lässt: „Die Würde des Menschen ist unantastbar". Auch die Geschichte des Grundgesetzes und der Menschenwürde liefern Beiträge zum ethisch-moralischen Bewusstsein als einer Kategorie des Geschichtsbewusstseins – und auf das Grundgesetz können Deutsche tatsächlich ein wenig stolz sein, so meine ich. Ähnliche Debatten um Geschichtsklitterung und Tabuisierung gibt es übrigens in fast allen europäischen Staaten (und darüber hinaus). Die Deutschen stehen auf diesem Feld keineswegs allein (Leggewie 2011, Einleitung).

Die politischen Akteure des Populismus müssen nichts so sehr fürchten wie eine kritische Geschichtswissenschaft und ein kritisches Geschichtsbewusstsein. Beides entsteht im Prozess des historischen Lernens und des Erzählens von Geschichte. Ich schließe mit einem Zitat des Historikers Martin Schulze-Wessel: „[kritisches Geschichtsbewusstsein] ist eine selbstreflexive Instanz, die für die staatsbürgerliche Identität unverzichtbar ist." (Schulze-Wessel 2017, 6)

Literatur

Alternative für Deutschland (AfD 2017): Programm für Deutschland. Wahlprogramm der Alternative für Deutschland für die Wahl zum Deutschen Bundestag am 24. September 2017, Köln.

Martin Beck, Ingo Stützle (Hg., 2018): Die neuen Bonapartisten. Mit Marx den Aufstieg von Trump & Co. verstehen. Berlin.

Benz, Wolfgang (Hg., 2009): Handbuch des Antisemitismus. Judenfeindschaft in Geschichte und Gegenwart. Personen, Band 2.2. Berlin.

Betz, Hans-Georg (2001): Rechtspopulismus und Ethnonationalismus. Erfolgsbedingungen und Zukunftschancen. In: Leggewie, Claus/Münch, Richard (Hg.): Politik im 21. Jahrhundert. Frankfurt/M. S. 122–138.

Betz, Hans-Georg (2002): Rechtspopulismus in Westeuropa: aktuelle Entwicklungen und politische Bedeutung. In: Österreichische Zeitschrift für Politikwissenschaft, Band 31 (2002), Ausgabe 3, S. 251–264.

Bouclier, Thierry (2006): Les années Poujade – Une histoire du poujadisme (1953–1958). Paris.

Jens Ivo Engels (2007): Kleine Geschichte der Dritten Französischen Republik 1870–1940. Köln.

Fonvieille-Alquier, François (1984): Une France poujadiste? De Poujade à Le Pen et à quelques autres. Paris.

Fortuyn, Pim (2002): De puinhopen van acht jaar Paars [Der Scherbenhaufen von acht Jahren violettem (sozialliberalem) Kabinett] Uithoorn.

Höcke, Björn (2017): „Dresdener Gespräche" am 17.1.2017. Zitiert nach: Tagesspiegel, 19.1.2017: https://www.tagesspiegel.de/politik/hoecke-rede-im-wortlaut-gemuetszustand-eines-total-besiegten-volkes/19273518.html (12.5.2018)

Igounet, Valérie (2014): Le Front National de 1972 à nos jours. Le parti, les hommes, les idées. Paris.

Kielmansegg, Peter Graf: Populismus ohne Grenzen. In: Frankfurter Allgemeine Zeitung, 13.2.2017.

Leggewie, Claus (2011): Der Kampf um die europäische Erinnerung. Beck, München.

Mény, Yves; Surel, Yves (2002): The Constitutive Ambiguity of Populism. In: Dies. (Hg.): Democracies and the Populist Challenge. Houndmills/Basingstoke, S. 1–21.

Mudde, Cas (2007): Populist radical right parties in Europe. Cambridge.

Pandel, Hans-Jürgen (2005): Geschichtsunterricht nach PISA. Kompetenzen, Bildungsstandards und Kerncurricula. Schwalbach/Ts.

Pandel, Hans-Jürgen (2013): Geschichtsdidaktik. Eine Theorie für die Praxis. Schwalbach/Ts., S. 221–239.

Aus Politik und Zeitgeschichte 62 (APuZ), (5–6/2012): Populismus, Bonn.

Priester, Karin (2006): Populismus: Historische und aktuelle Erscheinungsformen. Campus, Frankfurt/M.

Priester, Karin (2012a): Rechter und Linker Populismus. Frankfurt/M.

Priester, Karin (2012b): Wesensmerkmale des Populismus. In: Aus Politik und Zeitgeschichte 62, 5–6/2012, S. 3–9.

Priester, Karin (2016): Rechtspopulismus – ein umstrittenes theoretisches und politisches Phänomen. In: Virchow, Fabian et al (Hg.): Handbuch Rechtsextremismus. Wiesbaden, S. 533–560.

Schulze-Wessel, Martin (2017): Der Angriff des Populismus auf die Geschichte. Weshalb ein kritisches Geschichtsbewusstsein für die Demokratie unerlässlich ist. Analysen & Argumente, Ausgabe 256, Juni 2017, Konrad-Adenauer-Stiftung, Berlin. – Digital: http://www.kas.de/wf/de/33.49363/ (12.5.2018)

Schumpeter, Joseph A. (2005): Kapitalismus, Sozialismus und Demokratie. Stuttgart. Engl. Erstausgabe 1942.

Speit, Andreas (2016): Bürgerliche Scharfmacher: Deutschlands neue rechte Mitte – von AfD bis Pegida. Zürich.

Stumfall, Florian (1997): Wehrmachtsausstellung in München. Wie Deutsche diffamiert werden. In: Bayernkurier, Jahrgang 48, Nr. 8. 22.2.1997, S. 1.

Taggart, Paul (2004): Populism and representative politics in contemporary Europe. In: Journal of Political Ideologies, Jg. 9, Heft 3, S. 269–288.

Thamer, Hans-Ulrich (2007): Vom Wehrmachtsmythos zur Wehrmachtsausstellung. In: Schmid, Harald; Krzymianowska, Justyna (Hg.): Politische Erinnerung. Geschichte und kollektive Identität. Würzburg, S. 123–131.

Thompson, Edward P. (1987): Die Entstehung der englischen Arbeiterklasse. Band 2. Frankfurt/M.

SEBASTIAN FISCHER

Politische Bildung und Rechtspopulismus

Rechtspopulisten beanspruchen, das Volk zu repräsentieren (vgl. Müller 2016). Warum werden rechtspopulistische Parteien mit dieser Positionierung von vielen Bürgern gewählt? Was verleiht diesem Anspruch Plausibilität und Attraktivität? Diese Fragen werden im Mittelpunkt der folgenden Ausführungen stehen. Dabei gehe ich davon aus, dass mit der Beantwortung dieser Fragen wichtige Hinweise für die Gestaltung von Bildungsangeboten gegen den erstarkenden Rechtspopulismus gewonnen werden können.

1. Was ist Rechtspopulismus?

Grundsätzlich besitzt der europäische Rechtspopulismus zwei zentrale Merkmale. Mit der *vertikalen Dimension* des Rechtspopulismus wird eine Haltung bezeichnet, die sich gegen die gesellschaftlichen Eliten bzw. das Establishment richtet. Man wendet sich gegen „Die da oben“, weil angenommen wird, dass sie das „Volk verraten“. Mit der *horizontalen Dimension* wird die antipluralistische Programmatik des Rechtspopulismus benannt. Vor dem Hintergrund der Vorstellung eines ethnisch homogenen „Volkes“ wendet man sich gegen die „Fremden“ und die „Anderen“, die in pauschalisierender Weise als gefährlich dargestellt werden.

Im Folgenden wird zunächst auf die vertikale Dimension des Rechtspopulismus eingegangen. Die Entwicklungen der vergangenen Jahre lassen hier eine neue Qualität erkennen. Zwar sind bereits seit längerem weitverbreitete Vorbehalte gegenüber Politikern und etablierten Parteien in Form einer allgemeinen „Politikverdrossenheit“ festzustellen. Jetzt haben wir insofern eine neue Situation, als relevante Teile der Bevölkerung sich nicht nur passiv enthalten, sondern aktiv für eine Veränderung des politischen Systems eintreten. Etablierte Parteien werden als „abzuwickelnde Altparteien“ diffamiert und demokratische Politiker als „Volksverräter“ tituliert. Man gibt vor, dem „Volk“ wieder zu seinem Recht verhelfen zu wollen.

Der Blick in die Geschichte des Populismus zeigt, dass er in einer Verbindung mit grundlegendem gesellschaftlichem Wandel steht. Insbesondere die Entwicklung des Populismus in den USA und in Frankreich während des 19. Jahrhunderts ist hier aufschlussreich. Gesellschaftliche Veränderungen führten dazu, dass sich die

Existenzgrundlagen bestimmter Bevölkerungsschichten verschlechterten und daraufhin neue politische Akteure in Erscheinung traten. Ganz allgemein kann man sagen, dass die Stabilität und Legitimität einer politischen Ordnung in einem Zusammenhang mit den Lebensverhältnissen der Menschen stehen. Eine Beschäftigung mit den Ursachen des Rechtspopulismus ist darauf angewiesen, diejenigen gesellschaftlichen Verhältnisse zu betrachten, in denen er erfolgreich agieren kann.

2. Die soziale Polarisierung der Gesellschaft

Deutschland ist eines der reichsten Länder Europas. Gleichzeitig sind in keinem Land Europas die Vermögen ungleicher verteilt als in Deutschland. So besitzen 50 Prozent der Bevölkerung lediglich ein Prozent des Gesamtvermögens (vgl. DIW 2014). Auch wenn bei der Quantifizierung der Vermögensverteilung eine gewisse Unschärfe in Rechnung gestellt werden muss, so ist doch eine ungefähre Einschätzung bezüglich der Entwicklung der Vermögensverteilung in den letzten Jahren möglich.

Während die Finanz- und die folgende Weltwirtschaftskrise die Verschuldung der öffentlichen Haushalte drastisch in die Höhe trieb, nahm die Anzahl der Menschen in Deutschland, die mehr als 1 Milliarde Euro besitzen, von insgesamt 99 Personen im Jahr 2009 auf 187 im Jahr 2017 zu (vgl. Manager Magazin 2018). Die Anzahl der Millionäre wuchs laut World Wealth Report weniger stark, aber auch hier war eine beträchtliche Zunahme zu verzeichnen. Während 2009 in Deutschland 809.700 Personen mehr als eine Million Euro besaßen, waren es im Jahr 2016 bereits 1.280.300 Menschen (vgl. Capgemini 2017).

3. Politische Responsivität

In den vergangenen Jahren setzte sich die Einsicht durch, dass erst die Untersuchung des Zusammenhangs von Armut und Reichtum in die Lage versetzt, eine instruktive Grundlage für die Entwicklung von Strategien zur Bekämpfung von Armut zu schaffen. Diese Erkenntnis drückt sich auch darin aus, dass entsprechende Informationen in Form einer regelmäßigen „Armuts- und Reichtumsberichterstattung der Bundesregierung" publik gemacht werden.

Der Forschergruppe um den Politikwissenschaftler Schäfer kam in diesem Rahmen die Aufgabe zu, die „Responsivität der Deutschen Politik" zu untersuchen: „Dabei gehen wir erstens der Frage nach, ob sich die öffentliche Meinung generell in den Entscheidungen des Bundestages widerspiegelt, und untersuchen zweitens, ob die Meinung sozial besser gestellter Gruppen stärker berücksichtigt wird als die schlechter gestellter Gruppen.“ (Elsässer et al. 2016, 32) Elsässer et al. untersuchten den Zeitraum von 1998 bis 2015. Sie kommen zu folgendem Ergebnis: „Denn insgesamt können wir nun feststellen, dass die Politik des Bundestages weitaus häufiger auf die Ansichten und Anliegen der obersten Einkommensschicht reagiert, die Meinung der unteren und mittleren Einkommensschichten dagegen kaum beachtet oder sogar missachtet werden. Dies wird vor allem dann deutlich, wenn wir uns Fälle anschauen, in denen die oberste Einkommensgruppe andere politische Entscheidungen befürwortet als die anderen Einkommensgruppen. Wenn ökonomische Ungleichheit sich in ungleichen politischen Einfluss übersetzt, dann stellt sich die Frage, ob sich eine Politik durchsetzt, die wiederum ökonomische Ungleichheit weiter verschärft.“ (ebd., 35 f.) Für den Bereich der Wirtschafts-, Arbeits- und Sozialpolitik fassen sie ihre Befunde in folgendem Fazit zusammen: „Die Befürchtung, dass soziale und politische Ungleichheit sich verstärken, scheint damit gerechtfertigt.“ (ebd., 37)

4. Das Versprechen der politischen Gleichheit

Die Untersuchung von Elsässer et al. ist deshalb brisant, weil sie auf ein grundlegendes Problem aufmerksam macht. Die historische Errungenschaft der Demokratie bestand in dem Grundsatz der politischen Gleichheit. Während beispielsweise im 19. Jahrhundert das Wahlrecht anfangs an das jeweilige Steueraufkommen gebunden war, sollen jetzt alle Bürger das gleiche Recht zur Bestimmung der „Volksvertreter“ haben. Statt eines Dreiklassenwahlrechts wie in Preußen sollen die Bürger unabhängig von ihrer Schichtzugehörigkeit in gleicher Weise Einfluss auf die Gestaltung des Gemeinwesens nehmen können. Die Befunde zur politischen Responsivität der deutschen Politik in den Jahren 1998 bis 2015 sind nicht nur demokratietheoretisch von großer Bedeutung. Sie können auch Hinweise darauf geben, warum rechtspopulistische Bewegungen und Parteien zunehmend erfolgreich sind. Rechtspopulisten treten mit dem Versprechen an, sie seien die wahren Vertreter des „Volkes“. Wenn die etablierte Politik Anlass zu der Vermutung gibt, dass sie sich primär um die Interessen privilegierter Schichten kümmert und die „kleinen Leute“ außen vor bleiben, dann gewinnt das Reden von der „korrupten Elite“ und dem „abgehobenen Establishment“ eine gewisse Plausibilität.

5. Die europäische Ebene

Während die Parlamente auf der Ebene der Nationalstaaten eine demokratische Repräsentation prinzipiell ermöglichen, ist auf der Ebene der Europäischen

Union eine weniger starke Rolle des Parlaments institutionalisiert worden. Hier wurde beispielsweise die Europäische Kommission mit deutlich mehr Macht ausgestattet als das Europäische Parlament. Mit der zunehmenden Verlagerung der Entscheidungskompetenzen von der nationalen auf die europäische Ebene kommt es sukzessive zu einer Entdemokratisierung des politischen Prozesses.

Während die demokratische Legitimation der Europäischen Union vergleichsweise schwach ausgeprägt ist, wurden mit Europäischen Verträgen, wie beispielsweise dem Maastricht-Vertrag, weitgehende wirtschaftspolitische Entscheidungen getroffen. Eine angebotsorientierte Wirtschaftspolitik wurde implementiert und dabei mit Änderungsschwellen versehen, die weitaus höher liegen als bei nationalen Verfassungsänderungen (vgl. Brunkhorst 2014, 511).

Die Wirtschaftsordnung hat eine große Bedeutung für die Lebensverhältnisse der Menschen. Die Europäische Union hat bei der Festlegung der Wirtschaftsordnung vor allem dem Markt eine große Bedeutung gegeben. So wurden in den letzten drei Jahrzehnten die Finanzmärkte liberalisiert, Staatseigentum privatisiert und der Arbeitsmarkt dereguliert. Diese wirtschaftspolitischen Maßnahmen führten vor dem Hintergrund der verschiedenen nationalen Ökonomien zu unterschiedlichen Ergebnissen. Ein Effekt in allen Mitgliedsländern der Europäischen Union war jedoch eine Konzentration des gesellschaftlichen Vermögens in den oberen Schichten und eine zunehmende Prekarität der Daseinsfürsorge in den unteren Schichten. Die negativen Folgen dieser sozialen Spaltung der Gesellschaft, zum Beispiel für die Entwicklung und Gesundheit von Jugendlichen, sind bereits ausführlich empirisch nachgewiesen worden (vgl. Picket et al. 2007), besitzen aber vor allem auch eine enorme politische Sprengkraft.

6. Der Aufstieg des Rechtspopulismus

Die rechtspopulistischen Parteien weisen ungeachtet ihrer jeweiligen nationalen Spezifika ein gemeinsam geteiltes Feindbild auf, die Europäische Union. Die im Zuge der marktliberalen Politik entstehende soziale Spaltung in den Mitgliedsländern der Europäischen Union machte die Verlierer und diejenigen, die Angst um ihren gesellschaftlichen Status haben, anfällig für die Losungen des Rechtspopulismus. Ein einschneidendes Erlebnis war in diesem Zusammenhang die Finanz- und Weltwirtschaftskrise der Jahre 2008 und 2009. Stegemann (2017) beschreibt die ungleiche Verteilung der Krisenlast als einen wichtigen Faktor bei der Entwicklung des europäischen Rechtspopulismus: „Dass aber Banken und Aktienbesitzer gerettet und Menschen dafür in Armut gestoßen wurden, hat das Gerechtigkeitsempfinden nachhaltig gestört. Der Rechtspopulismus schöpft aus dieser Energie und bringt sie in die gefährliche Form eines Extremismus der Mitte. Und dass diese einseitige Rettung des Kapitals auf Kosten der Allgemeinheit bis heute als Austeritätspolitik in ganz Europa durchgesetzt wird, verschafft ihm immer neuen Zulauf." (ebd., 59)

Insbesondere in den Mitgliedsländern Osteuropas, die drastische Programme der Strukturanpassung durchlaufen haben, votieren große Teile der Bevölkerung für rechtspopulistische Parteien. Hier sind insbesondere die Visegrád-Länder Ungarn, Polen, Slowakei und Tschechien zu nennen. Der Aufstieg rechtspopulistischer Bewegungen war hier insofern überraschend, weil diese Länder nach dem Zusammenbruch des Ostblocks vor allem als Pioniere eines erfolgreichen Übergangs zu liberaler Demokratie und Marktwirtschaft wahrgenommen wurden.

Als Beispiel für die Entwicklung in diesen Ländern soll ein kurzer Blick auf die jüngste Geschichte Ungarns geworfen werden. Im Jahr 1990 setzte der IWF weitreichende Sparmaßnahmen durch. In der Folge stieg die Arbeitslosigkeit stark an. Neben der Deregulierung des Arbeitsmarktes kam es zu einer umfassenden Privatisierung von Staatseigentum. Bereits 2004 gehörten 80 Prozent der großen Unternehmen und Banken ausländischen Investoren (vgl. Pieiller 2016). Große Teile der Bevölkerung waren gezwungen, unter schwieriger werdenden Verhältnissen zu leben. Während dieser Zeit erlebten rechtspopulistische Akteure wachsenden Zuspruch. Seit 2010 stellt die rechtspopulistische Fidesz die Regierung und baut die liberale Demokratie systematisch zu einer „Ethnokratie" um. 2011 wurde eine neue Verfassung verabschiedet. Die Exekutive wurde gestärkt und die Unabhängigkeit der Justiz weitgehend aufgehoben. Die Nation wurde jetzt kulturalistisch definiert. Gezielt wurden Minderheitenrechte und die Medienfreiheit eingeschränkt. In den vergangenen Jahren wandelte sich Ungarn von einem „Musterschüler" der Europäischen Union zu einem öffentlich skandalisierten Problemfall.

Zusammenfasend lässt sich sagen, dass eine wachsende Prekarität der Daseinsfürsorge im Zuge der Ausweitung neoliberaler Reformen und der wiederholte Hinweis, dass ein Abweichen von der als alternativlos dargestellten Austeritätspolitik nicht möglich sei, als wichtiger Grund für den wachsenden Zuspruch, den rechtspopulistische Parteien europaweit erfahren, anzusehen ist (vgl. Anderson 2017; Eberl/Salomon 2016).

7. Die Veränderung der europäischen Parteienlandschaft

Während in mehreren Mitgliedsländern der Europäischen Union rechtspopulistische Parteien einen deutlichen Zuwachs an Wählerstimmen verzeichnen, an der Regierung beteiligt sind oder die Regierung stellen, kam es in den letzten

Jahren zu einem deutlichen Bedeutungsverlust der Sozialdemokratie. Die Programmatik des „dritten Weges“ wurde von Teilen der sozialdemokratischen Wählerschaft als wenig überzeugend empfunden. Gleichzeitig ist zu beobachten, dass verschiedene rechtspopulistische Parteien verstärkt ehemals sozialdemokratische Positionen vertreten.

In Deutschland wurde die Umsetzung der Agenda 2010 der Bevölkerung als alternativlos dargestellt. Man könnte sagen, dass die immer wiederkehrende Beteuerung, die Agenda 2010 und die mit ihr verbundenen sozialen Härten seien alternativlos, die Attraktivität der vermeintlichen „Alternative für Deutschland“ gesteigert hat. Die Rigidität marktliberaler Politik ist eine zentrale Ermöglichungsbedingung des Rechtspopulismus. Jan-Werner Müller (2016) beschreibt diesen Zusammenhang folgendermaßen: „Der Technokrat behauptet, es gibt nur eine vernünftige Lösung. Der Populist sagt, es gibt nur einen wahren Volkswillen. Beide sind Antipluralisten, für die ein demokratischer Austausch von Argumenten gar nicht stattfinden muss. Technokratie und Populismus bestärken sich gegenseitig.“ (ebd., 41)[1]

Bernd Stegemann (2017) unterscheidet in dieser Hinsicht zwischen einem „rechten Populismus“ und einem „liberalen Populismus“: „Der liberale Populismus ist der Politikstil, der die Paradoxien der offenen Gesellschaft unsichtbar macht.“ (ebd., 83) Ein zentrales Merkmal des „liberalen Populismus“ bestehe darin, dass er

---

1 Wenn führende Wirtschaftsdidaktiker dafür plädieren, dass genuin „Ökonomische“ zum Gegenstand des Unterrichts zu machen und sich unter Bezugnahme auf primär orthodox volkswirtschaftlich ausgerichtete Inhalte dafür einsetzen, die Ziele des schulischen „Kompetenzerwerbs“ auf ein Denken im Rahmen der ökonomischen Verhaltenstheorie und in ökonomischen Kreislauf- und Ordnungszusammenhängen zu begrenzen (vgl. (Loerwald/Schröder 2011; Kaminski/Eggert 2008), muss von einer sehr einseitigen Ausrichtung des Unterrichts gesprochen werden. Haarmann (2014) zeigt, dass ein isoliertes ökonomisches Lernen in der Logik von theoretischen Modellzusammenhängen nicht nur Gefahr laufe, den Bezug zur gesellschaftlichen Realität zu verlieren. Diese Vorgehensweise sei vor allem auch demokratietheoretisch als problematisch zu bewerten: „Werden unterstellte wirtschaftliche Funktionszusammenhänge in den Mittelpunkt der didaktischen Strukturierung der Unterrichtsgegenstände gerückt, verliert die Wirtschaft ihre ‚dienende Funktion‘: Anstatt das Kinder und Jugendliche lernen, Ansprüche an die gesellschaftliche Gestaltung der Wirtschaft zu formulieren und für die demokratiekonforme Verwirklichung dieser Ansprüche einzutreten, wird die demokratische Gesellschaft aus einer ökonomiezentrischen Perspektive in den Blick genommen und dem Korsett eines wirtschaftswissenschaftlichen Modelldenkens unterworfen. Statt als Objekt der gesellschaftlichen Gestaltung erfahrbar gemacht zu werden, wird die Wirtschaft (bzw. deren marktaffine Deutung) auf analytischer Ebene zum Subjekt der gesellschaftlichen Gestaltung erhoben.“ (ebd., 194)

drastische Einschnitte in die sozialen Sicherungssysteme als fortschrittliche Maßnahmen kommuniziere. Begriffe wie „Freiheit", „Reform", „Flexibilität", etc. würden dabei als strategische Instrumente genutzt und der Abbau von Teilhabemöglichkeiten unterer Bevölkerungsschichten als ökonomisch notwendige Maßnahme legitimiert. Der jahrelange Gebrauch dieser Schlagworte habe letztendlich zu einer Transformation von gesellschaftlich positiv konnotierten Kategorien geführt: „Offenheit und Freiheit sind für immer mehr Menschen keine hart erkämpften Errungenschaften der Aufklärung mehr, sondern sie sehen darin eine permanente Bedrohung." (ebd., 173) Diese Transformation positiv konnotierter Begriffe untergrabe das Vertrauen in gesellschaftliche Institutionen und Autoritäten.

Gewissermaßen erleben wir die Entstehung eines „liberal-paternalistischen Staats" (Wacquant 2013). Dieser kümmert sich um die Interessen der oberen Schichten. So verhält er sich sehr liberal, wenn es um die Offenlegung von großen Vermögen und steuerpflichtigen Einkommen geht. Er lässt zu, dass beträchtliche Geldsummen unversteuert in Steueroasen transferiert und dem Fiskus entzogen werden. Gleichzeitig behandelt er die unteren Schichten paternalistisch. Hier werden grundlegende Rechte eingeschränkt, um akribisch ihr bescheidenes Vermögen zu erfassen. Transferhilfebezieher müssen Zuwendungen von Verwandten oder andere Einkünfte in Höhe von wenigen Euro melden, damit diese von ihrer Grundsicherung abgezogen werden können.

Die Politikwissenschaftler Dirk Jörke und Veith Selk (2017) beschreiben, wie das Prinzip des „freien Marktes" und der Leistungsgerechtigkeit zwar proklamiert, aber nur selektiv umgesetzt wird: „Patente, Eigentumsrechte und Marktbegrenzungen schützen große Unternehmen und Kapitaleigentümer sowie die „Freien Berufe" wie Apotheker, Ärzte und Rechtsanwälte vor unerwünschter Marktkonkurrenz; Reichtümer, Bildungsvorteile, politischer Einfluss und Zugangschancen für hochdotierte, sichere und prestigeträchtige Positionen der Ober- und Mittelschicht werden an die nächste Generation vererbt – so wie soziokultureller Ausschluss, ökonomische Prekarität und politische Einflusslosigkeit in der Unterschicht. Von dem so viel gepriesenen offenen Wettbewerb nehmen sich die schon Bevorrechtigten aus. Der postdemokratische Liberalismus schützt die bestehende Privilegienstruktur, indem er die Gesellschaftsstruktur vor grundlegender Veränderung abschirmt." (ebd., 161)

Diese Situation führt dazu, dass Rechtspopulisten das Establishment der Doppelmoral bezichtigen können. Da in vielen Medien und Teilen der etablierten Politik entsprechende Widersprüche nur sehr zurückhaltend thematisiert werden, gelingt es rechtspopulistischen Akteuren, sich als aufrechte „Volksvertreter" zu inszenieren und die Medien pauschal als „Lügenpresse" zu diffamieren.

8. Warum gerade Rechtspopulismus?

Die Diskrepanz zwischen dem demokratischen Ideal und der realen Politik dürfte eine wichtige Ursache für das Erstarken des Populismus sein. Wenn sich die Lebensbedingungen für große Teile der Bevölkerung verschlechtern, es zu einer deutlichen Konzentration des gesellschaftlichen Vermögens in den oberen Schichten kommt und gleichzeitig die grundlegenden Strukturentscheidungen und Verteilungsprinzipien demokratisch legitimierter Veränderung weitgehend entzogen sind, dürfte die Hinwendung zum Populismus zu einem nicht unbeträchtlichen Teil als Protest zu verstehen sein. Doch warum artikulieren sich Enttäuschung und Unzufriedenheit gerade in Form eines rechten Populismus? Hier kann ein Blick auf die diskursiven Ermöglichungsbedingungen Hinweise geben.

9. Die Nation

Ganz allgemein kann man davon ausgehen, dass eine nationale Definition der eigenen Identität eine Bedeutung für die Hinwendung zum Rechtspopulismus hat. Es stellt sich die Frage, warum es gegenwärtig zu einer Renaissance des „Patriotismus" kommt. Warum wird diese Form der Vergemeinschaftung als attraktiv erlebt? Insbesondere die Implementation der Agenda 2010 wurde begleitet von Kampagnen zur „symbolischen Integration". Gerade wenn relevanten Teilen der Bevölkerung die materielle Teilhabe versagt bleibt, sollte eine symbolische Form der Zugehörigkeit geschaffen werden. Hier ist beispielsweise die Kampagne „Du bist Deutschland …" zu nennen (vgl. Speth 2006). Entsprechende Identifikationsangebote waren durchaus wirkmächtig und dürften der Losung „Deutschland zuerst" eine gewisse Plausibilität verliehen haben.

10. Sicherheit versus Freiheit

Die Einschränkung sozialer Teilhaberechte für untere Bevölkerungsschichten wurde flankiert durch sicherheitspolitische Maßnahmen. Der Kampf gegen die Armut wurde oftmals zu einem Kampf gegen die Armen. Sichtbare Armut soll aus den Städten verbannt werden. Sozialer Desorganisation in den Städten wird deshalb verstärkt mit ordnungspolitischen Maßnahmen begegnet, um das subjektive Sicherheitsgefühl der Bevölkerung zu stärken. Rechtspopulisten versprechen jedoch eine resolutere Politik des Law and Order.

Insbesondere im „Kampf gegen den Terror" werden bürgerliche Freiheitsrechte eingeschränkt, zugunsten der Herstellung vermeintlicher „Sicherheit".

Gerade wenn die Festschreibung einer rigiden Austeritätspolitik Regierungen die Möglichkeit zur wirtschaftspolitischen Gestaltung des Gemeinwesens nimmt, ist die Versuchung für staatliche Akteure groß, sich über die Herstellung von „Sicherheit" zu legitimieren. Bauman (2017) beschreibt diesen Sachverhalt in drastischer Weise folgendermaßen: „Fühlen die Menschen, von denen Sie in ihr Amt gewählt wurden, sich nicht hinreichend sicher? Dann stellen Sie einfach mehr Sicherheitskräfte ein und geben ihnen größere Freiheit, so vorzugehen, wie sie es für nötig halten – so unappetitlich, abstoßend oder gar abscheulich das von ihnen gewählte Vorgehen letztlich auch sein mag. Und machen Sie überall bekannt, was Sie getan haben!" (ebd., 28) Bauman beschreibt das Entstehen eines autoritären Etatismus. Ein allein durch den Ausbau innerer Sicherheitsbehörden umgesetztes Konzept von „Sicherheit" wäre letztendlich eine Steilvorlage für die AFD. Im Vergleich zu den etablierten Parteien wird der AFD hier deutlich mehr Durchsetzungskompetenz zugeschrieben.

11. Kultur

Seit einigen Jahren wird viel über „Kultur" gesprochen. Dabei wird oftmals davon ausgegangen, dass „die westliche Kultur" freiheitsliebend, tolerant und weltoffen sei. In ähnlich verallgemeinernder Weise wird angenommen, dass „die islamische Kultur" rückwärtsgewandt, archaisch und intolerant sei. Viele Einwanderer werden dabei, auch wenn sie keiner Religion angehören, als Vertreter der islamischen Kultur betrachtet und mit den entsprechend negativen Eigenschaften versehen. Gerade in den Regionen Deutschlands, wo es kaum Einwanderer gibt, ist der Ruf am stärksten, der eigenen Kultur zu ihrem Recht zu verhelfen. Während Politiker traditioneller Parteien das Konzept der „Leitkultur" öffentlichkeitswirksam etablierten, sind es jetzt vor allem rechtspopulistische Akteure, die mit dem Verweis auf eine gefährdete eigene Kultur erfolgreich Politik machen (vgl. Röther 2016). Zick et al. (2016) interpretieren die festgestellten hohen Zustimmungswerte zu antimuslimischen Aussagen als grundlegende Herausforderung für die demokratischen Akteure: „Die ‚Islamisierungslügen', ‚Asyllügen' und ‚Asylchaos-Kampagnen' rechtspopulistischer und rechtsextremer Gruppen haben in der Mitte einen Resonanzboden gefunden. Möglicherweise gelang dies, weil quer durch alle politischen Lager vor allem über Krisen und Probleme diskutiert wurde, anstatt darüber, was Vorurteile und Stereotype bremsen kann. Die Analyse der Einstellungen zu Flüchtlingen und der Zusammenhang von Gruppenbezogener Menschenfeindlichkeit (GMF) mit rechtspopulistischen Orientierungen verweist auf diese Dynamik. Die negativen Einstellungen gegenüber Muslimen in der Mitte der Gesellschaft sind auch deshalb besorgniserregend, weil sie mit neurechten und rechtsextremen Orientierungen korrespondieren. Wenn 42 % der Befragten der Meinung sind, dass ‚die Regierung der Bevölkerung die Wahrheit verschweigt' und 40 % meinen, ‚die Gesellschaft würde durch den Islam unterwandert', dann ist das schwerwiegend. GMF, hier die Muslimfeindlichkeit, ist dann zu einem Verschwörungsmythos geworden, der sich selbst immunisiert und allen Versuchen, durch Aufklärung eine Einstellungsänderung zu bewirken, verschließt." (ebd., 207)

12. Schichtspezifik des Rechtspopulismus

Auch wenn der Rechtspopulismus insbesondere in prekären Milieus und der unteren Mittelschicht anzutreffen ist (vgl. Zick et al. 2016), wäre es doch verfehlt, die oberen Teile der Bevölkerung als frei von ausgrenzenden Denkweisen zu verstehen. Klaus Dörre (2016) macht darauf aufmerksam, dass rechtspopulistische Haltungen in den verschiedenen sozioökonomischen Schichten der Gesellschaft Anknüpfungspunkte finden und sich jeweils in einer spezifischen Weise artikulieren. Eine „rebellische" Ausprägung des Rechtspopulismus finde sich vor allem in den unteren Schichten. Hier wende man sich in resoluter Weise sowohl gegen „Die da oben" als auch gegen „Die Fremden". Eine „konservierende" Form findet der Rechtspopulismus in den Mittelschichten. Man sieht sich bedroht von den gegenwärtigen Entwicklungen und will den erreichten gesellschaftlichen Status sichern. Dabei greift man auf Ressentiments zurück und versucht so, eigene Ansprüche bei der Verteilung des gesellschaftlichen Wohlstandes zu bekräftigen. Ein „konformistischer" Rechtspopulismus findet sich in den oberen Schichten. Hier zeichnet sich der Rechtspopulismus durch eine rigide Anpassung an vorherrschende gesellschaftliche Werte, wie das Leistungsprinzip, aus. Man wendet sich gegen vermeintlich unproduktive Teile der Bevölkerung und es wird der Umbau der Gesellschaft nach den Prinzipien des Marktes gefordert (vgl. Dörre 2016, 262 ff.).

Ein übergreifendes Merkmal des gegenwärtigen Rechtspopulismus ist die Forderung, die Politik müsse zuallererst der eigenen Nation verpflichtet sein. Sehr deutlich formuliert diese Maxime der amerikanische Präsident Donald Trump: „America first!" Die positive Bezugnahme auf die Nation, verbunden mit der Propagierung verschiedener exkludierender Praxen, ist gewissermaßen die zentrale Vorgehensweise rechtspopulistischer Akteure. Im Folgenden wird ein Blick auf die Entwicklung nationaler Selbstverortungen in Deutschland geworfen. Schlaglichtartig sollen Hintergründe und Folgen nationaler Identifikationsangebote betrachtet werden.

13. „Die Geister, die ich rief …"

Von den verschiedenen Kampagnen wie zum Beispiel „Sport tut Deutschland gut", „Land der Ideen" oder „FC Deutschland 06", die eine Identifikation mit der Nation zum Ziel hatten, erreichte vor allem die Kampagne „Du bist Deutschland" einen bedeutenden Teil der Bevölkerung (vgl. Zekri 2006, 254 f.). Speth (2006) verortet den Entstehungshintergrund der Kampagne „Du bist Deutschland" in den Bemühungen der rot-grünen Koalition unter Gerhard Schröder in den Jahren 2003 und 2004, angesichts der umstrittenen Reformen des Arbeitsmarktes und der sozialen Sicherungssysteme (Hartz I bis IV) für diese Politik zu werben. So habe die Regierung Schröder Consultingfirmen beauftragt, um die Politik der Agenda 2010 als Beitrag zur „Innovationskultur in Deutschland" zu präsentieren und so den Vorbehalten in der Bevölkerung zu begegnen (ebd., 21). Während das Kanzleramt bei dieser Initiative „Partner für Innovation" noch initiierend tätig war, entschlossen sich Vertreter der Wirtschaft, eine eigene Kampagne unabhängig von der Regierung zu entwickeln, um so glaubwürdiger der Skepsis der Bevölkerung entgegenzuwirken und das Ziel einer „Stimmungsaufhellung" zu erreichen.

Ein Blick in das „Manifest" der Kampagne „Du bist Deutschland"[2] macht deutlich, worum es geht. Unter der Überschrift „Du bist das Wunder von Deutschland" ist zu lesen: „Ein Schmetterling kann einen Taifun auslösen. (…) Dein Wille ist wie Feuer unterm Hintern. Er lässt deinen Lieblingsstürmer schneller laufen und Schumi schneller fahren. Egal wo du arbeitest. Egal, welche Position du hast. Du hältst den Laden zusammen. Du bist der Laden. Du bist

2 Die mit der Gestaltung der Kampagne beauftragten Agenturen Jung v.Matt, kempertrautmann und fischerAppelt entwarfen unter anderem Kampagnen für die Bildzeitung („BILD dir deine Meinung!"), Saturn („Geiz ist geil") oder Media-Markt („Ich bin doch nicht blöd") und waren auf mögliche Kritik an der massenwirksam lancierten Aufforderung zur nationalen Identifikation vorbereitet (vgl. Speth 2006, 29 ff.). Insbesondere sollte vermieden werden, dass die Kampagne mit der nationalsozialistischen Geschichte Deutschlands in Verbindung gebracht wird: „Die Kampagnenmacher hatten diesen Zusammenhang aber immer schon als Gefahrenstelle gesehen. Sie haben in den Spot die Szene im Berliner Holocaust-Mahnmal mit einem an Down-Syndrom Erkrankten, mit einem bekennenden Homosexuellen und einem Dunkelhäutigen eingebaut, das Geschwister Scholl-Zitat verwendet und den dunkelhäutigen Fußballstar mit deutschem Pass – Gerald Assamoah – auftreten lassen." (ebd., 32) Dank professioneller Vorbereitung gerieten die Kampagnenmacher dann auch nur für einen kurzen Augenblick in Erklärungsnot, als sich im Verlauf der Kampagne herausstellte, dass die Nationalsozialisten mit der beinahe wortgleichen Parole „Denn du bist Deutschland" für sich geworben hatten (vgl. Zekri 2006, 254).

Deutschland. Unsere Zeit schmeckt nicht nach Zuckerwatte. Das will auch niemand behaupten. Mag sein, du stehst mit dem Rücken zur Wand oder dem Gesicht zur Mauer. Aber einmal haben wir schon gemeinsam eine Mauer niedergerissen. Deutschland hat genug Hände, um sie einander zu reichen und anzupacken. Wir sind 82 Millionen. Machen wir uns die Hände schmutzig. Du bist die Hand. Du bist 82 Millionen. Du bist Deutschland. Also wie wäre es, wenn du dich selbst mal anfeuerst? Gib nicht nur auf der Autobahn Gas. Geh runter von der Bremse. Es gibt keine Geschwindigkeitsbegrenzung auf der Deutschlandbahn. Frage dich nicht, was die anderen für Dich tun. Du bist die anderen. Du bist Deutschland. Behandle dein Land doch einfach wie einen guten Freund. Meckere nicht über ihn, sondern biete ihm deine Hilfe an. (…)" (Manifest-Text „Du bist Deutschland", o.J.)

Mit der Kampagne „Du bist Deutschland" sollte die „Eigenverantwortung" der Menschen mit der Verantwortung für das Land verbunden werden: „Das Land, die nationale Gemeinschaft wurden als positiver emotionaler Bezugspunkt entdeckt. Ein ‚unbeschwerter Patriotismus' sollte sich von einem rassistischen und fremdenfeindlichen Nationalismus abheben. Die Kehrseite dieses Stolzes auf das eigene Land ist der Appell an das Individuum: Ob bei ‚Du bist Deutschland' oder der INSM[3], immer soll der Einzelne etwas tun: seine Altersvorsorge selbst organisieren, einen Beitrag für das Land leisten oder einfach nur einsehen, dass eine größere Flexibilität gut für alle ist. Zur Durchsetzung von Interessen werden nicht mehr Negativ-Botschaften und Argumente benutzt. Stimmungen werden wichtiger als konkrete politische Maßnahmen. Die Stimmung zu heben, wird als flankierende Maßnahme verstanden. (Speth 2006, 45)

---

3 Die „Initiative Neue Soziale Marktwirtschaft" (INSM) arbeitet im Auftrag des Gesamtverbandes der Metall- und Elektroindustrie mit verschiedenen Formen der Öffentlichkeitsarbeit daran, wirtschaftsliberale Positionen im öffentlichen Diskurs zu verankern. Insbesondere Lehrkräfte sind eine wichtige Zielgruppe der INSM. Ihnen werden unter anderem kostenlose Unterrichtsmaterialien angeboten. Journalisten bekommen unentgeltlich aufbereitete Informationen zu verschiedenen Themengebieten. In die Schlagzeilen geriet die INSM nicht zuletzt deshalb, weil sie auf besonders aggressive Weise für ihre Ziele wirbt. So wurden beispielsweise Journalisten unter Druck gesetzt, die über die Arbeit der INSM recherchieren wollten. In die Kritik geriet die INSM insbesondere, als sie gegen die Zahlung von Geld Dialoge in der ARD-Serie „Marienhof" platzierte, in denen für mehr Flexibilität der Arbeitnehmer oder die Bereitschaft zu Überstunden und unbezahlter Mehrarbeit geworben wurde (vgl. Speth 2006, 16 ff.).

14. „Patriotismus als soziomoralische Summenformel" (Patzelt 2010)

In diesem Zusammenhang ist vor allem auch der Ansatz von Werner Patzelt zu nennen. Patzelt (2008) beschreibt den „Patriotismus als soziomoralische Summenformel": „Gemeinsamer Nenner für das Zusammenkommen von Transzendenz und Gemeinsinn scheint Patriotismus zu sein. Ihn gilt es wiederzuentdecken als das einende Band aller soziomoralischen Voraussetzungen einer freiheitlichen demokratischen Ordnung. Wider manch überkommene, zur bloßen Pose geratene Aversion sollte deshalb die Kultivierung von Patriotismus zum wichtigen Inhalt politischer Bildung werden. Patriotismus meint doch nichts anderes als den Wunsch, dem eigenen Land möge es gut gehen – verbunden mit der Bereitschaft, hierzu auch Eigenes beizutragen." (ebd., 52)

Für Patzelt besteht die Aufgabe politischer Bildung darin, die „Verfassung der Freiheit" zu sichern (Patzelt 2010, 44 ff.). Patzelt bezieht sich explizit auf die „Verfassung der Freiheit" des Wirtschaftsliberalen Friedrich August von Hayek (1991) und bestimmt als wichtige „Bürgertugend" die „Reformbereitschaft": „Sie braucht es nicht nur seitens der Amtsträger eines politischen Systems, sondern gerade auch in der Bürgerschaft. Sich auf Alternativen zum Herkömmlichen einzulassen, neue Wege zu erkunden und aus bloß ererbten Selbstverständlichkeiten auszuspuren: Das alles sind Zeichen einer offenen Gesellschaft und Vorbedingung ihrer weiteren Lebensfähigkeit." (ebd., 51) Dabei begreift Patzelt (2008) die Nation als „Abstammungsverband, denn natürlich bleiben die in Deutschland geborenen Kinder von Kanadiern, Italienern und Polen, trotz ihrer durch Geburt erworbenen deutschen Staatsangehörigkeit, auch weiterhin Kanadier, Italiener und Polen. Sie müssten sich später schon willentlich aus ihrer bisherigen Nation lösen, um nichts anderes mehr als Deutsche zu sein." (ebd., 143) Patzelt (2008) beschreibt den „deutschen Patriotismus" als unverzichtbare Strategie, um den Herausforderungen ökonomischer Globalisierung und grenzüberschreitender Migration begegnen zu können (ebd., 140). So „ist es uns aufgegeben, unsere eigene Gesellschaft zusammenzuhalten, zumal diese sich nicht erst seit der jüngsten, mit dem Ende des Ost/West-Konflikts einsetzenden Phase der Globalisierung einiges an Integrationsproblemen angetan hat: von der Entstehung neuer nationaler Minderheiten wie etwa jener der deutschen Türken bis hin zur Propagierung des Leitbildes nicht einer kulturell integrierten, sondern eben einer multikulturellen Gesellschaft. Vermutlich wird ein nicht ganz unwichtiges Land wie das unsere sogar umso besser seinen Beitrag zum ‚guten Regieren' in der bereits entstandenen, doch mit politischen Steuerungsstrukturen noch sehr unzulänglich ausgestatteten Gesellschaft leisten, je besser es sich selbst zusammenzuhalten und außenpolitisch handlungsfähig zu machen versteht." (ebd., 141)

Patzelt (2006) plädiert deshalb mit viel Nachdruck für einen selbstbewussten Patriotismus: „Es ist doch zu offenkundig, um wie Sinnvolles und völlig Unanfechtbares es bei deutschem Patriotismus geht. Ihn sollten wir darum zu einer *lebendigen Kraft* in unserem Volk und in unserer Bevölkerung machen. Diese Kraft würde – anders als der missbrauchte Patriotismus des Kaiserreichs oder gar der nationalsozialistischen Diktatur – nichts als *Glück* über unser Land bringen ...." (ebd., 12) Überlegungen zur Legitimität einer Erziehung zum „deutschen Patriotismus" betrachtet Patzelt (2008) als wenig sinnvoll: „Also wird es auch künftig die tätige Zuneigung zur ‚patria', wird es auch weiterhin Patriotismus geben. Die Frage, ob es ihn brauche, stellt sich darum in gewisser Weise gar nicht – ebenso wenig wie die Frage, ob die Phasen des Mondes oder die einander abwechselnden Jahreszeiten verzichtbar wären: Es gibt das alles einfach." (ebd., 142) Der „deutsche Patriotismus" wird hier gewissermaßen gerechtfertigt über das bloße Postulat seiner vermeintlich natürlichen Existenz. Die Nationalismusforschung zeigt hingegen, dass die Identifikation mit der Nation alles andere als ein natürliches Phänomen ist (vgl. Hobsbawm 2005; Anderson 2006).

15. Ein empirischer Blick auf den Nationalstolz

Dass eine entsprechende Strategie der symbolischen Integration mit „Kollateralschäden" rechnen muss, zeigen verschiedene Untersuchungen. So fanden Ahlheim und Heger (2008) einen deutlichen Zusammenhang von Nationalstolz und nationaler Überheblichkeit. Von den Befragten „sehr stolzen" Deutschen waren demnach 59 Prozent der Meinung, „Deutschland sollte seine eigenen Interessen verfolgen, selbst wenn dies zu Konflikten mit anderen Ländern führt." (ebd., S. 83) Insgesamt zeigen sie, dass der Stolz auf die Nation und verschiedene ausgrenzende Haltungen in einer engen Verbindung stehen: „Während von den ‚überhaupt nicht' Nationalstolzen hierzulande ‚nur' 12 Prozent fremdenfeindliche Vorstellungen hegen, verdoppelt sich dieser Anteil bei den ‚ziemlich Stolzen' und verdreifacht sich gar bei jenen, die ‚sehr stolz' sind, Deutsche zu sein. Aber auch die Schlussstrich-Mentalität nimmt bei den Nationalstolzen merklich zu und der Anteil der Antisemiten steigt unter jenen, die ‚ziemlich' oder ‚sehr stolz' sind, Deutsche zu sein, gravierend an." (ebd., 113 f.)

Auch in anderen Untersuchungen zeigt sich ein deutlicher Zusammenhang von nationalem Stolz und ausgrenzendem Denken. Becker et al. (2006) kamen in ihrer quantitativen Untersuchung des Zusammenhangs von Nationalismus und Patriotismus mit verschiedenen Formen ausgrenzender Orientierungen zu folgendem Ergebnis: „Befragte, die ein höheres Maß an Nationalstolz angeben, sind auch fremdenfeindlicher, islamophober und antisemitischer.“ (ebd., 140) Demnach geht bereits „die bloße Identifikation mit Deutschland, hier gemessen an der Intensität des Gefühls, Deutsche/r zu sein, mit höheren Werten in *Gruppenbezogener Menschenfeindlichkeit* einher.“ (ebd.)

16. Die Mitte und der Rand

Auf den Zusammenhang von wirtschaftsliberaler Politik und ausgrenzenden Diskursen in der Mitte der Gesellschaft macht insbesondere von Lucke (2009) aufmerksam. Angesichts der sich im Zuge neoliberaler Wirtschaftspolitik vollziehenden sozialen Polarisierung der Gesellschaft müssten Antworten auf die Frage nach der sozialen Gerechtigkeit gegeben werden. Diese Aufgabe übernähmen bereitwillig Vertreter der Wirtschaft wie Hans-Olaf Henkel, Publizisten wie Henryk M. Broder, Intellektuelle wie Peter Sloterdijk und in besonders aggressiver Weise der ehemalige Bundesbanker Thilo Sarrazin. Es würden die Notwendigkeit eines Abbaus des Sozialstaats dargelegt und in mehr oder weniger deutlicher Form die bestehenden Gleichheits- und Gerechtigkeitsgrundsätze relativiert. Begleitet werde dieses Plädoyer für eine Umverteilung des gesellschaftlichen Reichtums zugunsten privilegierter Teile der Bevölkerung von abwertenden Äußerungen über sozial schwache Bevölkerungsgruppen und ethnische Minderheiten. Einerseits würden so verbreitete Ressentiments über die am Rande der Gesellschaft stehenden Gruppen bedient und andererseits die Profiteure der neoliberalen Politik als Leistungsträger präsentiert.

17. Über die Schwierigkeit, eine demokratische Gegenposition zu entwickeln

Mit dem Ziel, dem Rechtspopulismus nicht das Terrain zu überlassen, haben sich auch Politiker der etablierten Parteien entschlossen, verstärkt Themen der Rechtspopulisten zu besetzen. Vor dem Hintergrund dieser Entwicklung ist der Verweis auf die inhumane Agenda des Rechtspopulismus immer weniger geeignet, diese als unverantwortliche Programmatik zu skandalisieren. Heim (2016) beschreibt, wie Politiker etablierter Parteien oftmals sehr einseitig die Motive Geflüchteter als unrechtmäßige Bereicherung auf Kosten der deutschen Bevölkerung diskutieren. Er zitiert Innenminister, die versuchen, sich mit einem harten Vorgehen gegen Asylbewerber öffentlichkeitswirksam zu profilieren (ebd.,

226 ff.). Vor dem Hintergrund eines erstarkenden Rechtspopulismus dürfte diese Vorgehensweise durchaus problematische Folgen haben.

Die Übernahme rechtspopulistischer Positionen durch demokratische Parteien rehabilitiert ausgrenzende Positionen und stattet sie mit einer grundsätzlichen Legitimität aus. Ein selbstbewusstes Auftreten rechtspopulistischer Akteure in Politik und Medien verschafft zum einen Menschen mit Ressentiments das Gefühl der Legitimität ihrer Vorbehalte. Sie fühlen sich ermutigt, sich zu Wort zu melden und ihre vormals als tabuisiert geltenden Vorbehalte offensiver zu artikulieren. Zum anderen bestärkt ein selbstbewusst auftretender Rechtspopulismus die militanten Fraktionen der extremen Rechten in der Annahme, die Bevölkerung teile ihre Sicht der Dinge, traue sich nur nicht, entsprechend zu handeln. Das gesellschaftliche Klima gegenüber Geflüchteten hat sich insgesamt deutlich verschlechtert. Bemerkenswert ist dabei, dass in überraschend hohem Maße Menschen zur Tat schreiten, die bisher nicht als organisierte Rechtsextremisten in Erscheinung getreten sind (vgl. Borstel 2016, 168).

18. Was tun?

Grundsätzlich ist davon auszugehen, dass eine spezifische „Bildung gegen Rechtspopulismus“ nur schwer umzusetzen ist. Deshalb arbeitet man oftmals in pragmatischer Weise mit Bildungsansätzen, die sich bei der Arbeit gegen Rechtsextremismus mehr oder weniger gut bewährt haben (vgl. Fischer 2017). Ein wichtiger Schritt, um dem Rechtspopulismus etwas Wirkungsvolles entgegenzusetzen, wäre eine genaue Betrachtung der verschiedenen Ursachen des Rechtspopulismus.

Aus der Perspektive der politischen Bildung ist im Hinblick auf die vertikale Dimension des Rechtspopulismus grundsätzlich auf den Beutelsbacher Konsens hinzuweisen. Auch wenn Parteien und Vertreter einer marktliberalen Gestaltung der Gesellschaft das eigene Handeln als alternativlos bezeichnen, muss die politische Bildung dem Kontroversitätsgebot gerecht werden. Es ist durchaus problematisch, wenn Vertreter einer bestimmten Wirtschaftsordnung ihre Konzeption als alleinig mögliche darstellen. Es gibt immer Alternativen. Und wenn Politik glaubhaft bleiben will, muss sie diese Alternativen berücksichtigen und darüber streiten, welche Form der Gestaltung des Wirtschaftslebens die sinnvollste ist. Grundsätzlich muss darauf hingewiesen werden, dass die Ökonomie keine Sphäre ist, die außerhalb der Demokratie steht. Auch Fragen der wirtschaftlichen Entwicklung sind letztendlich politisch zu verantworten. Wenn man sagt, dass eine bestimmte ökonomische Agenda die einzig mögliche sei und es keine Alternative gäbe, dann stellt sich die grundlegende Frage nach dem Sinn von Politik.

Wenn man die Bildungsarbeit betrachtet, die auf eine Auseinandersetzung mit der horizontalen Ebene des Rechtspopulismus zielt, gibt es verschiedene Konzeptionen. Diese richten sich zumeist gegen bestimmte Ausgrenzungsformen und bearbeiten Rassismus, Nationalismus, Sozialdarwinismus etc. mit verschiedenen didaktischen Strategien. Dies ist insofern notwendig, weil die Feindbilder des Rechtspopulismus, die hier lediglich in verallgemeinerter Weise mit den Begriffen der „Fremden" und der „Anderen" bezeichnet wurden, recht unterschiedliche gesellschaftliche Gruppen umfassen. Ein übergreifender Präventionsansatz wäre die Auseinandersetzung mit den Entwicklungen in der politischen Kultur. Hier wäre zu fragen, welche Diskurse in der Mitte der Gesellschaft den Losungen des rechten Populismus Plausibilität verleihen.

19. Fazit

Zusammenfassend lässt sich sagen, dass es nicht ausreicht, den Rechtspopulismus moralisch zu skandalisieren. Das Erstarken des Rechtspopulismus kann als ein Warnsignal betrachtet werden. Es macht darauf aufmerksam, dass es strukturelle Problemlagen gibt, die die Legitimität der Regierungsform „Demokratie" untergraben. Eine nachhaltige Bildung gegen Rechtspopulismus sollte sich verstärkt mit den Widersprüchen zwischen dem formalen Modell der Demokratie und der real existierenden Demokratie beschäftigen.

Literatur

Alheim, Klaus/Heger, Bardo (2008): Nation und Exklusion. Der Stolz der Deutschen und seine Nebenwirkungen. Schwalbach/Ts.

Anderson, Perry (2017): Das System Europa und seine Gegner. In: Le Monde diplomatique, März 2017.

Anderson, Benedict (2006): Imagined Communities. 3. Auflage. London.

Bauman, Zygmunt (2017): Die Angst vor den anderen. Ein Essay über Migration und Panikmache. Bonn.

Becker, Julia/Wagner, Ulrich/Christ, Oliver (2006): Nationalismus und Patriotismus als Ursache von Fremdenfeindlichkeit. In: Heitmeyer, Wilhelm: Deutsche Zustände. Folge 5. Frankfurt/M., S. 131–149.

Borstel, Dierk (2016): Die rechte Mobilisierung – eine Gefahr für die Demokratie? In: Gesellschaft – Wirtschaft – Politik (GWP), Heft 2-2016, S. 163–169.

Brunkhorst, Hauke (2014): Auswege aus der demokratischen Falle. in: Leviathan, Heft 42, S. 508–522.

Capgemini Financial Services Analysis (2017): World Wealth Report [https://www.worldwealthreport.com/reports/population/europe. Abgerufen 23.02.2018]

DIW: Vermögen in Deutschland (2014): Durchschnittlich 83.000 Euro für jeden – aber höchst ungleich verteilt. In: Pressemitteilung vom 26.02.2014 [https://www.diw.de/de/diw_01.c.438772.de/themen_nachrichten/vermoegen_in_deutschland_durchschnittlich_83_000_euro_fuer_jeden_aber_hoechst_ungleich_verteilt.html. Abgerufen 23.02.2018]

Dörre, Klaus (2016): Die national-soziale Gefahr. PEGIDA, Neue Rechte und der Verteilungskonflikt – sechs Thesen. In: Rehberg, Karl Siegbert/Kunz, Franziska/Schlinzig, Tino: Rechtspopulismus zwischen Fremdenangst und „Wende"-Enttäuschung. Analysen im Überblick. Bielefeld, S. 259–274.

Eberl, Oliver/Salomon, David (2016): Postdemokratische Konstellationen. Befindet sich die repräsentative Demokratie in einer Krise? In: Der Bürger im Staat. Landeszentrale für politische Bildung Baden-Württemberg, Heft 2/3-2016, S. 197–202.

Elsässer, Lea/Hense, Svenja/Schäfer, Armin (2016): Systematisch verzerrte Entscheidungen? Die Responsivität der deutschen Politik von 1998 bis 2015. Endbericht [http://www.zedf.uni-osnabrueck.de/media/endbericht-systematisch-verzerrte-entscheidungen.pdf. Abgerufen 23.02.2018]

Fischer, Sebastian (2017): Prävention von Rechtspopulismus. Möglichkeiten und Grenzen der schulischen Bildungsarbeit. In: Allmendinger, Björn/Fährmann, Jan/Haarfeldt, Mark: Von Biedermännern und Brandstiftern – Rechtspopulismus in Deutschland, Hamburg, S. 103–109.

Flecker, Jörg (2008): Die populistische Lücke. Umbrüche in der Arbeitswelt und ihre politische Verarbeitung. In: Butterwegge, Christoph/Hentges, Gudrun: Rechtspopulismus, Arbeitswelt und Armut. Befunde aus Deutschland, Österreich und der Schweiz. Opladen/Farmington Hills, S. 79–100.

Haarmann, Moritz-Peter (2014): Ökonomisches Lernen – Selbstzweck oder Teil des gesellschaftlichen Lernens? In: Gesellschaft – Wirtschaft – Politik (GWP), 2/2014, S. 189–200.

Hayek, Friedrich August v. (1991): Die Verfassung der Freiheit. 3. Auflage. Tübingen.

Hobsbawm, Eric (2005): Nationen und Nationalismus. Mythos und Realität seit 1780. 3. Auflage. Frankfurt/M.

Jörke, Dirk/Selk, Veith (2017): Theorien des Populismus zur Einführung. Hamburg.

Kaminski, Hans/Eggert, Katrin (2008): Konzeption für die ökonomische Bildung als Allgemeinbildung von der Primarstufe bis zur Sekundarstufe II, hrsg. vom Bundesverband deutscher Banken, Berlin.

Loerwald, Dirk/Schröder, Rudolf (2011): Zur Institutionalisierung der ökonomischen Bildung. In: Aus Politik und Zeitgeschichte Nr. 12/2011, S. 9-15.

Manager Magazin (2018): So stark wächst die Zahl der Milliardäre in Deutschland. [http://www.manager-magazin.de/politik/deutschland/bild-1171164-1197938.html. Abgerufen 23.02.2018]

Manifest-Text „Du bist Deutschland“, (ohne Jahresangabe): [Online: http://www.abendblatt.de/politik/deutschland/article355173/Das-Manifest-Du-bist-Deutschland-im-Wortlaut.html. Abgerufen: 04.03.2018]

Müller, Jan-Werner (2016): Was ist Populismus. Ein Essay. Bonn.

Patzelt, Werner (2006): Deutscher Patriotismus und sein Wert. In: Addendum BBL 3/2006. [Online: http://www.burschenschaftliche-blaetter.de/fileadmin/user_upload_bbl/Addendum/addendum_3_2006.pdf. Abgerufen: 04.03.2018]

Patzelt, Werner (2008): Patriotismus in Zeiten der Globalisierung. In: Vogel, Bernhard: Was eint uns? Verständigung der Gesellschaft über gemeinsame Grundlagen. Freiburg, S. 140–157.

Patzelt, Werner (2010): Soziomoralische Grundlagen und politisches Wissen in einer Demokratie. In: Lange, Dirk/Himmelmann, Gerhard: Demokratiedidaktik. Impulse für die politische Bildung. Wiesbaden, S. 43–54.

Pickett, Kate/Wilkinson, Richard (2007): Child Wellbeing and Income Inequality in Rich Societies: Ecological Cross Sectional Study. In: British Medical Journal. Vol. 335, (Nov. 24, 2007), S. 1080–1085.

Pieiller, Evelyne (2016): An der schwarzen Donau. in: Le Monde diplomatique. Heft 11/2016.

Röther, Christian (2017): Wenn die Wahrheit Kopf steht. Die Islamfeindlichkeit von AfD, Pegida & Co. Gütersloh.

Stegemann, Bernd (2017): Das Gespenst des Populismus. Ein Essay zur politischen Dramaturgie. 3. Auflage. Berlin.

Speth, Rudolf (2006): Die zweite Welle der Wirtschaftskampagnen. Von „Du bist Deutschland“ bis zur „Stiftung Marktwirtschaft“. Hans-Böckler-Stiftung (Hg.): Arbeitspapier 127. Düsseldorf.

Von Lucke, Albrecht (2009): Propaganda der Ungleichheit. In: Blätter für deutsche und internationale Politik, Heft 12-2009, S. 55–63.

Wacquant Louic (2013): Bestrafen der Armen: Zur neoliberalen Regierung der sozialen Unsicherheit. 2. Auflage. Leverkusen Opladen.

Zekri, Sonja (2006): Schön deutsch: Identitätskampagnen und Neopatriotismus. In: Heitmeyer, Wilhelm: Deutsche Zustände. Folge 5, Frankfurt/M., S. 250–259.

Zick, Andreas/Küpper, Beate/Krause, Daniela (2016): Gespaltene Mitte Feindselige Zustände. Rechtsextreme Einstellungen in Deutschland. Bonn.

Praxiskonzepte

ANDREAS KRUSE

Populismus: Definieren, identifizieren, reagieren – leichter gesagt als getan!

Zielgruppe:	Sekundarstufe II
Fach:	Geschichte, Politik, Werte und Normen
Methode:	Text- und Bildanalyse
Zentrale Kompetenz:	Sach- und Werturteilskompetenz
Zeitbedarf:	1 Doppelstunde

1. Populismus – ein Begriff in aller Munde

Der Ausdruck „Populismus" war im Jahr 2017 in aller Munde. Politische Akteure im Ausland, beispielhaft seien nur die Namen Trump, Erdogan, Orban, Kaczynski, Le Pen, Strache oder aber auch Maduro von der anderen Seite des politischen Spektrums genannt, wurden in der Öffentlichkeit regelmäßig und verlässlich mit dem Etikett des Populisten belegt. Gleichzeitig ist im Inland zu beobachten, wie der Vorwurf der Verwendung populistischer Mittel geradezu explodiert ist: einerseits als direkter Vorwurf gegen die Partei der AfD, andererseits aber auch innerhalb der zuvor etablierten Parteienlandschaft (beispielsweise im Wahlkampf 2017 gegen Horst Seehofer, Martin Schulz oder Sarah Wagenknecht). Dass dabei der Begriff relativ willkürlich, wenig vergleichbar und kaum konkret definiert verwendet wird, macht den Umgang mit ihm in der politischen Debatte noch komplizierter.

2. Für wen bietet sich das Thema in der Schule an?

Die im Folgenden beschriebene Doppelstunde (Zeitrahmen 90 Minuten) richtet sich an Klassen oder Kurse aus der Sekundarstufe II. Sie ist sowohl im Geschichts- als auch im Politikunterricht, gegebenenfalls auch im Werte und Normen- und Religionsunterricht einsetzbar (Kruse 2018). Im Geschichtsunterricht ist die Verknüpfung mit zahlreichen Themen denkbar (z.B. Krise der römischen Republik, Französische Revolution, Nationalsozialismus), in denen es charismatischen politischen Akteuren (z.B. Julius Cäsar, Napoleon, Hitler) gelingt, sich mittels ihrer verlockenden Botschaften an das „einfache Volk" über zeitgenössische Normen hinwegzusetzen und eine persönliche autoritäre Herrschaftsform zu errichten.

Der Einsatz im Politikunterricht erscheint aufgrund der hohen Tagesaktualität noch flexibler. Im Bereich des Werte und Normen- und Religionsunterrichts kann die thematische Brücke die Idee der Selbstbestimmung des Menschen sein, da in der Diskussion um den Populismus natürlich auch immer implizit der Vorwurf einer unzulässigen Manipulation durch die Handelnden mitschwingt.

Ausgehend vom Begriff des „Populismus“ und seiner ihm innewohnenden Zwiespältigkeit sollen die Schülerinnen und Schüler (künftig SuS) einerseits für die Schwierigkeit sensibilisiert werden, den Begriff zu definieren, und somit auch die Gefahr einer beliebigen Verwendung als Kampfbegriff erkennen. Dieses Vorgehen erfordert die Auseinandersetzung mit einem theoretischen Modell als Grundlage, welches den SuS zwar keine exakte Definition liefern muss, aber ihnen doch typische, wiedererkennbare Muster populistischer Äußerungen an die Hand geben kann, die im Anschluss an konkrete Textbeispiele auf ihre Anwendbarkeit überprüft werden und die letztendlich als Ergebnis in der alltäglichen Auseinandersetzung mit vergleichbaren Phänomenen in der Alltagswirklichkeit nutzbar sein sollen.

3. Warum soll „Politik fürs Volk“ eigentlich schlecht sein?

Den Einstieg in die Stunde bietet eine Sammlung von Schlagzeilen aus unterschiedlichen Zeitungen und Magazinen aus dem Jahr 2017. Nach der Präsentation der Headlines und einer angemessenen Bedenkzeit bietet die Lehrkraft zunächst die Möglichkeit zur freien Äußerung, lenkt die Diskussion dann jedoch auf die Kernfrage, welche Wertung in der Verwendung des Begriffs „Populismus“ in den Überschriften zum Ausdruck kommt. Die Antwort der SuS wird eindeutig sein: Laut der Überschriften ist Populismus eine Gefahr, eine Bedrohung, ein Irrweg, ein Vorwurf – kurzum: durchweg negativ konnotiert.

Um die Stunde mit einem Aha-Effekt, einer kognitiven Dissonanz, einzuleiten, erfolgt erst nach diesem ersten Kontakt die Betrachtung des Begriffs selbst: „Moment mal, aber was bedeutet das Wort *Populismus* eigentlich? Woher kommt es?“ Möglicherweise kommt in der Sek. II die Erläuterung von einem des Lateinischen mächtigen Kursmitglied, andernfalls muss die Lehrkraft die nötige Information liefern: Lateinisch *populus = das Volk.*

Damit ist der vermeintliche Widerspruch erzeugt, den die Stunde im weiteren Verlauf aufzulösen hat. Warum soll dieser „Volkismus“– möglicherweise frei übersetzt: „Politik fürs Volk"? – eigentlich schlecht sein? Diese zentrale Frage sollte die Lehrkraft durchaus provozierend an das Ende der Einleitung stellen.

4. Typische Elemente von Populismus als Bewertungsgrundlage

Um die Frage in der Folge theoriegestützt zu beantworten, sollen mit Hilfe der Überlegungen von Jan-Werner Müller in einer ersten Arbeitsphase typische Merkmale des modernen Populismus herausgearbeitet werden. Die SuS bearbeiten den Text selbstständig und sammeln die von Müller entwickelten Charakteristika mithilfe einer Mindmap. Die Sicherung erfolgt zunächst in einem Partnersetting und anschließend kurz im Plenum.

Bereits zu diesem Zeitpunkt wird den SuS dämmern, dass die Formulierung „Politik fürs Volk" keine gelungene Gleichsetzung mit *Populismus* darstellt, sondern dass das „Volk" im Bild des Populisten vielmehr dem Zerrbild einer homogenen und für eigene Zwecke vereinnahmten Masse entspricht.

5. Populismus konkret: Trump und Orbán

Der zweite Teil der Erarbeitung besteht nun darin, Müllers Modell tatsächlich anhand von konkreten Reden nachzuweisen. Hierfür wird der Kurs in zwei Gruppen geteilt, die unterschiedliche Vorlagen bekommen: die Inaugurationsrede von Donald Trump vom 20.01.2017 und Viktor Orbáns Rede zur Lage der Nation vom 10. Februar 2017.

Im Anschluss an die Textanalyse finden sich Paare mit unterschiedlichen Texten zusammen, stellen sich ihre Ergebnisse am Beispiel dar und bereiten so die Besprechung im Plenum vor. Als Ergebnis wird deutlich zum Vorschein kommen, dass beide Reden viele der von Müller aufgestellten Merkmale aufweisen, so zum Beispiel das anti-elitäre Element, den Alleinvertretungsanspruch des „Volkes" oder die Verächtlichmachung der politischen Gegner als illegitime Vertreter oder gar Verräter des „Volkes", und somit in Müllers Sinne als eindeutig populistisch zu bezeichnen sind.

6. Wo ist die Trennlinie?

Die anspruchsvolle Vertiefung beschäftigt sich nun mit dem gar nicht so einfachen Auffinden einer Trennlinie zwischen Populismus und „normaler" politischer Auseinandersetzung.

Die SuS werden mit Zitaten ohne Autor konfrontiert, bei denen sie nun selbst beurteilen sollen, ob sie die Aussagen als populistisch empfinden oder nicht. Erst nach der Entscheidung der SuS werden die Autoren aufgedeckt. Alle Zitate stammen aus Aschermittwochsreden des Jahres 2017, nämlich von Martin Schulz (SPD), Katrin Göring-Eckardt (Grüne), Horst Seehofer (CSU), Sarah Wagenknecht (Linke) und Christian Lindner (FDP).

Im Plenum führt dies zur Debatte um die eben genannte Trennlinie. Ein mögliches Ergebnis ist dabei die Erkenntnis, dass populistische Elemente in der politischen Auseinandersetzung immer eine Rolle spielen, dass aber die Konsequenz in den zuvor bearbeiteten Redeausschnitten eine erheblich radikalere ist und vereinzelte populistische Worte bei der spezifischen Redegattung der Aschermittwochs-Rede noch kein geschlossenes Weltbild jenseits der parlamentarisch-repräsentativen Demokratie darstellen.

7. Kein endgültiges Ergebnis, aber mitten in der Tagesaktualität

Den Abschluss der Stunde bildet schließlich eine offene Diskussion im Vier-Ecken-Format. Jede Ecke der Klasse wird mit einer Aussage zum Umgang mit populistischen Thesen besetzt. Die SuS begeben sich in die Ecke, mit deren Aussage sie am ehesten übereinstimmen. Anschließend werden die Aussagen auf Basis der Entscheidungen der SuS beurteilend diskutiert.

Als Abschluss der Stunde wird damit auch deutlich, dass es kein allgemeingültiges Rezept für den Umgang mit Populismus gibt.

Literatur

Kruse, Andreas (2018): Populismus – ein sperriges Schlagwort. Den Begriff definieren und anwenden lernen. In: Volksbund Deutsche Kriegsgräberfürsorge (Hg.): Populismus und Schule. Historisch-politisches Urteilsvermögen und Werteorientierung von Schülerinnen und Schülern in einem populistischen Umfeld (Beispiele Praxis. Unterrichtsideen und Materialien). Seelze, S. 48–53.

Einstieg

Zeitungsüberschriften aus dem Jahr 2017

Flensburger Tageblatt, 28.07.2017: *Populismus im Wahlkampf: Die Angst wählt mit*

Spiegel Online, 23.09.2017: *Bekämpfung von Populismus: Siemens-Chef Kaeser fordert Grundversorgung für das Alter*

Die Welt, 23.09.2017: *Beispiel Lateinamerika: Populismus? Scheitert. Immer!*

Hamburger Abendblatt, 25.07.2017: *Schlechte Bildung macht anfällig für Populismus*

Frankfurter Allgemeine Zeitung, 31.03.2017: *Gastbeitrag zum Populismus: Bedrohte Demokratie*

Arbeitsauftrag (erst nach freien Äußerungen der Lernenden aufdecken)

1. Beurteilen Sie die Verwendung des Begriffs „Populismus" in diesen Zeitungsschlagzeilen.

Vertiefung

Auszüge aus politischen Reden	nicht	etwas	sehr
	populistisch		
a) „Wie kann ich das Leben jedes einzelnen Mannes, jeder einzelnen Frau und vor allen Dingen jedes einzelnen Kindes durch das, was wir tun, und sei es ein noch so kleiner Schritt, jeden Tag ein bisschen besser machen? Das ist, was die Menschen von uns erwarten."			
b) „Über dauerhaftes Wegsperren urteilt aus guten Gründen in Deutschland die Justiz und nicht die Polizei oder Politiker. [...] Wer so mit dem Rechtsstaat umgeht, der kann ihn auch gleich den Feinden der Demokratie zum Fraß vorwerfen."			
c) „Die einzige Polizei, zu der die vereinigte Linke steht, ist die Sprachpolizei, die in unserem Land den Menschen vorschreiben will, was sie sagen dürfen und was nicht. Das ist das Gift der linken Umerzieher, die die Bevölkerung bevormunden wollen und für dumm halten."			
d) „Wenn wir über *Fake News* reden, dann muss es aufhören, dass immer nur über soziale Medien und Facebook geredet wird [...]. Aber das wirklich Schlimme ist doch, dass auch in den sogenannten Qualitätsmedien eben viel zu oft Unwahrheit, Verfälschung und offene Lügen stehen."			
e) „Ich betrachte es als nahezu skandalös: Eine Familie, die lange hier ist, teilweise integriert ist, die deutsch spricht, die Kinder in der Schule und der Vater hat vielleicht schon die Chance auf einen Arbeitsplatz die wird abgeschoben, weil man sie abschieben kann. Aber die Desperados und Kriminellen aus Nordafrika, die werden wir nicht los!"			

Alle Zitate stammen aus Reden zum politischen Aschermittwoch 2017

Arbeitsauftrag

1. Beurteilen Sie die fünf Auszüge aus Reden zum politischen Aschermittwoch 2017 mithilfe der gegebenen Bewertungsskala.

(Auflösung NACH der Bearbeitung: In der Reihenfolge des Abdrucks, (a) Martin Schulz (SPD): https://www.youtube.com/watch?v=rBx0gks-MHA Phoenix; (b) Katrin Göring-Eckardt (Grüne): https://www.youtube.com/watch?v=ERogmm_OlsE; (c) Horst Seehofer (CSU): https://www.youtube.com/watch?v=VAsBGbAvCPE Phoenix; (d) Sarah Wagenknecht (Linke): https://www.youtube.com/watch?v=018loELVS4g; € (e) Christian Lindner (FDP): https://www.youtube.com/watch?v=hE9ryGF37Q4 Phoenix.

Alle Quellen zuletzt aufgerufen am 17.06.2019.

Was ist Populismus?

Der Politologe Jan-Werner Müller hat in seinem gleichnamigen Essay, der 2016 erschien, eine mögliche Definition geliefert.

Populismus [...] ist keine umfangreiche Ideologie [...] wie Sozialismus, Liberalismus oder auch Neoliberalismus und Konservativismus [...]. Aber der Populismus hat eine spezifische und identifizierbare Logik: Populisten sind nicht nur antielitär, sondern grundsätzlich antipluralistisch. Ihr Anspruch lautet stets: Wir – und nur wir – vertreten das wahre Volk. Und ihre Unterscheidungen laufen unweigerlich auf ein moralisches Richtig oder Falsch hinaus; nie allein auf rechts und links. Kein Populismus ohne moralisch aufgeladene Polarisierung. [...] Populisten sind keine Feinde des Prinzips der Repräsentation. Solange sie in der Opposition sind, bestehen sie allerdings darauf, dass das Volk derzeit von den falschen, ja korrupten Eliten repräsentiert wird. Aus Kritik an den falschen Repräsentanten wird dann schnell Fundamentalkritik an demokratischen Institutionen schlechthin. Da die Populisten [nach ihrer Einschätzung] die schweigende Mehrheit vertreten (eigentlich: alle), kann mit den Institutionen etwas nicht in Ordnung sein, da die Populisten sonst ja längst an der Macht wären. [...] [Laut Populisten muss] der klar identifizierbare Wille des Volkes einfach nur umgesetzt werden. [...] Gerade weil es diesen singulären Willen eines homogenen Volkes [aber] nicht gibt, weichen Populisten auf eine eher symbolische Repräsentationsvorstellung aus: Das wahre Volk muss aus der empirischen Gesamtheit der Bürger erst einmal herauspräpariert Anmerkung werden. [...] Populisten spielen dieses symbolisch konstruierte Volk systematisch gegen die bestehenden Institutionen aus. Ihre Vorstellung eines wahren, moralisch reinen

Volkes ist empirisch nicht widerlegbar. Populisten sind keine reine Protest- oder Verweigerungspartei und damit [...] unfähig zu regieren. Sie regieren dann freilich gemäß der inneren Logik des Populismus. Sie und nur sie repräsentieren das wahre Volk; so etwas wie eine legitime Opposition kann es gar nicht geben. Konkret heißt das dann, dass Populisten den Staat vereinnahmen, *checks and balances** schwächen oder gar ganz ausschalten [...] und jegliche Opposition in der Zivilgesellschaft oder den Medien zu diskreditieren suchen. Sie tun dies mithilfe einer expliziten moralischen Selbstrechtfertigung: In einer Demokratie soll das Volk „seinen" Staat in Besitz nehmen; Wohltaten sollen an das einzig wahre Volk gehen und nicht an diejenigen, die gar nicht dazugehören; oppositionelle Stimmen seien das Sprachrohr ausländischer Mächte, was in einer genuinen Demokratie natürlich nicht zulässig sei. [...] Es kommt eben darauf an, dass es Bürger gibt, die bereit sind, für Gerechtigkeit einzustehen und beispielsweise klar zu sagen, dass in einer Demokratie die Parole „Wir sind das Volk" (wie zum Beispiel bei Pegida) in der Tat auf ein „Und ihr gehört nicht dazu" hinausläuft. [...]

(*Jan-Werner Müller: Was ist Populismus? Ein Essay.* © Suhrkamp Verlag Berlin 2016 (gekürzt)
* *institutionelle Kontrollmechanismen für die Regierung*

Arbeitsauftrag

1. Arbeiten Sie zentrale Merkmale des Populismus nach Jan-Werner Müller heraus und sammeln Sie sie in einer Mindmap.

Inauguration Speech von Präsident Donald Trump, 2017

Zu ihrem Amtsantritt halten die US-amerikanischen Präsidenten eine *Rede, hier die von Donald Trump, die er am 20. Januar 2017* in *Washington hielt (in Auszügen):*

[...] Wir, die Bürgerinnen und Bürger der Vereinigten Staaten, kommen nun in einer großen nationalen Anstrengung zusammen, um unser Land wieder aufzubauen und seiner Verheißung für alle seine Bürgerinnen und Bürger erneut Gültigkeit zu verleihen. Die heutige Zeremonie hat allerdings eine ganz besondere Bedeutung. Denn heute übergeben wir die Macht nicht nur von einer Regierung an die nächste, oder von einer Partei an die andere, nein, heute übertragen wir die Macht von Washington D. C. zurück an euch, das amerikanische Volk.

Zu lange hat eine kleine Gruppe in der Hauptstadt unseres Landes die Früchte des Regierens geerntet, während die Bevölkerung die Kosten dafür getragen hat. Washington blühte und gedieh, aber die Bevölkerung bekam von dem Reichtum nichts ab. Politiker profitierten, aber Arbeitsplätze wanderten ab und Fabriken schlossen. Das Establishment schützte sich selbst, aber nicht die Bürgerinnen und Bürger unseres Landes. […]

Das ändert sich nun alles, und es beginnt genau jetzt und genau hier, denn dieser Augenblick ist euer Augenblick, er gehört euch. Er gehört allen, die sich heute hier versammelt haben und allen, die überall in den Vereinigten Staaten zuhören. Es ist euer Tag. Es ist eure Feier. Und dies, die Vereinigten Staaten von Amerika, sind euer Land. Dabei ist nicht wirklich wichtig, welche Partei unsere Regierung lenkt, sondern, ob das Volk die Regierung lenkt. Der 20. Januar 2017 wird als der Tag in Erinnerung bleiben, an dem das Volk wieder zum Herrscher über die Nation wurde. […]

Und wir haben Billionen von Dollar im Ausland ausgegeben, während die amerikanische Infrastruktur baufällig wurde und verfiel. […] Eine Fabrik nach der anderen ließ die Rollläden herunter und wanderte ab, ohne auch nur einen Gedanken an die Millionen und Abermillionen von amerikanischen Arbeitnehmern zu verschwenden, die zurückblieben. Unserer Mittelschicht wurde das Vermögen entrissen und auf der ganzen Welt verteilt. […] Von diesem Tag an wird eine neue Vision unser Land leiten. Von diesem Augenblick an heißt es, Amerika zuerst. Jede Entscheidung über Handel, Steuern, Einwanderung und auswärtige Angelegenheiten wird im Sinne amerikanischer Arbeiternehmer und amerikanischer Familien getroffen werden. Wir müssen unsere Grenzen vor den Verheerungen schützen, die andere Länder anrichten, wenn sie unsere Produkte herstellen, unsere Unternehmen stehlen und unsere Arbeitsplätze vernichten. Die Schutzmaßnahmen werden zu großem Wohlstand und großer Stärke führen. Ich werde mich mit jedem Atemzug für euch einsetzen, und ich werde euch niemals enttäuschen. […] Wir werden zwei einfachen Regeln folgen: Amerikanische Produkte kaufen und amerikanische Arbeitskräfte einstellen. […]Wir werden keine Politiker mehr akzeptieren, die nur reden und nicht handeln, die sich ständig beklagen, aber nichts ändern. Die Zeit für hohle Phrasen ist vorbei. Jetzt kommt die Stunde des Handelns. […] Gemeinsam werden wir Amerika wieder stark machen. Wir werden Amerika wieder wohlhabend machen. Wir werden Amerika wieder stolz machen. Wir werden Amerika wieder sicher machen. Und, ja, gemeinsam werden wir Amerika wieder großartig machen. Vielen Dank, Gott segne Sie, und Gott segne Amerika.

(Amerika Dienst [Donald Trump:] The Inaugural Address, 20.1.2017 (deutsche Übersetzung: https://de.usembassy.gov/de/antrittsrede/ zuletzt aufgerufen am 23.5.2019))

Arbeitsauftrag

1. Überprüfen Sie, inwiefern Ihnen die Rede Donald Trumps nach den Kategorien Jan-Werner Müllers populistisch erscheint.

Rede des ungarischen Ministerpräsidenten Viktor Orban

Jedes Jahr hält der ungarische Ministerpräsident eine Rede zur Lage der Nation, die folgende hielt Viktor Orban am 10. Februar 2017 in Budapest (in Auszügen):

2016 war nicht im Geringsten langweilig [...] Wer hätte vor ein bis zwei Jahren geglaubt, dass sich die Geschichte nicht um Prophezeiungen kümmern und lachend den Propheten der liberalen Politik, den Profiteuren und Verteidigern der herrschenden internationalen Ordnung, den Globalisten und Liberalen, den in Elfenbeinpalästen und Fernsehstudios herumsitzenden einflussreichen Leuten, den lärmenden Armeen der Medien und ihren Besitzern den ausgestreckten Mittelfinger zeigen würde? [...] Mit den Nationen sei es vorbei, sie könnten mit ihren Anhängern ins Museum gehen. Und uns einfachen Bürgern bliebe nur die Möglichkeit, all dies zur Kenntnis zu nehmen und uns damit abzufinden. [...] und uns an den liberalen Geschmack der offenen Welt gewöhnen.

Die Geschichte aber, meine Damen und Herren, hat die Schriften der Neunmalklugen nicht gelesen, nach denen sie, das heißt die Geschichte, an ihrem Ende angekommen sei, [...] Sie hat auf einmal nur die Hand erhoben, Verzeihung, ich bin noch da [...]. Die Nationen haben gegen die Globalisten rebelliert, und die Mittelklasse rebellierte gegen die Führer. Dies bedeutet in [...] der Europäischen Union, [...] die Wähler stehen den Brüsseler Bürokraten gegenüber. [...] Ihre Gedankenpolizei, die politische Korrektheit ist entstanden. Vor einigen Jahren beruhte die Demokratie in der Europäischen Union noch auf Argumenten [...]. Das als offene Gesellschaft bezeichnete neue politische System hat all dies liquidiert. [...] Auf der Ebene der Ideale bedeutet dies, dass die liberale Geistesströmung sich gegen die Idee der Demokratie gewendet hat, das heißt gegen das Ideal der auf Mehrheitsgrundlage, auf Grund des Willens der Mehrheit geschaffenen Gemeinschaft. Auf politischer Ebene bedeute die offene Gesellschaft, dass die tatsächliche Macht, die Entscheidungen und der Einfluss anstatt der gewählten Parlamentsabgeordneten und Regierungen in die Hand der in ein weltumspannendes Netz eingefassten Menschen übergeben und „outgesourct" werden muss, den Mediengurus, den durch niemand gewählten internationalen Organisationen und ihren örtlichen Büros. Zusammenfassend können wir heute, zu Anfang des Jahres 2017 sagen, dass die Herren der globalistischen Politik den Fehler nicht bei sich selbst suchen, sondern vielmehr die Menschen und die Nationen verantwortlich machen. Sie haben entschieden, ihre Truppenstellungen nicht aufzugeben und den gegen die offene Gesellschaft und die liberale Regierung gerichteten Volkswillen zu ersticken. Sie verkündeten, wenn in irgendeinem Land nicht ihre Ideengenossen, wenn nicht die Liberalen die Wahlen gewinnen, dann gibt es dort keine Demokratie mehr. Sie verkündeten, dass das Volk eine Gefahr für die Demokratie darstellt. [...]

(Webseite des ungarischen Ministerpräsidenten: http://www.miniszterelnok.hu/ministerprasident-viktor-orbans-rede~zur-lage-der-nation, zuletzt aufgerufen am 23.5.2019)

Arbeitsauftrag

1. Überprüfen Sie, inwiefern die Rede Viktor Orbans nach den Kategorien Jan-Werner Müllers populistisch erscheint.

Abschlussdiskussion (Vier-Ecken-Methode)

Vier Thesen zum Umgang mit Populismus

These 1: Auf populistische Aussagen sollten das Umfeld bzw. die politische Öffentlichkeit gar nicht reagieren. Durch die öffentliche Debatte erhält der Populismus nur zusätzliche Aufmerksamkeit.

These 2: Populisten sollten konsequent ausgegrenzt und ihre Aussagen attackiert werden. Es muss klar sein, dass man mit diesen Personen nichts gemeinsam haben möchte.

These 3: Nur, indem man mit Populisten das Gespräch sucht, hat man eine Chance, ihre Ansichten zu ändern. Es sollte also der Versuch gemacht werden, sie zu überzeugen.

These 4: Es kann sinnvoll sein, sich mit Populisten zu verbünden und ihre Aussagen zu übernehmen. Auf diese Weise verlieren sie ihr Alleinstellungsmerkmal und somit an Zustimmung.

Arbeitsauftrag

1. Stellen Sie sich in die Ecke mit der Äußerung, der Sie am ehesten zustimmen. Begründen Sie Ihre Wahl in der Diskussion. (Warum habe ich diese Ecke gewählt? Warum nicht die anderen?)

FRIEDRICH HUNEKE

„Deutschland muss leben, und wenn wir sterben müssen!"

Vom Kriegerdenkmal zum Mahnmal

Zielgruppe:	Sekundarstufe I und II
Fach:	Geschichte
Methode:	Text- und Bildanalyse
Zentrale Kompetenz:	Sach- und Werturteilskompetenz
Zeitbedarf:	2 Doppelstunden

1. Einleitung

Die Deutschen, „das einzige Volk der Welt, das sich ein Denkmal der Schande in das Herz seiner Hauptstadt gepflanzt hat": Da sei ein Umlenken in der Erinnerungskultur um 180 Grad notwendig, so wertete Björn Höcke, damals Landesvorsitzender der AfD in Thüringen, im Januar 2017 in einer Rede, die in der breiten Öffentlichkeit Entsetzen auslöste. In der Tat bricht das hier gemeinte „Mahnmal für die ermordeten Juden Europas" in Berlin mit den Traditionen nationaler Sinndeutung der öffentlichen Totenehrung aus dem 19. Jahrhundert. Das Narrativ eines unbeirrten Nationalstolzes, wie es im 19. Jahrhundert entstand, war schon nach dem Ersten Weltkrieg umstritten und nach dem Zweiten Weltkrieg endgültig diskreditiert. Eine Gedenkkultur, die Kämpfer als Helden verehrte und dabei fremde Opfer von Waffengewalt und Terror unbesehen ausgrenzte, wird heute nur noch am rechten Rand der Gesellschaft vertreten. Solche Identitätsangebote scheinen jedoch in Zeiten politischer oder gesellschaftlicher Krisen Konjunktur zu haben, denn sie sind geeignet, von ungelösten Problemen abzulenken. Der Appell an nationale Gefühle schafft ein Gemeinschaftserlebnis, er verspricht durch die Pflege ungebrochener Traditionen Anerkennung und nationale Weihe. Diese wortwörtlich „ein-fache", einseitige Form der Gedenkkultur verlangt weniger intellektuelle Anstrengung als die Auseinandersetzung mit den Erfahrungen von Leid und Schuld, die zum Traditionsbruch geführt hat. Damit sind einseitige, heroisierende Formen der Gedenkkultur als eine Form des Populismus zu klassifizieren, die „einfache", rigide Formen des Heldengedenkens anstelle einer komplexen, gemeinsamen europäischen Erinnerungskultur setzen (Leggewie 2011).

Die erste Krise der Erinnerungskultur war ein Resultat des als sinnlos erlebten Massensterbens im Ersten Weltkrieg. Exemplarisch wird dieser Wandel als Denkmalskonflikt um das zivile Ehrenmal am Rathausmarkt in Hamburg aus dem Jahr 1931 und um das militaristische 76er-Denkmal auf dem Stephansplatz am Dammtorbahnhof von 1936 sichtbar. Kennzeichen der umstrittenen Erinnerung sind der Bruch mit der Tradition des Heldengedenkens, Ikonoklasmus und erneutes Heldengedenken, Rekonstruktion und schließlich kritische Fortschreibung in den Kontexten von Weimarer Republik, Nationalsozialismus und Bundesrepublik.

2. „Heldengedächtnishalle" oder Wohnblöcke für Kriegsbeschädigte und Hinterbliebene?

Nach dem Ersten Weltkrieg plante Hamburg anstelle einer Heldengedächtnishalle Wohnblöcke für Kriegsbeschädigte und Hinterbliebene. Erst 1929 ließ der Oberbaudirektor Fritz Schumacher für den Rathausmarkt ein „Kriegs-Gedenkmal" ausschreiben. Die 148 eingereichten Entwürfe bedienten sich meist einer nur formal modernisierten Symbolsprache der Kriegerdenkmäler des 19. Jahrhunderts: Adler für Mut und Weitblick, Löwen für Stärke und Macht, Reiter und monumentale Soldatenfiguren, eine Rundbogenhalle oder ein Glockenturm. Schumacher und der Senat entschieden sich dagegen für den Entwurf des jungen Architekten Klaus Hoffmann, eine schlichte Tafel von 21 m Höhe, mit der Inschrift: „Vierzigtausend Söhne dieser Stadt ließen ihr Leben für Euch. 1914–1918". Die den Alsterarkaden zugewandte Rückseite sollte von dem Künstler Ernst Barlach um ein Relief ergänzt werden. Es zeigte die 7,5 m hohe Figur einer schwangeren Witwe, die ein Schutz suchendes Mädchen umarmt und leidgeprüft, aber gefasst in die Ferne schaut. Aus konservativen Kreisen kam Kritik an dieser unheroischen Darstellung. So erfolgte die Einweihung nach geheimer (!) Einladung an den Senatsausschuss am 2. August 1931 frühmorgens um 7:45 Uhr auf dem menschenleeren Rathausplatz.

3. „Und ihr habt doch gesiegt!"

Die nationalsozialistische Kulturpolitik setzte sich für ein Gegendenkmal ein, für das ehemalige Mitglieder des Hanseatischen Infanterieregiments Nr. 76 seit 1925 geworben hatten. Als konkretes Ergebnis eines Wettbewerbs unter „reichsdeutschen, arischen Architekten und Bildhauern" wurde am 15. März 1936 das 76er-Denkmal nach dem Entwurf von Richard Kuöhl zwischen Stephansplatz und Dammtorbahnhof eingeweiht, ein sieben Meter hoher Steinquader mit einem Relief von etwa 100 in Viererreihen marschierenden, überlebensgroßen Soldaten mit geschulterten Gewehren und Stahlhelm unter der Aufschrift: „Deutschland muß leben, und wenn wir sterben müssen". Von den über 3.000 Mann des Infanterie-Regiments „Hamburg" Nr. 76, die im August 1914 ins Feld zogen, hatten nur 647 den Ersten Weltkrieg überlebt.

Dagegen verweigerte sich Barlachs Kunst der von den Nationalsozialisten geforderten „rassischen Klärung", und 1937 begannen Schritte, um sein Frauenrelief im Rahmen der von Hitler angeordneten Aktion „Säuberung der Museen von der Verfallskunst" zu beseitigen. Es wurde auf direkte Anweisung des Hamburger Gauleiters Kaufmann ersetzt durch das Relief eines „adlerartigen aus der Asche aufsteigenden Phönix" (Garbe 2003, S. 49) des Hamburger Künstlers Hans Martin Ruwoldt, der den Auftrag nur widerwillig annahm. Die gleichgeschaltete Presse lobte bei der Einweihung am 10.11.1939, der Adler sei „Sinnbild des Wortes, das allen toten Helden gewidmet ist: Und ihr habt doch gesiegt!" (Rhauderwiek 2004, S. 37)

4. Waschkörbeweise Leserbriefproteste

Nach dem Krieg restaurierte der Senat 1949 – gegen waschkörbeweise Leserbriefproteste! – das Barlach-Relief der trauernden Mutter mit Kind. Der alliierte Kontrollrat beschloss im Mai 1946, dass sämtliche Denkmäler mit kriegsverherrlichendem Charakter zu beseitigen seien, und die britische Militärregierung verlangte die Entfernung des 76er-Denkmals. Aber in Hamburg entschied 1946 ein Denkmalrat, nur die Inschrift zu entfernen, und letztlich geschah auch das nicht. In den 1950er Jahren machte der Kalte Krieg das Kriegerdenkmal wieder salonfähig, und der Verein der ehemaligen 76er ergänzte es mit einer Gruftplatte für die Regimentstoten des Zweiten Weltkrieges als Symbol „guten deutschen Soldatentums"; Die im Jahr 1955 neu gegründete Bundeswehr nahm an Ehrenveranstaltungen vor diesem Denkmal teil.

Infolge der Studentenbewegung forderte die Bezirksversammlung Hamburg-Mitte 1972 erstmals, die Inschrift vom Denkmal zu entfernen – zum Entsetzen der lautstark protestierenden Springer-Presse. 1978 feierten Neonazis vor dem Denkmal: „Wir haben bewusst diesen Ort gewählt, um zu dokumentieren, dass diese Helden unser Vorbild sind." Von linker Seite wurde das Denkmal mit Farbbeuteln beworfen und mit Spruchbändern bloßgestellt.

5. Das Gegendenkmal zum Gegendenkmal

1979 schlugen Studierende eines kunstgeschichtlichen Seminars vor, das Denkmal durch eine Umgestaltung und den Bau einer Informationsstätte zu einem Antikriegsdenkmal umzuwidmen. Diesem Ziel schlossen sich weitere Kräfte an. In einer Anti-Kriegs-Woche 1980 und beim evangelischen Kirchentag 1981 wurde die Debatte weitergeführt, aber auch an dem Denkmal gemeißelt. 1982 schrieb der Hamburger Senat einen Wettbewerb zur Umgestaltung aus und entschied schließlich 1983, dem „Kriegsklotz", der ja als Gegendenkmal zu Barlachs trauernder Mutter mit Kind entstanden war, durch ein erneutes Gegendenkmal eine kritische Bewertung zu geben.

Den Auftrag zur kritischen Fortschreibung der Denkmalsmeile am Stephansplatz erhielt der Wiener Künstler Alfred Hrdlicka (1985–86) für seinen Entwurf „Mahnmal gegen den Krieg": Die Bronzeplatte „Hamburger Feuersturm" weist auf die 35.000 Hamburger Todesopfer des Luftkrieges hin („Operation Gomorrha"). Die Marmor-Skulptur „Fluchtgruppe Cap Arcona" ist Häftlingen des Konzentrationslagers Neuengamme in Hamburg gewidmet, welche von SS-Leuten auf der Cap Arcona und weiteren Schiffen ohne Versorgung eingepfercht wurden. Die Alliierten versenkten sie als vermeintliche Truppentransporter. Über 7.000 Häftlinge starben, nur 400 gelang die Flucht. Die Teile „Soldatentod" und „Frauenbild im Faschismus" wurden nicht fertiggestellt. Die Einweihung begann am 8. Mai 1985, vierzig Jahre nach Kriegsende.

Das wohl letzte Kapitel des Hamburger Mahnmalstreits wurde am 24. November 2015 mit der Einweihung eines „Gedenkortes für Deserteure und andere Opfer der NS-Militärjustiz" des Hamburger Künstler Volker Lang geschrieben. An Audiostationen kann der Besucher von Menschen hören, die sich dem menschenfeindlichen NS-System entziehen wollten.

6. Unterrichtsdramaturgie (Transformation)

Die Unterrichtseinheit zielt auf den Wandel der Erinnerungskultur: In welcher Zeit galt ein ungebrochener Nationalstolz als höchster Wert? Wie geschah der Wandel vom Heldengedenken zum Friedensmahnmal? Welche Werte vertritt eine reflektierte, moderne Kultur des Gedenkens und Mahnens heute?

Als Einstieg eignet sich entweder eine lokale Denkmalsdebatte, oder das Zitat aus der Dresdner Rede von Björn Höcke: Die Deutschen seien „das einzige Volk der Welt, das sich ein Denkmal der Schande in das Herz seiner Hauptstadt gepflanzt hat": In der Erinnerungskultur sei ein Umlenken um 180 Grad notwendig. Die anschließende Diskussion thematisiert die Perspektivität des Erinnerns und die Möglichkeit, aus der Geschichte zu lernen. Sie führt zu der Frage, wie eine Kultur des Heldengedenkens und des Nationalstolzes aussah und wie die moderne, kritische Mahnmalkultur entstand, die abschließend zu beurteilen ist.

Die Erarbeitung geschieht in Arbeitsgruppen, die sich jeweils mit einem der Denkmale beschäftigen (Arbeitsblätter) und ihre Ergebnisse in der Reihenfolge der Entstehung der Denkmale vorstellen.

Diese Erarbeitungsphase kann mit Hilfe produktionsorientierter Anregungen auf den Arbeitsblättern wahlweise vertieft werden. Die Schüler können u.a. Leserbriefe oder Gutachten verfassen und Podiumsdiskussionen durchführen, dabei dürfen sie aber keine unzumutbare Perspektive einnehmen.

Die Abschlussdiskussion kann zunächst die Geschichte der Denkmale zusammenfassen. Sodann wird die Gedenkkultur zum eigentlichen Thema des Unterrichtsgesprächs: Welchen Charakter hat das öffentliche Erinnern an den Krieg in den jeweiligen historischen Kontexten? Welche Kräfte setzen sich für einen Wandel der Gedenkkultur zum Mahnmal ein, welche beharren auf dem Kriegerdenkmal, welche ideologischen oder familiären Ursachen könnte das haben? Sollen Denkmale aus der NS-Zeit zerstört werden, oder welche anderen Möglichkeiten gibt es? Kann man auf Mahnmale und ihre Werte der Menschenwürde und der Fähigkeit zum kritischen Geschichtsbild „stolz“ sein?

7. Unterrichtsüberblick (Phasenschema)

1.	Einstieg, Fragen sammeln: Aus welchem Blickwinkel zeigen Denkmale Geschichte? Welche Ursachen hat der Wandel vom Kriegerdenkmal zum kritischen Mahnmal und Gedenkort? Welche Folgen hat es, wenn manche Menschen das kritische Nachdenken über Geschichte ablehnen? Kriegerdenkmale zerstören – oder fortschreiben?	Material: Z. B. das provozierende Zitat: Die Deutschen, „das einzige Volk der Welt, das sich ein Denkmal der Schande in das Herz seiner Hauptstadt gepflanzt hat“: Da sei ein Umlenken in der Erinnerungskultur um 180 Grad notwendig (B. Höcke, AfD, 2016)
2.	Erarbeitung von vier Denkmalen bzw. Gegendenkmalen in arbeitsteiliger Gruppenarbeit	Arbeitsblätter 1 bis 4 zu jeweils einem der vier aufeinander bezogenen Denkmale in Hamburg. Erarbeitung der historischen Thematik und Denkmalanalyse.
3.	Darstellung: Deutung, Einordnung und Vergleich der vier Denkmale	z. B.: Warum lehnte Oberbaudirektor Schumacher 1931 die traditionellen Formen des Kriegerdenkmals ab? Welche Gesellschaftsgruppe zeigt Barlach? Welches Bild vom Krieg wollten die Nationalsozialisten dagegen zeigen? Welches Bild vom Krieg zeigt das 76er-Kriegerdenkmal, welches Hrdlicka, welches das Deserteursdenkmal?

8. Erwartungshorizont

Denkmalsform	Auftraggeber	Ausdrucksmittel	Blickwinkel	Kritik
Kriegerdenkmal	Kriegervereine, NSDAP, Staat	Soldatenfigur, aufsteigender Adler, Eichenlaub, …	Militär, NS-Diktatur, Täter, Heldentod, eine Nation	Verschweigen der Opfer und anderer Nationen, Verherrlichung von Krieg und Tod
Ehrenmal	Gemeinde	Frauen, Kinder, Opfer des Krieges, Zerstörung, Leid durch Gewalt	Soldaten und Zivilbevölkerung	schwieriger Kompromiss zwischen Gedenken an Soldatentod und an zivile Opfer
Mahnmal	Engagierte Bürger, Gemeinde, Staat	individuell, künstlerisch, innovativ	Opfer von Gewalt	Teile der Bevölkerung verweigern sich der kritischen Gedenkkultur

Literatur

Das Hamburger Ehrenmal. Bekenntnisse deutscher Kunstfreunde. Hamburg 1931. (Digitalisat: https://www.deutsche-digitale-bibliothek.de/item/3IAFPAQ44KV6RINVQ77VDMSUN4EJKJQQ – letzter Abruf 16.6.2019)

Gedenkort für Deserteure und andere Opfer der NS-Militärjustiz. Dokumentation des Gestaltungswettbewerbs. Hamburg 2012. (Digitalisat: https://www.hamburg.de/gedenkort-fuer-deserteure/ – letzter Abruf 19.5.2019)

Lange, Günther: Das Mahnmal der 76er. Ill., Hamburg 1997, 2. Aufl. 2001. (Schrift des rechtsorientierten Vereins zur Erhaltung des 76er Denkmals e.V. (Digitalisat)

Leggewie, Claus: Der Kampf um die europäische Erinnerung. Ein Schlachtfeld wird besichtigt. München 2011.

Lersch, Heinrich: Herz! Aufglühe dein Blut. Gedichte im Kriege, Jena 1916. (Digitalisat: https://gutenberg.spiegel.de/buch/herz-aufgluhe-dein-blut-6643/1 – letzter Abruf 16.6.2019)

Rhauderwiek, Antje: Ernst Barlach. Das Hamburger Ehrenmal. Hamburg 2004. (hervorragender, ill. kleiner Katalog, in Kooperation mit Hamburger Kunsthalle u. Ernst Barlach Haus)

Schubert, Dietrich, „Hamburger Feuersturm" und „Fluchtgruppe Cap Arcona". Zu Alfred Hrdlickas „Gegendenkmal", in: Volker Plagemann (Hg.), Kunst im öffentlichen Raum. Hamburg, Junius-Verlag 1997, S. 150–170.

Schumacher, Fritz: Kriegs-Gedenkmal in Hamburg. In: Wettbewerbe. Beilage zur Deutschen Bauzeitung, 28.6.1930. (Digitalisat: https://opacplus.bsb-muenchen.de/metaopac/search?View=default&db=100&id=BV011123658 – letzter Abruf 16.6.2019)

Das Ehrenmal für die Toten des Ersten Weltkrieges auf dem Hamburger Rathausmarkt im Wandel der Zeit (1931)

Das Hamburger Ehrenmal zwischen Rathausmarkt und Alsterarkaden: Höhe 21 m, Architekt Klaus Hoffmann. Inschrift der Rathausseite: „Vierzigtausend Söhne der Stadt liessen ihr Leben für euch. 1914–1918"

Archiv Ernst Barlach Haus, Hamburg

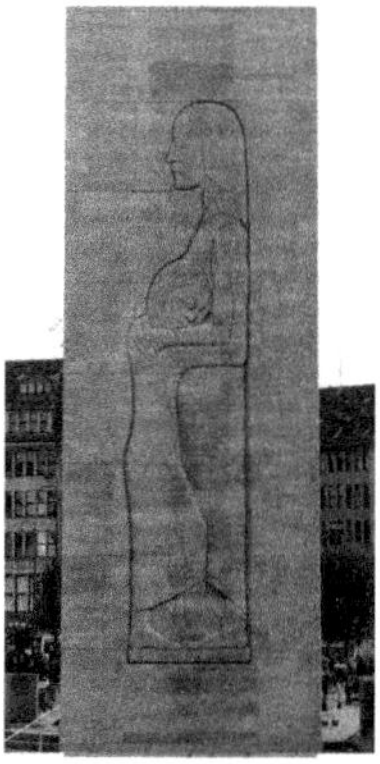

Schwangere Mutter und Kind. Relief von Ernst Barlach, Höhe 7,5 m. Einweihung 1931, Zerstörung 1939, Rekonstruktion 1949.

Foto Friedrich Huneke

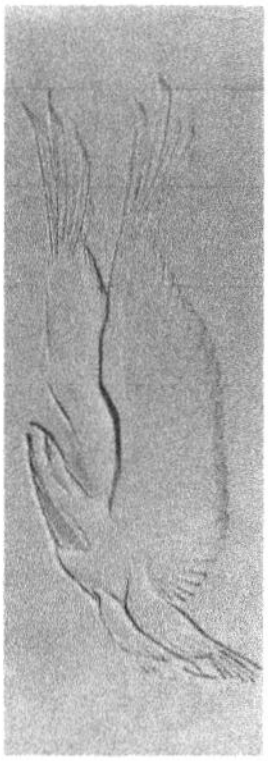

Aufsteigender Adler von Hans Ruwoldt, ersetzte Barlachs „Mutter und Kind" auf Anordnung des Gauleiters Kurt Kaufmann, am 10.11.1939 eingeweiht.

Rhauderwiek (2004), Nr. 28, Archiv Ernst Barlach Haus, Hamburg

Q1 Der Hamburger Oberbaudirektor Fritz Schumacher erläuterte den Plan zum „Kriegs-Gedenkmal", wie er es nannte, 1930:

Es ist kein Obelisk und keine Säule, … sondern es ist eine schlichte, mächtige Tafel, die 21 m hoch in schlanker Masse emporsteigt. …

Man hat diese Schlichtheit phantasielos genannt … Es hat sich gezeigt, dass unserer Zeit die symbolbildende Kraft fehlt, wenn die überlieferten Symbole versagen. … Das Geschehen, das hinter uns liegt, ist so gewaltig, so maßstablos …, dass es überhaupt nicht in eine deutbare Form zu fassen ist. … Es ist deshalb nicht Phantasiearmut, … dass man die Erinnerung an diesen Krieg durch ein abstraktes Mal lebendig halten will …

Ich kann mir vorstellen, dass … auf der anderen Seite Künstlerhand etwas in den Stein gräbt, das hinweist auf den Aufstieg, den wir aus den Trümmern dieses Weltkrieges erstreben, der solche Opfer forderte. ... dass es dadurch belebt und innerlich bereichert wird ... Wenn Barlach auf die zweite Seite des Males in glücklicher Stunde eingegebene, tiefempfundene Zeichen gräbt, so kann ein Werk entstehen, das nicht nur sein „Memento" sagt, sondern auch noch für den Suchenden ein weiteres erhebendes Wort hinzufügt.

(Schumacher, Fritz: Kriegs-Gedenkmal in Hamburg. In: Wettbewerbe. Beilage zur Deutschen Bauzeitung, 28.6.1930, S. 65–73, hier S. 71 f.)

Q2 Nach Aufforderung des Gauleiter-Stellvertreters Georg Ahrens, „das Barlach-Relief ... durch Symbole des Krieges zu ersetzen", schlug die Hochbaudirektion am 15.10.1937 vor:

Das Barlach'sche Relief soll durch Steinplatten ersetzt werden. Vorschlag I: Schwert und Lorbeerzweig / Vorschlag II: Schwert und Kranz mit Wappen / Vorschlag III: Kreuz und Schwert und Kranz."

(Nach: Rhauderwiek, Antje: Ernst Barlach. Das Hamburger Ehrenmal. Verlag Hamburger Kunsthalle 2004, S. 33.)

Aufgaben:

1. Charakterisieren Sie die Reliefs von Barlach und Ruwoldt (Symbole, Perspektive, Aussage).
2. Analysieren Sie die Motive für die Errichtung und den Wandel des Denkmals.

Das 76er-Kriegerdenkmal (1936) – ein Gegendenkmal

„Deutschland muss leben/und wenn wir sterben müssen". Inschrift aus dem Gedicht „Soldatenabschied" von Heinrich Lersch (siehe Q2).

Das 76er-Kriegerdenkmal, zwischen Stephansplatz und Dammtorbahnhof in Hamburg. Entwurf von Richard Kuöhl, 1936. Steinquader, 10,8 x 7 x 4,3 m; Höhe der Soldatenfiguren ca. 2,50 m. – Die monumentalen Soldatenfiguren marschieren auf das Stadttor Hamburgs zu. Kuöhl erklärte, er habe die Ausrüstung und Orden der Soldaten naturgetreu abbilden wollen. Tatsächlich entsprechen die Uniformen aber mehr den 1930er Jahren. An der nördlichen Umfassungsmauer Schrifttafel mit Schlachtorten des Regiments. Dort ergänzte Kuöhl 1958 eine Gruftplatte: „Unseren gefallenen und vermissten Kameraden des zweiten [sic] Weltkrieges 1939 – 1945. Panzergrenadier Regt. 76" (Fotos F. Huneke)

Q3 Bericht von der Einweihung des 76-er-Kriegerdenkmals am 15.3.1936:

Der Ehrentag der 76er: Denkmalsweihe am Stephansplatz. – 18 Jahre lang haben die Angehörigen des … Regiments 76 … den Wunsch gehabt, die Erinnerung an die gefallenen Helden und die Großtaten dieses stolzen und tapferen Regiments durch ein Denkmal im Herzen der Stadt für kommende Geschlechter wachzuhalten.

… Viele Tausende von ehemaligen 76ern marschierten gemeinsam mit Ehrenformationen des Heeres und der Gliederungen der Bewegung [der Nationalsozialisten] auf und erlebten gemeinsam mit einer großen Menschenmenge eine nationale Feierstunde, deren symbolhafte Bedeutung in packenden Reden von führenden Männern von Staat und Partei sowie der alten und jungen Armee lebendigen Ausdruck fand.

Unter den Ehrenformationen waren Stürme der SA, der SS, des NSKK [NS-Kraftfahrerkorps] und der HJ aufmarschiert. … Überall ehrte der Deutsche Gruß die ruhmreichen, zerschlissenen Kampffahnen des Regiments. Das Musikkorps der Fahnenkompanie leitete mit dem Choral „Lobe den Herrn …" zur Ansprache des Präsidenten des Bundes der 76er-Vereine über. … Der Novemberstaat habe kein Verständnis für die Errichtung eines 76er-Males gehabt, weil ihm das Verständnis für Kameradschaft und Treue mangelte, für die das Mal Sinnbild sei. Erst im Staat Adolf Hitlers fanden die alten 76er für die Erfüllung ihres Wunsches freudige Zustimmung aller Stellen …

(In: Hamburger Fremdenblatt, 16.3.1936.)

Q4 Inschrift des Denkmals aus einem Gedicht von Heinrich Lersch (1889 – 1936):

Soldatenabschied
Laß mich gehen, Mutter, laß mich gehen!
All Dein Weinen kann jetzt nichts mehr nützen,
Denn wir gehen das Vaterland zu schützen!
Laß mich gehen, Mutter, laß mich gehen.
Deinen letzten Gruß will ich vom Mund dir küssen:
Deutschland muß leben, und wenn wir sterben müssen!

(In: Lersch, Heinrich: Herz! Aufglühe dein Blut. Gedichte im Kriege, Jena 1916, S. 14 f, sowie ders., Deutschland muss leben. Gedichtsammlung. Jena 1935, 31.–40. Tausend 1940, S. 29.)

Aufgaben:

1. Beschreiben Sie das Kriegerdenkmal (Maße, Kleidung, Anordnung der Figuren, Inschriften).
2. Ordnen Sie das Denkmal in die Zeit nach dem Ersten Weltkrieg 1936 und heute ein (Abb., Q3,4).
3. Vergleichen Sie die Denkmale und ihre Ziele.
4. Wie sollte man heute mit dem 76er-Denkmal umgehen? Schreiben Sie für die Bürgerschaft Hamburgs eine Stellungnahme.

„Mahnmal gegen den Krieg" (1983 – 1986): Ein Gegendenkmal zum Gegendenkmal

„Mahnmal gegen den Krieg" des Wiener Künstlers Alfred Hrdlicka (1985 – 86), 5 x 5,30 x 7,30 m. – 1982 plante der Hamburger Senat neben dem 76er-Denkmal ein Mahnmal zu den Folgen des Zweiten Weltkrieges in Deutschland: Die Bronzeplatte „Hamburger Feuersturm" weist auf die 35.000 Todesopfer des Luftkrieges hin („Operation Gomorrha"). Die Marmor-Skulptur „Fluchtgruppe Cap Arcona" ist Häftlingen des Konzentrationslagers Neuengamme in Hamburg gewidmet, welche von SS-Leuten auf der Cap Arcona und weiteren Schiffen ohne Versorgung eingepfercht wurden. Die Alliierten versenkten sie als mutmaßliche Truppentransporter. Über 7.000 Häftlinge starben, nur 400 gelang die Flucht. Die Teile „Soldatentod" und „Frauenbild im Faschismus" wurden nicht fertiggestellt. Die Einweihung begann am 8. Mai 1985, vierzig Jahre nach Kriegsende. *(Foto li.: Fotograf Christan SW, 2012, GNU; re: F. Huneke)*

Q5 Der Künstler Alfred Hrdlicka erläuterte seine Pläne für ein Gegendenkmal:

Als ich dies [76er-] Denkmal sah, war für mich sofort klar, dass seine Zerstörung eine sinnlose Tat wäre. [...] dieses Denkmal ist schon ein passender Ausdruck für den Geist seiner Zeit. Es ist die Verherrlichung des Krieges. ... bevor ich ein Buch verbrenne, schreibe ich doch lieber ein Gegenbuch. ... Vom faschistischen Standpunkt her gesehen, ist das Hamburger Kriegerdenkmal ... ja ganz richtig gemacht; da rennen Soldaten um den Block – eine einzige Person, tausendmal oder sechsundsiebzigmal gestanzt. Es verkörpert das Technologische, auf das die Nazis immer gepocht haben. ...

Ich will dagegen den Schrecken der Person darstellen, das, was die Leute wirklich erfahren haben. Man geht in Reih und Glied in den Krieg, kommt aber unter Umständen ohne Gliedmaßen zurück. ... Ich will also diesem herrlichen Massenerlebnis die persönliche Getroffenheit entgegensetzen, das, was wirklich geschehen ist.

(Alfred Hrdlicka, Interview Dezember 1983, in: Schubert, Dietrich, „Hamburger Feuersturm" und „Fluchtgruppe Cap Arcona", in: Volker Plagemann (Hg.), Kunst im öffentlichen Raum. Junius Verlag Hamburg 1997, S. 150 – 170, hier S. 155.)

Q6 Der Hamburger Kunsthistoriker Dietrich Schubert deutet:

[Der] Kontrast gründet in Hrdlickas Entscheidung, ein schräges, quasi natürlich unregelmäßiges Marmorstück – im Gegensatz zum Kubus, ja zur Blockgemeinschaft des Nazidenkmals – zu wählen. Diesen Eindruck muss man sich in Hamburg erlaufen, um die Spannung zwischen beiden Denkmälern als „Frage" und „Antwort" ... zu verstehen. ... Das Schicksal der Menschen auf der „Cap Arcona", ihr Entsetzen, ihre Fluchtversuche, ihr tragischer Tod – dies hat Hrdlicka in den Steinblock gemeißelt.

(Schubert, Dietrich, „Hamburger Feuersturm" und „Fluchtgruppe Cap Arcona". Zu Alfred Hrdlickas „Gegendenkmal", in: Volker Plagemann (Hg.), Kunst im öffentlichen Raum. Hamburg, Junius-Verlag 1997, S. 160 f.)

Aufgabe:
Interpretieren Sie das Mahnmal von Hrdlicka als Gegenentwurf zum 76er-Kriegerdenkmal. Achten Sie auf die Formen und Figuren (Kleidung, Haltung, Anordnung als Gruppe, ...).

„Gedenkort für Deserteure und andere Opfer der NS-Militärjustiz" (2015)

„Gedenkort für Deserteure und andere Opfer der NS-Militärjustiz" nach dem Entwurf von Volker Lang im Auftrag der Bürgerschaft der Stadt Hamburg im November 2015 errichtet. Modell mit Lage neben dem 76er-Kriegerdenkmal und Detailfoto. – Das kritische Gedicht „Deutschland 1944" von Helmut Heißenbüttel (1921 – 1996) zitiert Worte von Tätern und Opfern der NS-Zeit. Seine großen Bronzebuchstaben bilden zwei der drei Wände des Denkmals. In den Beton der dritten Wand sind Hörstationen eingebaut, so dass die Besucher das Gedicht und Texte über einzelne Opfer der NS-Militärjustiz hören können.

Broschüre analog und digital: Gedenkort für Deserteure und andere Opfer der NS-Militärjustiz: Dokumentation des Gestaltungswettbewerbs. Freie u Hansestadt Hamburg, vertreten durch die Kulturbehörde (Marie-Luise Tolle), Hamburger Kulturbehörde (Hg.), Hamburg 2014, 61 S. Ill.

Fallbeispiel: Robert Gauweiler (1906 – 1944)

1927: Heirat mit Thea Grossmann

1928 – 1944: in den Ehejahren 7 Kinder

1927 – 1933: mehrfach Strafurteile wegen Tätigkeit für die KPD

1940: Einberufung zur Wehrmacht, Soldat

8.8.1944: Todesurteil wegen „Zersetzung der Wehrkraft". Robert hatte Zweifel am Sinn des Krieges geäußert, Kameraden denunzierten ihn.

2009: Stolpersteinverlegung an der letzten Wohnung in Hannover, Dieterichsstraße 14.

2016: Am „Gedenkort …" in Hamburg erinnern Hörstationen an Opfer der Militärjustiz, eine davon an Robert Gauweiler.

https://deserteure-hannover.de/index.php/robert-gauweiler (Letzter Abruf 17.7.2019)

(Foto: Theo Gauweiler)

Quelle und Bildrechte: Stadt Hannover

Q7 Aus dem Abschiedsbrief des Familienvaters Robert Gauweiler (1906*), wegen „Wehrkraftzersetzung" am 11.12.1944 in Hamburg hingerichtet:

Meine liebe Thea, das Schicksal hat nun über mich entschieden! Heute morgen um 7 Uhr wurde mir durch den Oberstabsrichter mein Todesurteil verlesen. In 2 Stunden ist die Hinrichtung durch Erschießen. Es ist mir noch unfassbar, aber es ist so. … Du brauchst Dich wegen meiner Hinrichtung nicht zu schämen, denn Du weißt wie ich, dass ich kein Verbrecher war, wohl ein Mensch, der eine Überzeugung hatte und nun für diese Überzeugung sterben muss.

(Aus: Gedenkort für Deserteure und andere Opfer der NS-Militärjustiz. Dokumentation des Gestaltungswettbewerbs. Bürgerschaft der Freien und Hansestadt Hamburg 2012, S. 2, sowie Internet https://deserteure-hannover.de/index.php/robert-gauweiler – letzter Abruf 16.6.2019)

Q8 Fraktionsübergreifender Antrag der Bürgerschaft [Hamburgs Landesparlament], Juni 2012:

Wie im Rahmen einer Expertinnen- und Expertenanhörung des Kulturausschusses im April 2012 festgestellt wurde, ist die politische Aufarbeitung der Thematik der Deserteure im Zweiten Weltkrieg und der Opfer der nationalsozialistischen Militärjustiz insgesamt nicht abgeschlossen. Die Geschichte der mit 15 Kriegsgerichten … bedeutenden Hamburger Wehrmachtsjustiz samt ihrer Opfer ist bisher wenig erforscht und in der Öffentlichkeit kaum bekannt. Alle „Fahnenflüchtigen" galten lange Zeit pauschal als „Vaterlandsverräter" und wurden nicht als Opfer des NS-Regimes anerkannt.

Die Expertinnen und Experten der Anhörung waren der Frage nachgegangen, welche Bedeutung ein Deserteursdenkmal haben kann. Dabei wurde herausgestellt, dass Denkmäler grundsätzlich Teil eines Netzes von Erinnerungsdiskursen und vielschichtiger Diskussions- und Partizipationsprozesse sind, die auch der Aufklärung und Reflexion dienen. Denkmäler sind sichtbare Orte inmitten der Städte, die den angesprochenen Gegenstand historisieren.

Die Verwirklichung von Deserteursdenkmälern sollte daher die sehr unterschiedlichen individuellen Motive der Deserteure und anderer Opfergruppen und die damaligen gesellschaftlichen Strukturen berücksichtigen. …

(Aus: Bürgerschaft der Freien und Hansestadt Hamburg, 20. Wahlperiode, Drucksache 20/4467, Neufassung 13.6.2012.)

Aufgabe:

1. Arbeiten Sie aus dem Antrag der Bürgerschaft (Q8) die Argumente Pro und Kontra eines Denkmals für Deserteure heraus.
2. Nehmen Sie aus der Sicht von Nachfahren Robert Gauweilers Stellung zur Errichtung des Denkmals im Jahr 2015.

PETRA HÖXTERMANN

Den Durchblick behalten

Historische Urteilsbildung zum Thema Propaganda

Zielgruppe:	Sekundarstufe II
Fach:	Geschichte
Methode:	Text- und Bildanalyse
Zentrale Kompetenz:	Sach- und Werturteilskompetenz
Zeitbedarf:	2 Doppelstunden

Seit Mitte der 1980er Jahre sind in vielen europäischen Ländern Parteien und Gruppierungen entstanden, die im Sprachgebrauch mit dem Begriff „populistisch" bezeichnet werden (Decker/Lewandowsky 2009, S. 1,4 und 5). Oft erinnert ihr Kommunikationsstil stark an die Hetzpropaganda des so genannten Dritten Reiches – sie bedienen sich ähnlicher Stilformen und - mittel, um ihre Inhalte zu kommunizieren. Der Politologe Jan-Werner Müller kommt zu dem Schluss, dass „der Nationalsozialismus eine Form des Populismus war" (Müller 2017, S. 52). Ist das so? Wenn ja, kann man aus der Geschichte lernen?

Sowohl bei der NS-Propaganda als auch bei der Kommunikation der heutigen Populisten ist es nicht immer ganz leicht, zwischen Problemvereinfachung und bewusster Irreführung zu unterscheiden. Zum Auftrag der Schule gehört es, das Urteilsvermögen der Lernenden zu fördern, beispielsweise indem sie die Mechanismen von politischer Manipulation zu beurteilen und zu bewerten lernen. In dieser Unterrichtsreihe wird die Propaganda der Nationalsozialisten zunächst analysiert und anschließend den Methoden der heutigen Populisten gegenübergestellt.

Vor der Unterrichtsreihe sollten die Grundzüge der Weimarer Republik und der nationalsozialistischen Innenpolitik thematisiert worden sein.

1. Propaganda

Unter dem Begriff „Propaganda" versteht man u.a. die „systematische Verbreitung politischer, weltanschaulicher o.ä. Ideen und Meinungen mit dem Ziel, das allgemeine Bewusstsein in bestimmter Weise zu beeinflussen" (http://duden.de/recht schreibung/Propaganda). Die Nationalsozialisten erkannten das Potential der Propaganda, nicht nur um ihre Ideologie zu verbreiten, sondern um die Bevölkerung zu lenken und zu manipulieren. Am 13. März 1933 wurde zu diesem Zweck das „Reichsministerium für Volksaufklärung und Propaganda" gegründet. Die negative Konnotation des Begriffs „Propaganda" sollte durch das Wort „Aufklärung" positiv umgewertet werden. Das Ministerium war etwas komplett Neues und bediente sich u.a. auch der „neuen" Medien, dazu zählte damals der Rundfunk. Es kontrollierte nicht nur die Informationspolitik, sondern auch große Teile des Kulturlebens und der Unterhaltungsindustrie. Die Hauptaufgaben waren Werbung für die Ziele der Partei, Hetze gegen politische Gegner sowie Gleichschaltung der Presselandschaft. So waren 1944 nur noch rund 17% der Zeitungen im Deutschen Reich in privater Hand (Benz 2000, S. 62). Darüber hinaus „diktierte" eine tägliche Pressekonferenz die Informationen sowie die verbindliche Sprachregelung. Die Propaganda stellte einen Konsens zwischen Regierung und Regierten her.

2. Populismus

Unter Populismus versteht man u.a. „von Opportunismus geprägte, volksnahe, oft demagogische Politik, die das Ziel hat, durch Dramatisierung der politischen Lage die Gunst der Massen (im Hinblick auf Wahlen) zu gewinnen" (http://duden.de/rechtschreibung/Populismus). Weltweit gibt es links- und rechtspopulistische Gruppierungen und Parteien. Für Europa können beispielhaft Parteien wie die polnische PiS, der französische Front National, die österreichische FPÖ oder die deutsche AfD genannt werden.

Auch wenn die einzelnen Parteien unterschiedliche Ziele verfolgen, so ist ihnen doch eins laut Müller gemein: „Sie erscheinen oft demokratisch, obwohl der Populismus an sich nicht demokratisch ist" (Müller 2017, S. 14). Sie treten im Zuge raschen Wandels auf, wenn ganze Bevölkerungsgruppen einen Wert- und Orientierungsverlust erleiden. Dabei kann es sich u.a. um Statusverlust, Zukunftsangst oder politische Entfremdung handeln (Decker/Lewandowsky 2009, S. 1). Darüber hinaus ähnelt sich die Art und Weise der Populisten, wie sie um ihre Wähler werben. Neben den Versprechen von einfachen Lösungen werden Feindbilder konstruiert, Vorurteile geschürt und drastische Formulierungen benutzt.

3. Unterrichtsdramaturgie

Um die erste Stunde zu entlasten, bereiten die Lernenden die Rede von Josef Goebbels (M1) zu Hause vor und kennen die Intention des neuen Ministeriums. Der Einstieg erfolgt über das Wahlplakat für die Volksabstimmung am 19. August 1934 (M2). Es verdeutlicht den Widerspruch zwischen Volkswillen und Manipulation und führt zu den Fragen: *„Wie" und „Warum" funktionierte die NS-Propaganda?*

In einem nächsten Schritt werden die Merkmale der Propaganda analysiert (M3), die Adolf Hitler in seiner Schrift „Mein Kampf" 1925 aufgestellt hat. Nach der Auswertung erfolgt eine Vertiefung anhand konkreter Beispiele. An dieser Stelle könnte eine Binnendifferenzierung stattfinden (M2, M4, M5). Nach der ersten Hälfte der ersten Doppelstunde kennen die Lernenden die Grundsätze der Propaganda, sodass im zweiten Teil der Doppelstunde die Frage nach dem „Warum" thematisiert werden kann. Zuerst stellen die Lernenden Hypothesen auf, auf die im Verlauf des Unterrichts immer wieder zurückgegriffen werden kann. Ein Text von Frank Decker und Marcel Lewandowsky (M6) liefert dann Denkanstöße sowie aktuelle Bezüge und stellt die Verbindung zwischen den 1930er Jahren und der Gegenwart her. Die Autoren vertreten die These, dass Menschen in Umbruchsituationen besonders anfällig für einfache Antworten sind.

Zu Hause fällen die Schülerinnen und Schüler ein Sachurteil. Als hilfreich hat sich das Schema (M7a) erwiesen, in welchem die Lernenden stichwortartige Notizen zu den jeweils zutreffenden Kriterien vornehmen. An dieser Stelle wird das Vorwissen der Lerngruppe aktiviert, sodass Bezüge zur Weimarer Republik sowie zum Nationalsozialismus hergestellt werden können.

In der zweiten Doppelstunde wird nach dem Sachurteil ein Werturteil gefällt. Auch hier kann eine Kriterienvorlage genutzt werden (M7b). Anschließend wird ein Gegenwartsbezug hergestellt. Die Karikatur aus dem Jahr 2014 dient hierbei als Überleitung zwischen dem Nationalsozialismus und dem Populismus heutzutage (M8). Je nach Lerngruppe kann es sinnvoll sein, diese Phase zu Hause vorbereiten zu lassen, indem sich die Schülerinnen und Schüler über rechtspopulistische Parteien informieren (z.B. PiS, Front National, FPÖ oder AfD). Zuerst wird das Wissen gesammelt und gebündelt und kann dann anschließend den Methoden der NS-Propaganda gegenübergestellt werden.

Abschließend fällen die Lernenden ein Werturteil und ziehen auch Konsequenzen für das eigene politische Handeln. Diese Phase kann mit einem Ausschnitt aus der Rede des designierten Bundespräsidenten Frank-Walter Steinmeier am 12.2.2017 eingeleitet werden (M9). Ein Grundpfeiler der Demokratie besteht für ihn in der Notwendigkeit, sich umfassend zu informieren. Nur so könne z.B. zwischen Lüge und Wahrheit unterschieden und Orientierung in der Medienflut hergestellt werden.

4. Verlaufsplan nur mit Arbeitsaufträgen (Doppelstunde)

Phase	Arbeitsaufträge	Material
Hausaufgabe zur Stunde	Arbeiten Sie die Intention der Propaganda heraus, die Goebbels in seiner Rede nennt.	M1
Einstieg	Setzen Sie die Ergebnisse der Hausaufgabe zu dem Wahlplakat in Beziehung.	M2
Erarbeitung I	Entwickeln Sie eine Definition für den Begriff „Propaganda".	M1
Erarbeitung II	Arbeiten Sie die Merkmale der Propaganda heraus.	M3
Vertiefung I	Erläutern Sie die Merkmale der Propaganda.	M2, M4 M5
Erarbeitung III	Nennen Sie Gründe, warum sich Menschen beeinflussen lassen.	M6
Hausaufgabe	Beurteilen Sie die NS-Propaganda. (Informieren Sie sich über eine der folgenden Parteien: AfD, PiS, Front National, ...)	M7

Phase	Arbeitsaufträge	Material
Erarbeitung I	Beurteilen Sie die NS-Propaganda.	M7a
Erarbeitung II	Bewerten Sie die NS-Propaganda.	M7b
Überleitung	Interpretieren Sie die Karikatur.	M8
Erarbeitung III	Nennen Sie die Methoden von rechtspopulistischen Parteien heutzutage.	
Vertiefung I	Vergleichen Sie die Methoden von rechtspopulistischen Parteien heutzutage mit den Methoden der NS-Propaganda.	
Vertiefung II	Nehmen Sie Stellung zu dem Zitat von Frank-Walter Steinmeier und erörtern Sie mögliche Konsequenzen und Handlungsmöglichkeiten.	M9

Literatur

Benz, Wolfgang (2000): Geschichte des Dritten Reiches. München.

Decker, Frank/Lewandowsky, Marcel (2009): Populismus. Erscheinungsformen, Entstehungshintergründe und Folgen eines politischen Phänomens. Bonn.

Heuer, Christian/Pandel, Hans-Jürgen/Schneider, Gerhard (Hg.) (2013): Der Nationalsozialismus. Band 1. Aufstieg und Gleichschaltung. Berlin.

Müller, Jan-Werner (2017): Was ist Populismus? Ein Essay. Berlin.

Schulz, Gerhard (1982): Deutschland seit dem Ersten Weltkrieg 1918–1945. Göttingen.

5. Mögliches Tafelbild/mögliche Ergebnisse:

5.1 NS-Propaganda

Intention:
1. systematische Verbreitung politischer, weltanschaulicher o. ä. Ideen und Meinungen,
2. Ziel, das allgemeine Bewusstsein in bestimmter Weise zu beeinflussen.

Merkmale: volkstümlich, einfach, schlagwortartig, emotional, einnehmend, lenkend.

Beispiele/Prinzipien:
- Aufgrund der Gleichschaltung erstreckt sich die Indoktrination auf das komplette öffentliche und private Leben.
- Auf politischen Plakaten werden die eigenen Vorzüge hervorgehoben; die Regierung und die Regierten verschmelzen angeblich zu einer Einheit.
- Die „Gegner" werden verunglimpft und schlecht gemacht, Vorurteile werden verwendet, einfache Lösungen werden angeboten (Kommunisten, Juden, ...).

Ursachen: Gerade in Umbruchsituationen fühlen sich viele Menschen unsicher (subjektive Einschätzung) und versuchen, Schuldige für ihre Situation zu finden, z.B. hohe Arbeitslosigkeit, ausgelöst durch eine Inflation; Neid auf angeblich „reiche jüdische Nachbarn".

Beurteilung (Sachurteil):
- die Schaffung des Propagandaministeriums war die Basis für eine effiziente und durchdachte Propaganda; es gab kaum andere Möglichkeiten, sich zu informieren.
- die Akzeptanz gegenüber dem Nationalsozialismus war groß;
- die Bevölkerung hat Versprechungen geglaubt und hoffte auf eine Verbesserung der Lage.

Bewertung (Werturteil):
- die Propaganda war von der Regierung gesteuert (keine Gewaltenteilung),
- es gab keine Meinungs- und Pressefreiheit.

5.2 Methoden heutiger Populisten

Gegenwartsbezug/Vergleich: Populisten bedienen sich heute ähnlicher Muster:
- Sündenböcke werden gesucht,
- Vorurteile werden benutzt, sie setzen auf Emotionen und nutzen die Ängste der Zuhörer aus.

Werturteil:
- Anders als in den 30er Jahren, leben wir heute in einer gefestigten Demokratie, die Meinungsfreiheit ertragen kann, in der aber bestimmte Grenzen (Verunglimpfungen, Revisionismus, Grundrechte, ...) nicht überschritten werden dürfen.
- Es gibt heutzutage vielfältige Möglichkeiten, sich zu informieren.

Erkenntnis/Konsequenz: Es ist notwendig, sich umfassend zu informieren:
- um die verschiedenen Perspektiven auseinander zu halten,
- um das Weglassen oder Verschleiern von Wesentlichem zu erkennen,
- um zwischen Lüge und Wahrheit zu unterscheiden.
- Es sollten verschiedene Medien genutzt werden – auch „traditionelle", an professionellen Qualitätsstandards orientierte Medien (Leitmedien).
- Medienkompetenz muss erarbeitet werden, um Orientierung zu geben und Sicherheit für einen politischen Diskurs zu erlangen.

6. Materialteil

M1 Rede vor der Presse über die Errichtung des Reichspropagandaministeriums (15. März 1933)

Am 13. März 1933 wurde das „Reichsministerium für Volksaufklärung und Propaganda" gegründet. Reichsminister wurde der Reichspropagandaleiter der NSDAP und Gauleiter von Groß-Berlin, Dr. Joseph Goebbels. Laut Gesetzestext war der Zweck der „Errichtung" des neuen Ministeriums die „Aufklärung und Propaganda unter der Bevölkerung über die Politik der Reichsregierung und den nationalen Wiederaufbau des deutschen Vaterlandes". Diese umfasste die Informationspolitik, das Kulturleben und die Unterhaltungsindustrie. Täglich fand eine Reichspressekonferenz statt, auf der Informationen und verbindliche Sprachregelungen veröffentlicht wurden. Bis 1944 waren nur noch rund 17 % der Zeitungen in privater Hand. Am 15.3.1933 gab Goebbels seine erste Pressekonferenz.

Ich sehe in der Einrichtung des neuen Ministeriums für Volksaufklärung und Propaganda insofern eine revolutionäre Regierungstat, als die neue Regierung nicht mehr die Absicht hat, das Volk sich selbst zu überlassen. Diese Regierung ist im wahrsten Sinne des Wortes eine Volksregierung. Sie ist aus dem Volke hervorgegangen und wird immer die Vollstreckerin des Volkswillens sein. [...] Wir wollen vielmehr dem Volke geben, was dem Volke gebührt, allerdings in einer anderen Form, als es im demokratischen Parlamentarismus geschah.

[...] So sehe ich die erste Aufgabe des neuen Ministeriums darin, nunmehr eine Gleichschaltung zwischen der Regierung und dem ganzen Volke herzustellen. Ich glaube nicht, daß wir unser Ziel mit einer 52prozentigen parlamentarischen Mehrheit erreicht haben würden. Eine Regierung, die so große, einschneidende Maßnahmen treffen muß wie die unsrige, könnte auf die Dauer im Volke nicht die Rückendeckung finden, deren sie für diese einschneidenden Maßnahmen bedarf, wenn sie sich damit zufriedengeben wollte. Sie muß vielmehr alle propagandistischen Vorbereitungen treffen, um das ganze Volk auf ihre Seite zu ziehen. [...] Es genügt nicht, die Menschen mit unserem Regiment mehr oder weniger auszusöhnen, sie zu bewegen, uns neutral gegenüberzustehen, sondern wir wollen die Menschen so lange bearbeiten, bis sie uns verfallen sind [...].

Denn Propaganda ist nicht Selbstzweck, sondern Mittel zum Zweck. [...] Der Zweck unserer Bewegung war, Menschen zu mobilisieren, Menschen zu organisieren und für die nationalrevolutionäre Idee zu gewinnen. [...] Das neue Ministerium hat keinen anderen Zweck, als die Nation geschlossen hinter die Idee der nationalen Revolution zu stellen. [...] Es muß ferner unsere Aufgabe sein, diesen propagandistischen Einrichtungen einen modernen Impuls einzuhauchen und sie mit der Jetztzeit in Übereinstimmung zu bringen. Es darf der Technik nicht überlassen bleiben, dem Reich voranzulaufen, sondern das Reich muß mit der Technik gehen. Das Modernste ist gerade gut genug. [...]

(Quelle: Rede vor der Presse über die Errichtung des Reichspropagandaministeriums (15. März 1933), in: Joseph Goebbels, Revolution der Deutschen: 14 Jahre Nationalsozialismus. Oldenburg, 1933, S. 135–50.)

M2 Plakat über die Vereinigung der Ämter von Reichskanzler und Reichspräsident, 1934

Nach dem Tod Hindenburgs fand am 19. August 1934 eine Volksabstimmung statt, ob die Ämter von Reichskanzler und Reichspräsident vereint werden sollen. 89,9 % der Wähler stimmten mit „ja".

(Bundesarchiv, Plakat-Signatur: Plak 003-002-042)

M3 Programmschrift „Nach dem Beschränktesten richten"

Grundsätze massenpsychologischer Propaganda aus Hitlers Programmschrift „Mein Kampf", 1925:

Jede Propaganda hat volkstümlich zu sein und ihr geistiges Niveau einzustellen nach der Aufnahmefähigkeit des Beschränktesten unter denen, an die sie sich zu richten gedenkt. Damit wird ihre geistige Höhe um so tiefer zu stellen sein, je größer die zu erfassende Masse der Menschen sein soll. Handelt es sich aber, wie bei der Propaganda für die Durchhaltung eines Krieges, darum, ein ganzes Volk in ihren Wirkungsbereich zu ziehen, so kann die Vorsicht bei der Vermeidung zu hoher geistiger Voraussetzungen gar nicht groß genug sein. Je bescheidener dann ihr wissenschaftlicher Ballast ist, und je mehr sie ausschließlich auf das Fühlen der Masse Rücksicht nimmt, um so durchschlagender der Erfolg. [...] Gerade darin liegt die Kunst der Propaganda, dass sie, die gefühlsmäßige Vorstellungswelt der großen Masse begreifend, in psychologisch richtiger Form den Weg zur Aufmerksamkeit und weiter zum Herzen der breiten Masse findet. [...] Die Aufnahmefähigkeit der großen Masse ist nur sehr beschränkt, das Verständnis klein, dafür jedoch die Vergeßlichkeit groß. Aus diesen Tatsachen heraus hat sich jede wirkungsvolle Propaganda auf nur sehr wenige Punkte zu beschränken und diese schlagwortartig solange zu verwerten, bis auch bestimmt der Letzte unter einem solchen Worte das Gewollte sich vorzustellen vermag. [...] Die breite Masse eines Volkes besteht weder aus Professoren noch aus Diplomaten. Das geringe abstrakte Wissen, das sie besitzt, weist ihre Empfindungen mehr in die Welt des Gefühls. Dort ruht ihre entweder positive oder negative Einstellung. Sie ist nur empfänglich für eine Kraftäußerung in einer dieser beiden Richtungen und niemals für eine zwischen beiden schwebende Halbheit. Ihre gefühlsmäßige Einstellung aber bedingt zugleich ihre außerordentliche Stabilität. Der Glaube ist schwerer zu Erschüttern als das Wissen, Liebe unterliegt weniger dem Wechsel als Achtung, Haß ist dauerhafter als Abneigung, und die Triebkraft zu den gewaltigsten Umwälzungen auf dieser Erde lag zu allen Zeiten weniger in einer die Masse beherrschenden wissenschaftlichen Erkenntnis als in einem sie beseelenden Fanatismus und manchmal in einer sie vorwärtsjagenden Hysterie. Wer die breite Masse gewinnen will, muß den Schlüssel kennen, der das Tor zu ihrem Herzen öffnet. Er heißt nicht Objektivität, also Schwäche, sondern Wille und Kraft.

(Adolf Hitler, Mein Kampf. Zwei Bände in einem Band: 11. Aufl., München 1942, S. 197f und 371.)

M4 Organisation der NS-Propaganda und NS-Kulturpolitik

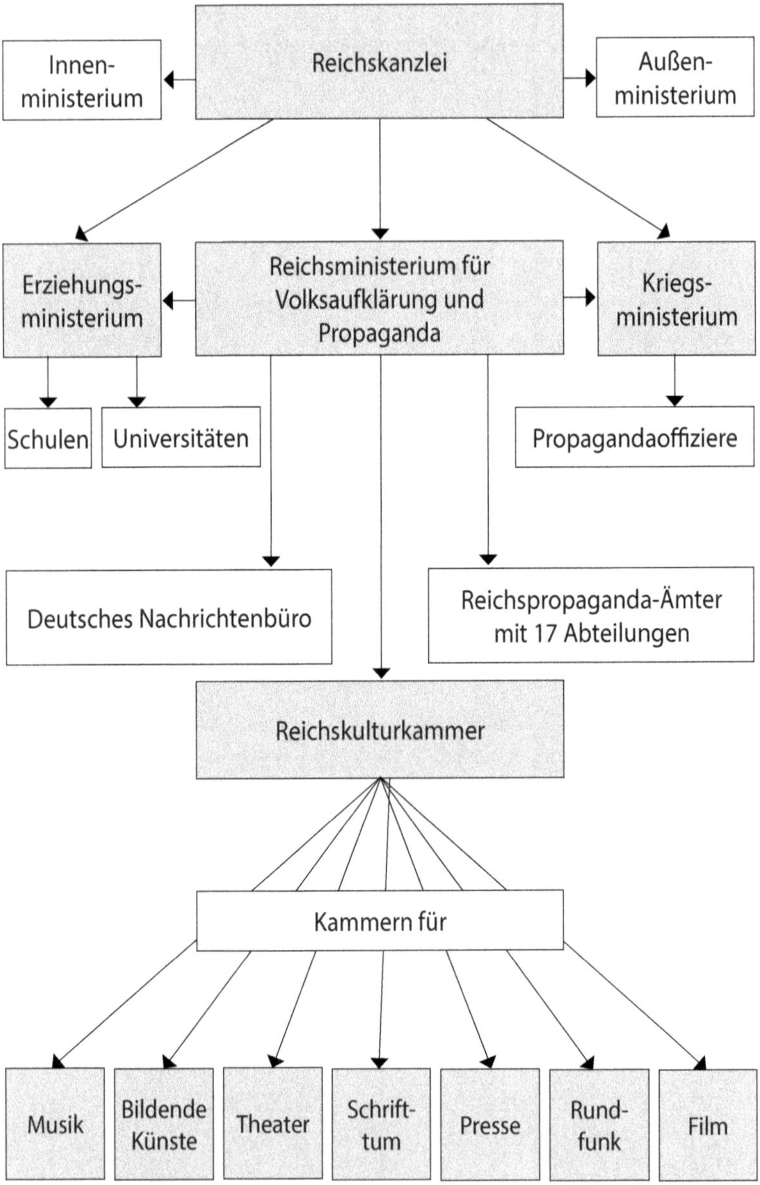

(Grafik nach: Heuer, Christian/Pandel, Hans-Jürgen/Schneider, Gerhard (Hg.): Der Nationalsozialismus. Band 1. Aufstieg und Gleichschaltung. Cornelsen Verlag, Berlin 2013. S. 83.)

M5 Kinderbuch „Der Giftpilz"

„Der Giftpilz – Ein Stürmerbuch für Jung u. Alt" ist ein von Ernst Hiemer geschriebenes antisemitisches Kinderbuch, das 1938 von Julius Streicher im Nürnberger Verlag ‚Der Stürmer' herausgegeben wurde. Das 64 Seiten umfassende Buch enthält neben den Texten, die im Stile der nationalsozialistischen Propaganda geschrieben sind, ebenfalls antisemitische Zeichnungen von Philipp Rupprecht (unter dem Künstlernamen Fips).

„Hier, Kleiner, hast Du etwas ganz Süßes! Aber dafür müsst ihr beide mit mir gehen."

Ein Teufel geht durch unser Land,
der Jude ist's, uns allen bekannt.
Als Menschenmörder und Rassenschänder,
ein Kinderschreck in allen Ländern.

Er will unsere Jugend verderben.
Er will unseres Volkes Sterben.
Habe nichts zu tun mit dem dreckigen Jud,
dann geht es Dir dein Leben lang gut.

(Hiemer, Ernst: Der Giftpilz. Nürnberg. Stürmer-Verlag 1938.)

M6 Sachtext „Appell an die ‚Verlierer'"

Die Politikwissenschaftler Frank Decker und Marcel Lewandowsky von der Uni Bonn sind Verfasser mehrerer Publikationen zum Thema Rechtspopulismus. Der Textauszug stammt aus dem Aufsatz „Populismus. Erscheinungsformen, Entstehungshintergründe und Folgen eines politischen Phänomens" von 2009:

III. Appell an die „Verlierer": Populismus und Modernisierung

Es ist eine Binsenwahrheit[1], dass alle Gesellschaften Entwicklungsprozesse durchmachen, die tiefgreifende Veränderungen mit sich bringen können. Den Übergang

1 eine allgemein bekannte Tatsache

vom alten Zustand in einen neuen bezeichnen wir als Modernisierung. Modernisierungsprozesse bringen strukturelle Veränderungen mit sich: Arbeitsverhältnisse verändern sich, ganze Wirtschaftszweige entfallen, traditionelle Bindungen lösen sich auf. Nicht alle können mit diesen Ereignissen Schritt halten: Möglicherweise fehlt ihnen der Bildungshintergrund, der mangelnde Wille zur Anpassung, oder ihre berufliche Qualifikation wird nicht mehr oder nur zu geringen Löhnen nachgefragt. Dabei muss jedoch nochmals zwischen zwei Gruppen unterschieden werden: Einerseits zwischen jenen, denen durch Modernisierungsprozesse objektiv Nachteile in Form von Armut oder Arbeitslosigkeit entstehen (objektive Deprivation) und solchen, die nicht objektiv betroffen sind, aber Angst vor dem sozialen Abstieg haben oder sich bereits abgestiegen wähnen (subjektive Deprivation).

Populisten zielen in der Regel genau auf diese Gruppen ab. Sie kanalisieren Ängste und Befürchtungen, indem sie komplexe soziale und ökonomische Prozesse auf vermeintlich Verantwortliche reduzieren. Dabei wird nicht nur auf die „untätigen Politiker" abgestellt. Es werden Schuldige für die Krise ausgemacht, indem gezielt gängige Klischees und Vorurteile aufgegriffen werden: So ist die Rede von „zu vielen Ausländern", die „deutsche Arbeitsplätze" für sich einnähmen oder „geldgierigen Managern", die die „Misere" zu verantworten hätten. Dabei werden völlig unterschiedliche Elemente scheinbar plausibel miteinander in Zusammenhang gebracht: Der „deutsche Steuerzahler" muss für „die Asylanten" bezahlen, die „wie die Maden im Speck" lebten und damit den Staatshaushalt schröpften.

Mit der Reduktion von Modernisierungsprozessen auf „Sündenböcke" werden strukturelle Veränderungen personalisiert. Dadurch bieten Populisten einfache Erklärungsmodelle an, die den Unmut derjenigen bedienen, die von diesen Problemen betroffen sind. Abgesehen davon, dass Populismus in dieser Form Wut lediglich kanalisiert, aber keine Lösungen formuliert, ist dieses Vorgehen auch immer politisch bedenklich, weil es dazu tendiert, feindliche Gefühle in der Bevölkerung zu aktivieren und für sich zu nutzen.

Populismus und Modernisierung sind „zwei Seiten einer Medaille". Das bedeutet jedoch nicht, dass dort, wo soziale Umwälzungen stattfinden, auch immer populistische Parteien Erfolg haben müssen. Es heißt lediglich, dass diese Prozesse immer ein Gelegenheitsfenster öffnen, das solche Gruppierungen entstehen lassen und von ihnen genutzt werden kann. […]

(http://www.bpb.de/politik/extremismus/rechtsextremismus/41192/was-ist-rechtspopulismus?p=all. – Letzter Abruf 16.6.2019)

M7 Kriterienkatalog

Historische Urteilsbildung

a) Kriterien für ein Sachurteil (Beurteilen)

Aussagen und Zusammenhänge bestimmen	Historische Kontexte bestimmen
- Stimmen die Sachaussagen? - Werden wichtige Sachaussagen ausgelassen (Vollständigkeit)? - Welcher Standpunkt wird eingenommen? - Wer gewinnt politischen oder wirtschaftlichen Nutzen? - Welche Zusammenhänge werden zwischen den Sachaussagen hergestellt (Deutung als Sachurteil)? - Welche Werturteile liegen in dem historischen Material vor (Bewertungen)? - Halten die Deutungen einer kritischen Überprüfung stand (Logik)?	- historische Ereignisse und Hintergründe - historisch geltendes Recht - historisch vorhandene Wertmaßstäbe

b) Kriterien für ein Werturteil (Stellung nehmen aus heutiger Sicht)

Die Beurteilung eines historischen Geschehens aus heutiger Sicht ist weniger eine historische, als vielmehr eine politisch-ethische Frage.	
Grundrechte und Grundgesetz Freiheit Gleichheit Solidarität Gerechtigkeit	Sicherheit Rechtsstaatlichkeit Demokratie Nachhaltigkeit ...

M8 Karikatur von Marian Kamensky, 9.1.2014

Die Karikatur ist eine Reaktion auf die Debatte – ausgelöst von der CSU – über die vermeintlichen Gefahren der Armutsmigration aus Osteuropa im Januar 2014 und kritisiert, dass das Etikett „Populisten" zur Verharmlosung bestimmter politischer Gruppen beiträgt.

(https://www.toonpool.com/cartoons/Harmlose%20Populisten_215575 – Letzter Abruf 16.6.2019)

M9 Rede „Lasst uns mutig sein"

Erste Rede des designierten Bundespräsidenten Frank-Walter Steinmeier am 12.2.2017:

Wenn wir anderen Mut machen wollen, dann brauchen wir selber welchen. Wir brauchen den Mut zu sagen, was ist. Wir müssen den Anspruch, Fakt und Lüge zu unterscheiden, den müssen wir an uns selbst stellen. Es gilt nicht die Realität zu leugnen, sondern sie zu verbessern. […]

Wir brauchen den Mut einander zuzuhören. Und wir brauchen den Mut, das zu bewahren, was wir haben. Wir leben nicht auf einer Insel der Seligen. Wir sind Teil einer Welt mit Risiken, die gibt es auch bei uns. Aber kaum irgendwo auf der Welt gibt es mehr Chancen als bei uns. Lasst uns mutig sein. Dann ist mir um die Zukunft nicht bange.

(http://www.bundespraesident.de/SharedDocs/Reden/DE/Frank-Walter-Steinmeier/Reden/2017/02/170212-Bundesversammlung.html – Letzter Abruf 16.6.2019)

MARCO WINGERT

„Warum Herr Müller Überstunden machen muss"

Ein Mystery zum Thema Populismus

Zielgruppe:	Sekundarstufe I
Fach:	Politik, Werte und Normen
Methode:	Lernspiel
Zentrale Kompetenz:	Sach- und Werturteilskompetenz
Zeitbedarf:	1 Doppelstunden

1. Einleitung: Populismus und „Neue Medien"

Populismus ist an sich nichts Neues. Schon lange vor den aktuellen Entwicklungen nahmen populistische Politiker und Akteure für sich in Anspruch, als einzige den „Willen des Volkes" zu artikulieren und die vermeintliche „Wahrheit" auszusprechen. Neu sind hingegen Teile des Instrumentariums, das im politischen Raum angewendet wird. Und gerade populistisch agierende Parteien und Personen nutzen hier die ganze Bandbreite an Möglichkeiten zur Verbreitung der eigenen Ansichten. Sie setzen mit großem Erfolg auf eine Mischung aus Misstrauen gegen das Etablierte, diffuse Ängste und das Anprangern von tatsächlichen Missständen. Facebook, Twitter und Co bieten hier sehr gute Möglichkeiten, Meinungen zu bilden und Politik in diesem Sinne zu betreiben.

Im Zusammenhang mit populistischer Politik wird mit vielen Begriffen gearbeitet. „Fake News", Social Bots" und „alternative Fakten" sind nur einige davon. Es braucht schon einen nicht unerheblichen Aufwand und gegebenenfalls eine ganze Menge (Lebens-)Erfahrung, um das Zusammenspiel von lancierten Meldungen, Stimmungsmache und „Filterblasen" zu durchschauen. Nicht sofort ist erkennbar, welche Nachrichten aus seriösen Redaktionen etablierter Medien stammen und bei welchen sich nicht nachvollziehen lässt, wessen Ursprungs sie sind. Das überfordert viele Ältere, die ja noch von den klassischen Medien geprägt wurden. Und das kann Jugendliche überfordern, die zwar „Digital Natives" sind, sich jedoch in einer schnell getakteten Welt von Meldungen und Streams zurechtfinden müssen. An die Stelle unaufmerksamer Leichtgläubigkeit müssen kritische Erwartungshaltung, Reflexion und prüfende Denkroutinen treten.

Vor der genauen Sicht auf die Mechanismen von Sozialen Netzwerken und deren Auswirkungen auf die Politik steht die Erkenntnis, dass nicht allem geglaubt werden kann, was im virtuellen Raum gemeldet und verbreitet wird. Einen Beitrag dazu möchte dieser Unterrichtsvorschlag leisten. Er richtet sich an Schülerinnen und Schüler der Klassenstufen 7 und 8. Im Zuge der Erarbeitung wurde das Modul mehrfach im Unterricht an einer Haupt- und Realschule erprobt.

2. Die Ausgangfrage

Eigentlich ist es eine ganz alltägliche Geschichte, die sich überall abspielen könnte: Ein Großvater soll erstmals seinen Enkel von der Schule abholen. Das Gewirr bei Schulschluss verunsichert den älteren Herren jedoch und er spricht versehentlich aus dem Auto heraus statt seines Enkels einen anderen Jungen an. Der wiederum entfernt sich irritiert vom Fahrzeug des Mannes. In den meisten Fällen hätte diese Begegnung keine Folgen oder hätte sich schnell als Missverständnis aufklären lassen. In der dem Unterrichtsvorschlag zugrunde liegenden Geschichte beobachtet jedoch eine junge Frau das Geschehen und zieht ihre eigenen Schlüsse daraus. Statt sich um Aufklärung zu bemühen oder offizielle Stellen zu kontaktieren, setzt sie einen kurzen Post in einem sozialen Netzwerk ab.

An anderer Stelle wartet Manuela auf ihren Vater, der sie zum Fußballtraining abholen soll. Das Mädchen ist sauer, denn ihr Vater verspätet sich und alleine darf sie das Schulgelände nicht verlassen. Zudem haben nur im Vorwege autorisierte Personen die Möglichkeit, die Kinder von der Schule abzuholen. Das Ganze scheint im Zusammenhang mit Meldungen über vermeintliche oder tatsächliche Belästigungen von Kindern zu stehen.

Wiederum in einer anderen Ortschaft versieht der Polizist Horst Müller seinen Dienst. Der erfahrene Beamte muss Überstunden machen, um die örtliche Grundschule im Blick zu behalten. Warum er diese Aufgabe erhält und warum in dem Moment an anderer Stelle Polizeikräfte fehlen und inwiefern dies mit den Geschichten der anderen beiden Personen zu tun hat – das sollen die Schülerinnen und Schüler während der Bearbeitungsphase klären.

Die dem Mystery zugrunde liegende Geschichte ist bewusst einfach und nah an der Lebensrealität der Schülerinnen und Schüler gehalten. Inspiriert wurde der Autor von Vorkommnissen, die sich ähnlich in seinem Umfeld abgespielt hat.

3. Die Methode: Das Mystery

Für die Bearbeitung der Aufgabe sieht der Unterrichtsvorschlag die Methode des „Mysterys" vor. Diese bietet eine ganze Reihe von Vorteilen. Im Grundsatz ist ein Mystery eine Denkspielaufgabe. Detektiven gleich spüren Schülerinnen und Schüler Zusammenhängen nach, stellen Verbindungen her und verknüpfen Aspekte, die auf den ersten Blick gar nicht zusammen gehören. Nach Möglichkeit setzen Mysteries in der Welt der Kinder oder Jugendlichen an, sie bleiben nah an deren Lebenswirklichkeit. Sie fördern das vernetzte Denken sowie die Fähigkeit zur Systematisierung und des kritischen Denkens.

Es ist das Ziel dieses Mystery, den Lernenden spielerisch die Erfahrung zu vermitteln, wie aus unsicheren Beobachtungen und deren fahrlässiger Weitergabe in sozialen Medien Ängste und Verdächtigungen entstehen, die zu falschen Urteilen führen und Vorurteile verbreiten. Dabei bietet die Ausgangssituation der Überstunden des Polizisten und Sympathieträgers Herr Müller nur den unkonventionellen Einstieg in die Geschichte (vgl. Rendel 2014.). Die Perspektivübernahme der Spieler leitet sie zur Aufdeckung der Situation.

Die Methode des Mysterys ist leicht auf neue Situationen anzuwenden. Benötigt wird eine Ausgangsgeschichte, dazu drei in einem Zusammenhang stehende Personen. Die benötigten Informationen stehen auf Kärtchen, die gelesen, ausgewertet und in Beziehung zueinander gebracht werden müssen. So erwartet Schülerinnen und Schüler ein aktiver, kreativer und kommunikativer Unterricht.

3.1 Wozu dient die Methode?

In der methodischen Umsetzung des Mysterys sollte darauf geachtet werden, dass zunächst kleine Teilzusammenhänge dargestellt werden, anschließend erst sollten die Schülerinnen und Schüler die nächste Ebene ins Auge fassen. Denn das raumbezogene Systemdenken muss auf verschiedenen Ebenen erfolgen und deren jeweiliger Komplexitätsstufe muss Rechnung getragen werden (Hofmann-Schneller 2001, S. 512).

Was sollen die Schülerinnen und Schüler nun genau mit den Kärtchen und den darauf vermerkten Informationen tun? Der Anfang ist schnell gemacht, wenn einzelne Kärtchen im Fließschema aneinandergereiht werden. Im Zuge der weiteren Bearbeitung nehmen die Lernenden die Informationen anschließend wieder auf und bringen sie in eine von ihnen gewählte Reihenfolge. Weitere Kärtchen folgen und werden spielerisch zugeordnet. So wird das Beziehungsgeflecht aufgedeckt, das am Ende eine Antwort auf die Ausgangsfrage nach Herrn Müller und seinen Überstunden gibt.

Dabei ist wichtig: Es gibt nicht die eine richtige Antwort! Aus der Bearbeitungsphase können die Schülerinnen und Schüler mit durchaus unterschiedlichen Lösungen hervorgehen. Im Vordergrund steht beim Mystery das Nachdenken über die Thematik und die anschließende Diskussion.

Um bei der Bearbeitung der Informationen zum Ziel zu kommen, können Schülerinnen und Schüler aus verschiedenen Darstellungsweisen wählen, die sie bis dahin gelernt haben, wie z.B. Mindmap, Tabelle oder Flussdiagramm.

3.2 Die praktische Umsetzung

Je komplexer das zu behandelnde Thema ist, desto wichtiger ist bei der Mystery-Methode eine Einleitung. Für diesen Unterrichtsvorschlag wäre es vorteilhaft, wenn sich die Schülerinnen und Schüler schon einmal Gedanken gemacht hätten zu Sozialen Netzwerken und den von diesen transportierten wirklichen oder gefühlten „Wahrheiten".

In der konkreten Unterrichtseinheit steht die Ausgangsgeschichte am Anfang, gefolgt von der Leitfrage. Anschließend können die Lernenden schon einmal spekulieren. In der Folge werden Aufgabenstellung, Ziel und Art der Präsentation genannt. Auch zeitliche Vorgaben sollten geklärt sein. In den Testläufen hat sich eine Durchführungsphase von 30 bis 45 Minuten bewährt.

Anschließend gehen Kleingruppen an die Bearbeitung. Hier gilt es nicht nur, eine Struktur zu finden. Auch zusätzliche Recherche kann notwendig sein. Am Ende verständigt sich die Gruppe auf eine Geschichte und die Präsentation.

3.3 Ergebnisse/die Nachbereitung

Schülerinnen und Schüler können bei der Bearbeitung des Mysterys zu ganz unterschiedlichen Ergebnissen kommen. Das ist durchaus so beabsichtigt. Grundsätzlich sollte die anleitende Person nicht versuchen, ein bestimmtes „richtiges" Ergebnis herbeizuführen. Sie sollte nur kritische Nachfragen anregen, wenn unkritisch Verdächtigungen bis zum Schluss im Raum stehen bleiben. Die Jugendlichen sollen untereinander aushandeln und kritisch argumentieren, welche Ereigniskette für sie sinnvoll und logisch begründet ist. Der Charme der Methode liegt unter anderem darin, mit der gesamten Klasse die unterschiedlichen Ergebnisse zu teilen und zu diskutieren.

Die von den Schülerinnen und Schülern konstruierten Geschichten sowie die von ihnen gewählten Herangehensweisen können den Auftakt zur weitergehenden Beschäftigung mit dem Thema bieten. Im Falle von „Warum muss Herr Müller Überstunden machen?" kann es nun darum gehen, tiefer in die Materie von Sozialen Netzwerken, Meinungsbeeinflussung, „Fake News", „alternativen Fakten" etc. einzusteigen.

Literatur

Rendel, Andrea (2014): Dem Rätsel auf der Spur. In Praxis Geographie 04/2014, S. 16ff.

Hofmann—Schneller, Maria (2001): Vernetztes Denken. In: Sitte, W. & Wohlschlägl, H. (Hg.): Beiträge zur Didaktik des „Geographie und Wirtschaftskunde"-Unterrichts. Wien, S. 508–517.

Materialteil:

Mystery 1

Sportverein Aurich: „Fußballtraining unserer D-Jugend-Mädchen ist montags und donnerstags um 14 Uhr. Punktspiele finden in der Regel am Sonntagvormittag statt. Solltet ihr nicht zum Training kommen können, meldet euch bitte ab. Wer unentschuldigt fehlt, wird nicht in der Startaufstellung für das Punktspiel stehen!"

Mystery 2

Auf der Homepage der Partei „Für neue Politik-FnP": „Fast jeden Tag gibt es neue Meldungen darüber, dass sich Leute an unseren Kindern vergreifen. Doch die Zeitungen schreiben nicht darüber. Wir sind auf Meldungen aus der anständigen Bevölkerung angewiesen."

Mystery 3

Gruppe „Vorsicht in Oldenburg" auf facebook:
Gerd Schn12: „hey, Feuerwehr hat alles dicht gemacht auf der Hauptstraße"
Galina Klein: „passt auf! gestern haben Ausländer meine Freundin am Markt blöd angequatscht!"
petramausi74: „omg … gerade hat ein Mann versucht ein Kind ins Auto zu bekommen!!!"

Mystery 4

Eintrag im Dienstbuch des Polizeireviers Osnabrück: „Aufgrund der vielen Anrufe besorgter Eltern sind ver stärkt Streifen im Bereich der Schulen eingesetzt. Die angespannte Personalsituation führt zu weiteren Über stunden."

Mystery 5

Petra aus Oldenburg: Petra arbeitet bei einem Kurierdienst und muss schon früh morgens bei der Arbeit sein. Auf der Fahrt mit dem Bus kümmert sie sich um ihre Profile in sozialen Netz werken. So ist sie beispielsweise Mitglied in einer ganzen Reihe von Facebook-Gruppen.

Mystery 6

In Aurich: Manuela ist genervt. Alle anderen sind schon auf dem Weg nach Hause. Nur sie muss nach der Schule noch auf ihren Vater warten. Klassenkameradin Luisa winkt ihr zum Abschied zu.

Mystery 7

Einige von Petras Facebook Gruppen:
„Gesucht – gefunden in Oldenburg"
„Vorsicht in Oldenburg"
„Tiere in Not"
„Mit uns nicht!"

Mystery 8

Aus der Schul- und Hausordnung der Helmut Schmidt-Oberschule in Aurich: „Schülerinnen und Schüler dürfen nur von den Erziehungsberechtigten oder angemeldeten Personen abgeholt werden. Für Ausnahmen müssen schriftliche Erklärungen vorgelegt werden."

Mystery 9

In Osnabrück: Um 12.04 Uhr krachen zwei Autos an einer Kreuzung in einander. Ein Fahrer verletzt sich, die Fahrerin des an deren Autos ruft die Polizei an. Der Beamte in der Not rufzentrale sagt, es könne schon etwas dauern, bis ein Polizist zum Unfallort kommen kann.

Mystery 10

In Aurich: ein Telefongespräch von Manuelas Tante mit einer Freundin:
„Nein, Dörte, ich darf Manuela nicht einfach mitnehmen, Tante hin oder her."
„Aber sie steht schon eine Ewigkeit am Schulzaun und wartet."
„Nee, das würde nur Ärger geben. Da gab es wohl so Vorfälle, wo Leute Kinder einfach mitnehmen wollten."

Mystery 11

Schreiben einer Mutter an die Helmut-Schmidt Oberschule Aurich: „Hiermit erlaube ich meinem Vater Heinrich Wilkensberg, seine Enkelin Luisa am 28. Februar von der Schule abzuholen."

Mystery 12

Anzeige des Vereins „Schau hin und mach was! e. V.": „Missbrauch, Gewalt und Belästigungen sind oft erst auf den zweiten Blick erkennbar und können verhindert werden. Deshalb: Schau hin und mach was!"

Mystery 13

Stundenplan der 5 a der Helmut-Schmidt Oberschule Aurich:
1. Stunde: Deutsch
2. Stunde: Mathe
3./4. Stunde: Sport
5. Stunde: Religion
6. Stunde: Sachunterricht

Mystery 14

In Oldenburg:
Petra steht an einem Kiosk und schaut zur Astrid Lindgren-Grundschule. In einem Auto sitzt ein Mann und spricht durch das offene Fenster einen Jungen an. Der wirkt eingeschüchtert, schüttelt den Kopf und läuft davon.

Mystery 15

In Osnabrück: Horst Müller sitzt im Streifenwagen. Er schüttet sich aus einer Thermoskanne Kaffee in einen Becher und behält das Schulzentrum Nord im Blick.

Mystery 16

Kommentare zum Post von petramausi74:
Jürgen Kunze: „wo denn? meine beiden sind gerade unterwegs. fahre schnell mal los!"
JuMa Me: „Beschreibung? Und ab zur Polizei!

Mstery 17

Auf der Homepage der Stadt Osnabrück: „Derzeit sammeln mehrere Initiativen und viele Privatleute Unterschriften. Es geht um das Bürgerbegehren ‚Osnabrück sicher machen'. Hauptforderung ist, die Umgebung von Schulen durch Polizisten oder Wachdienste überwachen zu lassen."

Mystery 18

In Oldenburg: Ein Großvater ist aufgeregt, denn zum ersten Mal soll er seinen Enkel von der Schule abholen. Er ist unsicher. Die Kinder scheinen alle gleich auszusehen. „Das dort müsste Malte sein", denkt er.

Mystery 19

Manuela aus Aurich: Manuela ist elf Jahre alt und geht in die 5. Klasse der Helmut-Schmidt-Oberschule in Aurich. Ihre Eltern sind seit dem vergangenen Jahr getrennt. Manuela geht zwei Mal in der Woche zum Fußball-Training. Neben Computerspielen ist das ihr großes Hobby.

Mystery 20

Protokoll des Schulelternrats der Grundschule Osnabrück:
„... Frau Schneider verwies auf ‚viele Berichte' über Belästigungen von Schülern auf dem Schulweg. Sie forderte, eine Art ‚Eltern-Bürgerwehr' solle die Schulwege überwachen. Belege für die angeblichen Belästigungen konnte sie nicht bringen."

Mystery 21

In Aurich: Manuelas Vater kommt und kommt nicht, obwohl das Mädchen schon seit über einer halben Stunde an der Schule wartet. Wütend kickt sie gegen ihren Turnbeutel.

Mystery 22

Aus der Zeitung „Osnabrücker Stimme": „Für viel Unruhe unter den Eltern sorgen derzeit Berichte über angebliche Versuche, Schulkinder in der Region zu belästigen. Die Beweislage ist dünn, die Aufregung groß und Polizei sowie Schule sind um Sachlichkeit bemüht."

Mystery 23

Horst Müller: Der Kommissar arbeitet schon seit über 30 Jahren bei der Polizei. Im Mittelpunkt stehen für ihn stets die Menschen. Nach dem Dienst geht es in sein Einfamilienhaus, wo seine Frau und die beiden Töchter Marie (19) und Emilia (16) warten.

Mystery 24

Spiel-Anleitung:

- Lest die Karten zunächst genau durch.
- Achtet auf Orts- und Personennamen.
- Besprecht, wie die einzelnen Karten zusammenhängen könnten.
- Versucht, sie in eine Ordnung zu bringen.
- Gestaltet ein Plakat, das anhand der Karten eine mögliche Geschichte darstellt.
- Beantwortet die Frage, warum Herr Müller Überstunden machen musste.

MARIE KELB

Populisten erzählen den Jeanne d'Arc-Mythos

Zielgruppe:	Sekundarstufe II
Fach:	Geschichte
Methode:	Text- und Bildanalyse
Zentrale Kompetenz:	Sach- und Werturteilskompetenz
Zeitbedarf:	2 Doppelstunden

1. Einleitung

Dank seiner „hervorragenden Mischung von Helden- und Opfertum, von Erlösermythos und Rebellion" wurde der Mythos der Jeanne d'Arc (um 1412 – 30.5.1431), auch Johanna von Orléans genannt, als Ausnahmefall bezeichnet (Rieger 2005, 178). In Frankreich nutzten unterschiedliche Parteien, Institutionen und Medien diese außergewöhnliche Figur in vielfältiger Art und Weise. Hochkonjunktur hatte der Mythos im 19. Jahrhundert, als verschiedenste Strömungen des Nationalismus Jeanne d'Arc für ihre Zwecke vereinnahmten (Winock 2005, 373). Dies lässt sich auch dadurch erklären, dass die Taten der Jeanne d'Arc als ein „Handeln, das die nationale Identität erst wirklich geschaffen hat und ein unzerreißbares Band zwischen Vergangenheit, Gegenwart und Zukunft der Nation stiftete" (Schubert 2004, 196), gesehen werden können und der Mythos damit für die Nationalstaatsbildung in Frankreich eine prominente Rolle einnimmt.

Auch zu Zeiten eines Wahlkampfes im 21. Jahrhundert bedienen sich Populisten gern bei der Nationalgeschichte und nationalen Mythenvielfalt des jeweiligen Landes, um diese für Wahlwerbung und Selbstinszenierung zu nutzen. Diese Nutzung von Geschichte gilt es zu erkennen und kritisch dekonstruieren zu können. Dabei sollten Schülerinnen und Schüler befähigt werden, Argumentationslinien zu durchschauen und durchbrechen zu können, sowie die Ziele und Intentionen dieser Nutzung zu verstehen um zu einer eigenen Sinn- und Urteilsbildung zu gelangen. Die folgende Unterrichtsstunde hat zum Ziel, diese Kompetenzen weiter zu entwickeln.

Das Thema Mythen findet in letzter Zeit vermehrt Einzug in den Schulunterricht. Der Luthermythos war im Lutherjahr 2017 Thema im niedersächsischen Zentralabitur. Im Kerncurriculum sind Mythen und deren kritische Analyse fest verankert (Kerncurriculum Gymnasium Niedersachsen 2017, 49).

2. Der Mythos der Jeanne d'Arc

Der Mythos rankt sich um die Geschichte eines jungen Bauernmädchens aus dem Ort Domrémy im ehemaligen Herzogtum Lothringen. Die Lebensgeschichte des Mädchens Jeanne ist eingebettet in den historischen Kontext des Hundertjährigen Krieges zwischen Frankreich und England in den Jahren von 1339 bis 1453 (Trom 1998, 136). Mit 13 Jahren begann Jeanne laut eigener Aussage Stimmen zu hören, die ihr befahlen, sich im Krieg zu engagieren und Frankreich zu befreien. Da ihre Zeitgenossen im katholischen Frankreich der Überzeugung waren, Gott wirke permanent in die menschliche Existenz hinein, war sie wohl nicht die einzige „Seherin ihrer Zeit" (vgl.: Krumeich 2006, 21).

Jeannes Stimmen wurden im Jahr 1428 drängender. Sie suchte, nachdem sie ein Empfehlungsschreiben des Adligen Robert de Baudricourt erhalten hatte, den Thronerben Frankreichs, den späteren Karl VII., auf, um ihre Hilfe bei der Schlacht gegen die Engländer anzubieten. Diese hatten bereits große Teile des nördlichen Frankreichs besetzt. Jeanne versprach, ihm bei der Übernahme des Throns behilflich zu sein. Im April 1429 begleitete sie einen Proviantzug in die Stadt Orléans. Ihr Ankommen unterstützte den Kampfgeist der Soldaten, die daraufhin einen Ausfall wagten. Jeanne kämpfte dabei an ihrer Seite. Die feindlichen Besatzer zogen ab und bis Mitte des Jahres war der Norden befreit.

Im Juli 1419 zog sie nach Reims, wo sich der Dauphin zum König salben lassen wollte. Hier erwartete sie ein euphorischer Empfang (ebd., 57). Bereits zu ihren Lebzeiten war Jeanne als Identifikationsfigur beim Volk sehr beliebt. Gerd Krumeich spricht daher von „grundlegenden Übereinstimmungen [Jeannes] mit dem Glauben des einfachen Volkes" (ebd., 60).

Bei einem Versuch, Paris aus der Hand der Engländer zu befreien, wurde Jeanne verhaftet. In einem Ketzerprozess, bei dem sie auch selbst aussagte, verurteilte man sie zum Tode durch Verbrennen. Nach ihrem Tod im Mai 1431 galt sie zunächst für die Kirche als Ketzerin, wurde aber 1919/20 heiliggesprochen.

Es ist hervorzuheben, dass sich, wie auch Gerd Krumeich betont, immer wieder nicht belegte Überzeugungen einzelner Wissenschaftler, Glaube und Vermutungen in den wissenschaftlichen Diskurs um die sogenannte „Jungfrau von Orléans" einmischen (ebd., 6). Dies schreibt Krumeich unter anderem den Bemühungen zu, das damalige Weltbild, das eben auch Vorkommnisse wie das Hören von Stimmen und das Eingreifen höherer Mächte in das Weltgeschehen beinhaltete, zu rekonstruieren. Hinzu komme außerdem der „Glaube und die Emotionen" des Historikers (ebd., 7). Ein Umstand, der die Wirkungsmacht von Jeannes Geschichte erneut hervorhebt.

3. Rezeption des Mythos

Bei der Rezeption des Mythos lassen sich verschiedene Phasen unterscheiden. Jeanne d'Arc hatte bereits zu Lebzeiten eine hohe Popularität, wurde beispielsweise im 15. Jahrhundert in der Dichtung verherrlicht, allerdings auch teils kritisch, etwa als „reines Werkzeug des französischen Königshofes" betrachtet (Winock 2005, 369). Auch ihre göttliche Mission wurde in Frage gestellt und ihre Jungfräulichkeit angezweifelt (ebd., 369). Im 16., 17. und 18. Jahrhundert war der Mythos weniger präsent als im 19. und 20. Jahrhundert. Von einer Zeit des Vergessens, wie Winock sie anspricht (ebd., 368ff), kann man angesichts der fortdauernden Präsenz im kollektiven Gedächtnis sowie der literarischen Auseinandersetzung mit der Figur dagegen nicht unbedingt ausgehen.

Die Persistenz des Mythos liegt sicherlich auch daran, dass Jeanne d'Arc an konkreten Orten, von „Domrémy, über Orléans und Reims bis Rouen" verehrt werden konnte (Schubert 2004, 195). Neben kleineren Feiern an diesen Orten findet seit Januar 1920 jedes Jahr am 30. Mai das offizielle Fest der Jeanne d'Arc an verschiedenen Orten in Frankreich, besonders aber an ihren Wirkungsstätten, statt (vgl.: Winock 2005, 399f).

Die Geschichten, die über das Mädchen aus Domrémy erzählt werden, waren rasch Teil der Gründungsmythen Frankreichs und dies entgrenzte den entstehenden Mythos sowohl räumlich als auch temporal (vgl.: Rieger 2005, 180f). Seit der Mitte des 15. Jahrhunderts wurde der Mythos immer wieder für unterschiedlichste politische Zwecke vereinnahmt und seit Ende der 1970er Jahre wird er für populistische und nationalistische Rhetorik wiederbelebt (vgl: Winock 2005, 406 f.). Gerade durch ihre mythischen, teils verworrenen Elemente bietet die Geschichte der Jeanne d'Arc eine Sinnbildungsvielfalt, die zahlreiche Deutungen zulässt und die ihren Rezipienten Spielräume ermöglicht. Die Populisten knüpfen an darin enthaltene Gründungsmythen Frankreichs an, das von einer Jungfrau erlöst werden solle, betonen den Sieg über „fremde Mächte" und den patriotischen Kampf gegen die Bedrohungen von außen (vgl.: Rieger 2005, 181ff). So machte es der Gründer des Front Nationale, Jean-Marie Le Pen, „ehemaliger Kämpfer im Indochina- und im Algerienkrieg, einstiger Poujadist [...]", zu seiner „Herzensangelegenheit" (Winock 2005, 406), den Kult um die Geschichte der Jungfrau von Orléans wiederzubeleben. Diese Idee führt seine Tochter fort und erfüllt, beispielsweise mit ihren Wahlkampfauftritten vor der Statue der Jeanne d'Arc in Paris, den intendierten Zweck, sich selbst in eine Linie mit Jeanne d'Arc zu stellen. Dies ist von Erfolg gekrönt, so bezeichnete der Spiegel Marine le Pen 2006 etwa als „Jeanne d'Arc der Rechten". Damit nutzt

Marine Le Pen den von Danny Trom beschriebenen Mythos des Mädchens, dem es „gelang, den Soldaten Mut einzuflößen, den jeder Franzose braucht, um das gefährdete Vaterland zu verteidigen" (Trom 1998, 139). In diesem Kontext ist erklärbar, dass dazu ein Szenario heraufbeschworen werden muss, in dem es gilt, Frankreich erneut zu verteidigen, da das Land bedroht und um die Nation gefürchtet werden muss.

4. Unterrichtskonzept und Lernziele

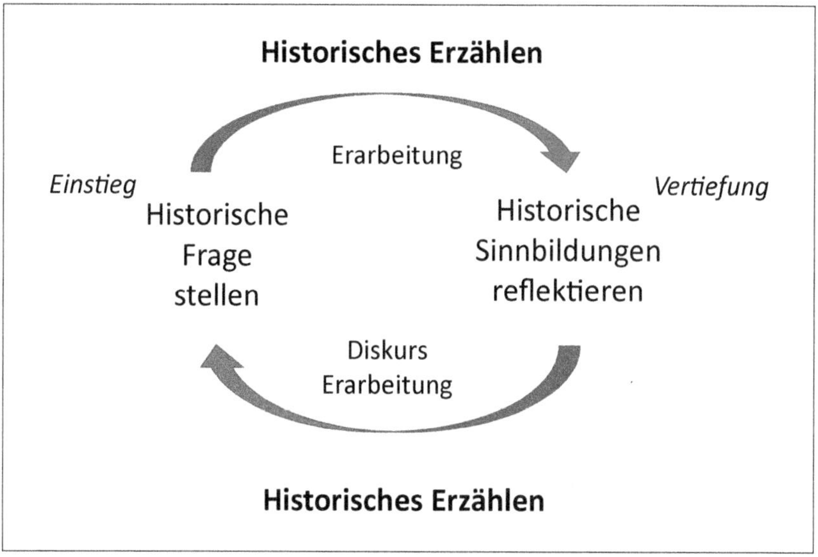

Schaubild zum didaktischen Konzept der Stunde. Schaubild M. Kelb, frei nach Jörn Rüsen (Rüsen 2008).

Die Unterrichtsdramaturgie folgt einem narrativ-konstruktivistischen Ansatz des Geschichtsunterrichts. Das Schaubild zeigt den Verlauf der Stunde, mit Einstieg, Erarbeitung, Vertiefung und einem Diskurs. Da ein fortschreitender Lernprozess angestrebt ist, der Ziele hat, auf die in folgenden Stunden aufgebaut werden soll, wird das Konzept als Kreislauf dargestellt. Dabei galt es, ausgehend vom Stellen historischer oder auch allgemein gehaltener Fragen an den Unterrichtsgegenstand, Leitfragen abzuleiten. Diese dienen zur Orientierung in der Erarbeitungsphase. Im Zentrum dieser Erarbeitung steht die De- und Rekonstruktion des zu behandelnden Inhalts, um anschließend in einer Vertiefungsphase vorliegende historische Sinnbildungen zu reflektieren. In einer abschließenden

Phase, die als Diskurs oder als zusätzliche Erarbeitungsphase gestaltet werden kann, wird erneut historisches Erzählen ermöglicht, da sich die Schülerinnen und Schüler selbstständig mit dem zu behandelnden Inhalt auseinandersetzen und zu eigenen Sinnbildungen gelangen. Damit zielt die Stunde auf die Orientierungs- und die Urteilskompetenz und fördert die Entwicklung des individuellen Geschichtsbewusstseins.

Da in der vorliegenden Stunde besonders die Verwendung von Mythen durch Populisten im Vordergrund steht, galt es, die *Geschichte* der Jeanne d'Arc und den mit ihrer Person verknüpften Mythos dekonstruieren zu können, um die Intention der Erzählerin, hier Marine Le Pen, nachvollziehen zu können. Dabei sollten folgende Fragen beantwortet werden:

- Welche Gründe hat der Front National unter Marine Le Pen, die Geschichte der Jeanne d'Arc zu erzählen?
- Welche Perspektiven nimmt die Partei ein?
- Welche Elemente des Mythos werden ausgeklammert, welche betont?
- Welche Ziele verfolgt diese Nutzung?

Dementsprechend sollen die Schülerinnen und Schüler befähigt werden, an das Thema (historische) Fragen zu stellen, den Mythos der Jeanne d'Arc erläutern und eine beispielhafte Form seiner Nutzung beurteilen zu können. Zusätzlich galt es, Stellung zu dieser Nutzung zu nehmen und sich mit dieser und weiteren Möglichkeiten der Nutzung von Geschichte auseinanderzusetzen.

5. Durchführung

Die Stunde wurde in einem Geschichtskurs der Oberstufe durchgeführt. Im Vorfeld wurden Theorien zum Thema „Mythen" behandelt, in Bezug auf die deutsche Nationalstaatsbildung.

Zu Beginn der Stunde wurde ein Bild genutzt, um erste Fragen an den Gegenstand anzuregen. Dieses Bild zeigt die vergoldete Statue der Jeanne d'Arc auf der Place des Pyramides in Paris.[1] Jeanne d'Arc ist hier als Reiterin dargestellt, die eine wehende Fahne in der rechten Hand trägt und mit Schwert und Rüstung sowie starrem, entschlossenem Gesichtsausdruck in die Ferne blickt. Nach

1 Die Statue wurde 1874 vom französischen Bildhauer Emmanuel Frémiet geschaffen. Weitere Bilder und Informationen zum Platz lassen sich googeln oder finden sich auf der Seite http://paris1900.lartnouveau.com/paris01/la_place_des_pyramides.htm (zuletzt aufgerufen am 2.04.2018). Weitere Statuen der Jeanne d'Arc stehen in Paris unter anderem auf dem „Place Saint Augustin", dem „Boulevard Saint Marcel" und an der Fassade der Kirche „Sacré Cœur".

einer Beschreibung der Figur sollen die Schülerinnen und Schüler Assoziationen zum Denkmal und seiner Wirkung äußern und Fragen an dasselbe formulieren. Dabei gilt es, zunächst im Sinne der Operatoren zu beschreiben und anschließend Fragen und Hypothesen zu äußern. Die Schülerinnen und Schüler erkennen eine ernste und angriffsbereite Frau in Siegespose, die mächtig, imposant und emanzipiert wirkt. Dabei strahlt sie Wohlstand, Reichtum, aber auch etwas Bedrohliches und Kriegerisches aus. Die anschließenden Fragen lauten wie folgt:

- Um welche Person handelt es sich?
- Steht die Figur in Verbindung mit einem kriegerischen Mythos?
- Warum nimmt eine Frau hier eine mächtige Rolle ein?
- Zu welchem Zweck wurde die Statue errichtet? Wo steht sie und warum wurde sie vergoldet? Welche Bedeutung hat die Statue?

Mittels dieser Fragen werden bereits Erkenntnisinteressen für die anschließende Erarbeitungsphase vorgegeben. In dieser Phase wird ein Text aus einem Lexikon historischer und literarischer Persönlichkeiten des Mittelalters verwendet (Brunner/Herweg 2007). Der Eintrag enthält Informationen zur Lebensgeschichte der Jeanne d'Arc und Hinweise auf den um ihre Figur entstandenen Mythos, sowie seine Rezeption.

Die erarbeiteten Ergebnisse lassen sich in folgenden Stichworten zusammenfassen:

- Eine scheinbar „normale" Person hatte Visionen und wurde Heerführerin.
- Dank ihres Einwirkens gelang der Sieg über die Engländer.
- Ihr Beschützen des Königs stärkt ihre Bedeutung, außerdem steht ihr Tod nach Festnahme für Märtyrertum, die Form der Hinrichtung unterstützt diese Deutung.
- Sie gilt als Nationalheldin Frankreichs, wird heroisiert und hat eine hohe Medienpräsenz.
- Sie gilt als Sagengestalt und durch ihre „Tat der Hoffnung" als Befreierin.
- Der Mythos weist religiöse und kriegerische Elemente auf und ist bedeutsam für die Nationalstaatsbildung in Frankreich.

Nach einem Rückgriff auf die zuvor formulierten Fragen wird folgendes Zitat des französischen Historikers Michel Winock als Impuls verwendet:

> *„Die historische Persönlichkeit [der Jeanne d'Arc] wird so tendenziell zum Mythos, ihr Leben zur Allegorie, während ihr Banner und Schwert als Sinnbilder der jeweiligen Partei aufgerichtet werden. In einem Wettbewerb des Weglassens und Vereinfachens wird die Figur aus der historischen Unsicherheit herausgeholt und in die strahlende Klarheit der Symbolwelt gerückt." (Winock 2005, 380).*

Zunächst wurde die Zitataussage erläutert und die symbolischen Elemente, die der Mythos enthält, zusammengefasst.

Anschließend wurden die Ergebnisse kurz hinsichtlich der möglichen Nutzung der Geschichte der Jeanne d'Arc diskutiert und zur Frage Hypothesen aufgestellt, welche Gruppierungen diese betreiben könnten. Dabei wurden auch unterschiedlichste, mit der Geschichte der Jeanne verknüpfte Sinnbildungen angesprochen.

Mit einem Foto Marine le Pens vor eben jener vergoldeten Statue schloss sich die letzte Unterrichtsphase an. Dabei galt es, nach einer genauen Analyse des Bildes, die Inszenierung zu dekonstruieren. Dazu formulierten die Schülerinnen und Schüler auch mögliche Äußerungen Le Pens in dieser Situation. Vor dem Hintergrund der erarbeiteten mythischen Elemente der Geschichte Jeanne d'Arcs gelang dies gut, da mit Hilfe einer Kurzinformation zum Front National sowie dem Begriff „Populismus" und der Bildanalyse schnell die mögliche Nutzung des Mythos seitens Le Pen deutlich wurde. Besonders die Eigenschaft der Populisten, einfache Antworten auf komplexe Sachverhalte zu finden, konnte durch diesen Lernschritt schnell erkannt werden. Die nachvollzogene Vorgehensweise ließ sich somit einfacher durchschauen und als populistisch „entlarven". Zwei auf Twitter veröffentlichte Zitate Le Pens dienten zusätzlich zur Bewusstmachung. Diese zwei (von vielen Beispielen auf Twitter) machen deutlich, wie Le Pen die Geschichte der Jeanne für sich erzählt:

„Jeanne d'Arc est une icône française car elle symbolise l'esprit de résistance, la foi en son pays et le triomphe de la volonté"

„Jeanne d'Arc ist eine französische Ikone, weil sie den Geist des Widerstands, des Glaubens an ihr Land und des Triumphes des Willens symbolisiert"

(Le Pen über Twitter: 02:43 – 1. Mai 2015)

„Jeanne d'Arc, cette jeune bergère aux origines modestes, s'est battue pour rendre à la France sa liberté. C'est un modèle."

„Jeanne d'Arc, diese Schäferin mit bescheidenen Wurzeln, kämpfte dafür, Frankreich seine Freiheit wiederzugeben. Sie ist ein Vorbild (ein Modell)."

(Le Pen über Twitter: 10:22 – 11. Sep. 2016)

Ein abschließender Diskurs und eine Stellungnahme gingen über in die Sammlung weiterer, den Schülerinnen und Schülern bereits bekannter (historischer) Beispiele für die Nutzung von Mythen seitens verschiedener Populisten.

6. Ausblick

Neben den Populisten Frankreichs gibt es in Europa zahlreiche Beispiele für eine solche Nutzung historischer Inhalte und mythischer Elemente der jeweiligen Nationalgeschichte. Im Sinne einer historisch-politischen Urteilsbildung muss es Ziel sein, diese *Erzählungen* zu durchschauen, die Intention und das Vorgehen zu erkennen und ein differenziertes eigenes Urteil fällen zu können. Besonders das Fach Geschichte kann, durch seinen Blick auf Perspektivität, seinen Fokus auf De- und Rekonstruktion und die angelegten Kompetenzen zur Urteilsbildung und seine kritisch-abwägende Sichtweise auf komplexe Inhalte Schülerinnen und Schülern dabei helfen, die zumeist einfachen Antworten der Populisten zu durchschauen, ihnen mit eigenen Argumenten zu begegnen und sie befähigen, diesen in einer sachlichen und differenzierten Diskussion entgegenzutreten. Eine Aufgabe, die es angesichts der aktuellen Entwicklungen zu nutzen gilt.

Literatur

Brunner, Horst und Mathias Herweg (Hg.) (2007): Gestalten des Mittelalters. Ein Lexikon historischer und literarischer Personen in Dichtung, Musik und Kunst, Stuttgart, S. 212–216.

Krumeich, Gerd (2006): Jeanne d'Arc. Die Geschichte der Jungfrau von Orleans, München.

Rieger, Dietmar (2005): Jeanne d'Arc oder das engagierte Engagement. In: Knabel/Rieger/Wodianka (Hg.): Nationale Mythen – kollektive Symbole: Funktionen, Konstruktionen und Medien der Erinnerung, Göttingen, S. 175–203.

Rüsen, Jörn (2008): Historisches Lernen. Grundlagen und Paradigmen. Schwalbach/Ts.

Schubert, Klaus (2004): Nation und Modernität als Mythen. Eine Studie zur politischen Identität der Franzosen, Wiesbaden.

Trom, Danny (1998): Frankreich. Die gespaltene Erinnerung. In: Flacke, Monika (Hg.): Mythen der Nationen: ein europäisches Panorama; Begleitband zur Ausstellung des Deutschen Historischen Museums vom 20. März 1998 bis 9. Juni 1998, München u.a., S. 129–151.

Winock, Michel (2005): Jeanne d'Arc. In: Nora, Pierre (Hg.): Erinnerungsorte Frankreichs, München, S. 365–410.

Jeanne d'Arc im Wahlkampf?

(BQ: li: shutterstock_119685412; re: shutterstock_192884288)

Marine Le Pen benutzte das Reiterstandbild der Jeanne d'Arc als Kulisse für ihren Wahlkampf im Jahr 2012. – Reiterstandbild der Jeanne d'Arc (1412–1431) in Paris, Places des Pyramides, Bronzefigur des Künstlers Emmanuel Frémier, 1874, erneuert und vergoldet 1898.

M1 Eintrag im Lexikon historischer und literarischer Persönlichkeiten des Mittelalters

Jeanne d'Arc, [die heilige] Johanna von Orleans [...], zählt zu den eigenartigsten Gestalten der Weltgeschichte. Dabei dauerte ihr öffentliches Wirken nur dreizehn Monate. Sie wurde 1412 als Tochter eines Bauern in dem lothringischen Dorf Domremy geboren. Mit dreizehn Jahren soll sie die ersten religiösen Visionen gehabt haben. Mit siebzehn erhielt sie nach eigener Aussage die göttliche Anweisung, den von den Engländern schwer bedrohten französischen König zu unterstützen. Es gelang ihr, diesen bei einer Audienz zu überzeugen, ihr den Befehl über ein kleines

Truppenkontingent zu übertragen. Mit diesem schlug sie im Sommer 1429 erstmals die Engländer bei Orleans [...] In einem kühnen Zug führte sie Karl [den Thronfolger und späteren König Frankreichs] nach Reims, wo er die Königskrönung empfing.

Trotz seines Zögerns setzte sie die Kämpfe gegen die Engländer und die mit ihnen verbündeten Burgunder* fort, wurde aber von Letzteren gefangen genommen und an die Engländer ausgeliefert. Diese wiederum übergaben sie der kirchlichen Gerichtsbarkeit: Sie wurde nach einem [...] Prozess als Ketzerin verurteilt und schließlich im Mai 1431 in Rouen verbrannt. 24 Jahre später erfolgte die Rehabilitierung.

Die Legenden- und Sagenbildung setzte schon zu Lebzeiten Jeannes ein, beschränkte sich aber auf Frankreich. Fast ebenso früh erfolgte die literarische Verarbeitung des Stoffs. [...] [Seit 1429 wurde sie in Gedichten verherrlicht.]. Die Dichtungen der folgenden Jahre zeichnen ein sehr vielschichtiges Bild. Die Volksdichtung sieht sie in Balladen [...] als Befreierin, daneben betonen andere Gedichte die männlich-kämpferische Seite, während wieder andere das mystisch-religiöse Moment hervorheben. Häufig wurde der Stoff auch von Dramatikern als Vorlage gewählt. Schon 1453 entstand das erste Festspiel. Im 16. Jh. erschienen mehrere Dramatisierungen in Spanien und Frankreich. [...] Nach einer gewissen Stagnation im 19. Jh. setzte nicht zuletzt unter dem Eindruck der Selig- bzw. Heiligsprechung Jeannes (1909120) eine deutliche dramatische Wiederbelebung des Stoffes ein. [...] [Viele] Dramen zeigen das Spektrum der Interpretation, die Jeanne bis heute in immer neuen Varianten erlebt. [...] Während in Frankreich zahlreiche Kinder- und Jugendbücher erschienen, die Jeanne als nationale Heldin sehen, blieb sie im deutschen Jugendbuch weitgehend unbeachtet [...].

Jeanne gehört zu den am häufigsten verfilmten Gestalten der Weltgeschichte. [...] Bis heute gibt es mehr als vierzig Filme [...]. In Frankreich wurde die Jungfrau auch in einer Reihe von Denkmälern meist in heroischer Pose verewigt. Zu den bekanntesten zählen die Statuen in Paris, Reims, Chinon und Rouen.

(Aus: Brunner, Horst/Herweg, Mathias (Hg.): Gestalten des Mittelalters. Ein Lexikon historischer und literarischer Personen in Dichtung, Musik und Kunst. Kröner Verlag, Stuttgart 2007, S. 212–216 [verwendete Abkürzungen wurden ausgeschrieben].)

* Adelsgeschlecht. Die Burgunder Fürsten schlossen sich im Krieg der Seite Englands an.

M2 Jeanne d'Arc und ihre Vereinnahmung

Darstellungen

Der französische Historiker Michel Winock äußerte sich 2005 zur möglichen Nutzung der Geschichte der Jeanne d'Arc:

Die historische Persönlichkeit [der Jeanne d'Arc] wird so tendenziell zum Mythos, ihr Leben zur Allegorie, während ihr Banner und Schwert als Sinnbilder der jeweiligen Partei aufgerichtet werden. In einem Wettbewerb des Weglassens und Vereinfachens wird die Figur aus der historischen Unsicherheit herausgeholt und in die strahlende Klarheit der Symbolwelt gerückt.

(Michel Winock, • Jeanne d'Arc•, in: Les Lieux e Mémoire, sous la direction de Pierre Nora, vol. III: La France- 3. De l'archive a l'emblème. Editions Gallimard, Paris, 1992. Deutsche Ausgabe: Erinnerungsorte Frankreichs, 1. Aufl., Verlag C. H. Beck, München 2005, S. 380.)

Kurzinformation zum Front National

Der Front national (französisch für Nationale Front, Akronym FN; am 1.6.2018 umbenannt in Rassemblement national für Nationale Sammlung, RN) ist eine 1972 in Frankreich von Jean-Marie Le Pen gegründete, am äußersten rechten Ende des politischen Spektrums angesiedelte Partei; sie bedient sich einer rechtspopulistischen Stilistik und rechtsextremer Argumentationen. [...] Der Front national ist nach der Parlamentswahl im Juni 2017 mit acht Sitzen in der Nationalversammlung vertreten. Vorsitzende der Partei ist die seit 2011 amtierende Marine Le Pen.

(Seite „Front National". In: Wikipedia, Die freie Enzyklopädie. – Letzter Abruf: 19.5.2019, https://de.wikipedia.org/wiki/Rassemblement_National)

Kurzinformation zu dem Begriff Populismus

Populismus: Laut Duden ist Populismus eine „von Opportunismus geprägte, volksnahe, oft demagogische [ideologisch aufhetzende] Politik, die das Ziel hat, durch Dramatisierung der politischen Lage die Gunst der Massen […] zu gewinnen". Das Erfolgsrezept von Populisten scheint auf einer kurzen Formel zu basieren: einfache Antworten auf schwierige Fragen geben.

(Öztürk, Asiye: Editorial. In: Aus Politik und Zeitgeschichte 5-6/2012, S. 2)

M3 Marine Le Pen über Jeanne d'Arc

„Jeanne d'Arc est une icône française car elle symbolise l'esprit de résistance, la foi en son pays et le triomphe de la volonté"

„(…) weil sie den Geist des Widerstands, den Glauben an ihr Land und den Siegeswillen symbolisiert"

(Le Pen über Twitter: 02:43 – 1. Mai 2015)

„Jeanne d'Arc, cette jeune bergère aux origines modestes, s'est battue pour rendre à la France sa liberté. C'est un modèle."

„Jeanne d'Arc, diese Schäferin mit bescheidenen Wurzeln, kämpfte dafür, Frankreich seine Freiheit wiederzugeben. Sie ist ein Vorbild (ein Modell)."

(Le Pen über Twitter: 10:22 – 11. Sep. 2016)

FLORIAN GRAWAN, LENA SEBENING

Was sind die Grundmuster populistischer Argumentation und wie können Lehrkräfte darauf reagieren?

Zielgruppe:	Sekundarstufe I und II
Fach:	Geschichte, Politik, Werte und Normen
Methode:	Gesprächsanalyse und Argumentationstraining für Unterrichtsgespräche
Zentrale Kompetenz:	Sach- und Werturteilskompetenz
Zeitbedarf:	Unterrichtsbegleitend nach Erfordernis

1. Populismus in Europa

Gegenwärtig erscheint der politische Populismus auf dem Vormarsch: In Deutschland feierte die Alternative für Deutschland (AfD) Erfolge bei mehreren Landtagswahlen und stieg bei der Bundestagswahl 2017 mit einem Ergebnis von 12,6 % zur größten Oppositionspartei auf. Auch in den USA wurde Donald Trump mit populistischen Thesen (‚America first') zum Präsidenten gewählt. Victor Orbán regiert in Ungarn als Ministerpräsident mit rechter Rhetorik und die neue Regierung in Tallinn könnte weiteren entscheidenden Einfluss auf die Europäische Union nehmen.

Durch den Eintritt dieser populistischen Parteien in die demokratischen Systeme verschieben sich die Diskursgrenzen und vermeintlich ‚einfache Lösungen' werden insbesondere für die Menschen anziehend, die aufgrund einer wachsenden Ungleichheit um ihre Zukunft bangen (Butterwege 2017). Dies spiegelt sich auch durch Begriffe wie ‚postfaktisch' und ‚alternative Fakten' vermehrt in den Medien wider. Für Lehrkräfte stellt sich daher zunehmend die Frage, wie sie populistische Aussagen im Unterricht professionell handhaben können, ohne die rechtlichen Grenzen zu übertreten. Der Einsatz für demokratische Werte und gegen Diskriminierung sollten hier aber als Rahmen des Kontroversitätsgebotes des Beutelsbacher Konsenses Klarheit schaffen über die Grenzen legitimer politischer Positionierung (s.u.).

Nach einer theoretischen Einführung zum Populismus führt dieser Artikel Handlungsempfehlungen auf, mit denen Lehrkräfte populistische Argumentationsmuster sowohl erkennen und bewerten als auch damit umgehen können. Da sich Unterrichtssituationen stets unterscheiden, sollen diese Handlungsempfehlungen nicht als ‚Werkzeuge' für den gezielten Umgang bewertet werden. Vielmehr sollen diese dazu beitragen, die reflexive Kompetenz gezielt zu nutzen, um gegen populistische Argumentationen im Unterricht zwar schnell, aber nicht unbedacht, vorzugehen.

2. Grundmuster und Bedeutungsebenen des Populismus

Obgleich sich das Verständnis und die Darstellung von Populismus in verschiedenen Staaten durchaus unterscheiden, wird er in Deutschland meistens dazu verwendet, wenn politische Prozesse oder Akteure auf der Grundlage polemischer Mittel bezeichnet und bestimmte Gruppen abgewertet werden. Unabhängig von der Bezeichnung als legitim oder illegitim ist Populismus also stets ein wertender Begriff, der anhand zentraler Eigenschaften genauer bestimmt werden kann (vgl. Jörke/Selk 2017, 10).

Die letzten Jahre der Europäischen Union sind von Wahlerfolgen zumeist (rechts)populistischer Parteien gekennzeichnet. Insbesondere die Wahlkämpfe waren dabei von einer Haltung geprägt, *„die für das sogenannte ‚einfache Volk' und gegen die herrschenden gesellschaftlichen und politischen Eliten Partei ergreift"* (Decker 2017, 17). Für den Populismus ist diese imaginäre Grenze zwischen dem ‚Establishment' und ‚wir da unten/dem Volk' konstitutiv. Die Form der Träger*innen populistischer Argumentationsmuster kann dabei stark variieren. Allerdings sind stets zentrale Merkmale auszumachen:

> *„Für die wissenschaftliche Analyse des Populismus bietet es sich an, drei Bedeutungsebenen voneinander zu unterscheiden. Die erste Bedeutungsebene fragt danach, wie der Populismus entsteht, das heißt welche gesellschaftlichen Ursachen ihm zugrunde liegen. Die zweite Bedeutungsebene bezieht sich auf die ideologischen Inhalte des Populismus, welche Abgrenzungsmuster er pflegt und welche Gruppe(n) er mit seinem Volksbegriff adressiert. Die dritte Bedeutungsebene stellt auf die formalen und stilistischen Merkmale des Phänomens ab; hier geht es um die Organisation des Populismus und seine Techniken zur Wähleransprache." (Decker 2017, 17)*

Populismus steht in einem direkten Zusammenhang mit den gegenwärtig auftretenden Modernisierungskrisen. Für einzelne Bevölkerungsgruppen in der Gesellschaft treten diese Krisen durch die Veränderung von sozialen Strukturen ein, wenn es zu Wert- und Orientierungsverlusten in der eigenen Biographie kommt. Die meisten Staaten der Europäischen Union begründen sich als moderne repräsentative Demokratien durch die Wahl von ‚Volksvertretern' verschiedener Parteien, die wiederum an den parlamentarischen Entscheidungen beteiligt sind. In Deutschland hat sich eine direkte Demokratie – die auch von Teilen der rechtspopulistischen AfD gefordert wird – nicht durchgesetzt. Es ist außerdem derzeit zu beobachten, dass sich die populistischen Gruppierungen in der Europäischen Union ideologisch verbünden, um ihre ökonomische, kulturelle und politischer Betroffenheit kund zu tun (vgl. Decker 2017, 18). Darüber hinaus lässt sich der Populismus besonders durch seine Abgrenzungsmuster bestimmen:

> *„Das – meistens nicht explizit definierte – Wohl der ‚einfachen Leute' sehen Populisten am stärksten bedroht durch die großen nationalen und (zunehmend auch in Europa) internationalen Organisationen und Korporationen in Wirtschaft, Politik, Großbanken, Konzerne und Trusts, staatliche und private Bürokratien, Parteiapparate, Parlamente und andere Vermittlungsagenturen zwischen Volk und Regierung. […] Sie verteidigen die kleineren gegen die größeren und gegen das ‚System'. Ihr Bild von der Gesellschaft ist dichotomisch, das Feindbild in der Regel sehr konkret, wenn auch nach den Umständen wechselnd." (Puhle 2003, 17f)*

Diese Dichotomie ist durch die Konstruktion zwischen In- und Out-Group näher zu bestimmen, wobei die Zugehörigkeit zu einer bestimmten Gruppe dazu führt, ‚die Anderen' auf Grundlage bestimmter Merkmale (z.B. Kultur und/oder Fluchthintergrund) abzuwerten (vgl. Aronson et al. 2004). Modellhaft wird daher ein gesellschaftliches Bild von Oben und Unten konstruiert, bei dem stets *„die romantisierte Vorstellung eines homogenen ‚Volkes' als identitätsstiftendes Ideal"* (Decker 2017, 19) zu identifizieren ist. Es wird so die grundsätzlich vorherrschende gesellschaftliche Pluralität in den Staaten der Europäischen Union negiert. Darüber hinaus argumentieren populistische Gruppen stets mit der These, die ‚herrschende Elite' würde sich vom ‚einfachen Volk' entfernen. Diese klare Dichotomie zwischen ‚Establishment' und ‚Volk' hat eine klare ideologische Ausrichtung, denn Populismus kann grundsätzlich auch als Gegenpol zur heterogenen demokratischen Gesellschaft benannt werden (vgl. Jörke/Selk 2017, 81f).

Eine weitere Bedeutungsebene bezieht sich weitergehend auf die formalen und stilistischen Merkmale, d.h. in welcher Form sich populistische Argumentationsmuster zeigen. Populismus ist grundsätzlich eine Abgrenzungsideologie, in der die bereits benannte Dichotomie so zum Ausdruck kommt, dass ein Szenario dargestellt wird, in dem sich die ‚politische Elite' der Bevölkerung vermeintlich entzogen hat. Populistische Parteien propagieren daher zumeist einen bestimmten ‚Volkswillen', indem charismatische Führungspersönlichkeiten, wie etwa Marine Le Pen in Frankreich oder Beppe Grillo in Italien, einfache Lösungen auf eigentlich komplexe Probleme propagieren.

> *„Auf der kulturellen Achse grenzt der Populismus all jene Gruppen aus, die er nach seinem Volksbegriff als ‚Fremde' identifiziert, also vornehmlich ethnische, kulturelle und religiöse Minderheiten; auch Bevölkerungsteile mit ‚abweichenden' sexuellen Orientierungen (Homosexuelle) oder politischen Überzeugungen (Linke) können dabei ins Visier geraten." (Decker 2017,20)*

Die hier benannte Abgrenzung ist im derzeitigen Diskurs insbesondere im Bereich des Rechtspopulismus zu erkennen. Die AfD legte ihren Wahlkampf zur Bundestagswahl 2017 vornehmlich auf das Thema ‚Integration' an, in dem sie das grundsätzliche Recht auf Asyl in Frage stellten. Neben dem Aufbau eines deutschen Grenzschutzes zur Abwehr unqualifizierter Asylbewerber fordern sie daher auch das Aussetzen eines Familiennachzuges für rechtlich asylberechtigte Geflüchtete und beharren auf die Verleihung der Staatsbürgerschaft auf Grundlage des Abstammungsprinzips, um in Deutschland geborenen Kindern von Menschen mit Migrationshintergrund die Staatsbürgerschaft zu verweigern. Zur Abwehr des vermeintlich drohenden islamischen Terrors in Deutschland, setzten sie außerdem auf die Wiedereinführung der Wehrpflicht, ein härteres Strafrecht und einen Ausbau der Geheimdienste (vgl. Landeszentrale für politische Bildung Baden-Württemberg 2017).

Die Auszüge aus dem Parteiprogramm der AfD zeigen beispielhaft, wie sich die oben genannten Faktoren und Bedeutungsebenen des Populismus ausdrücken können. Insbesondere wenn diese in verkürzter Form auf den Bundestagswahlplakaten 2017, wie etwa: ‚Volkes Stimme? Direktdemokratisch wie in der Schweiz', oder: ‚Der Islam? Passt nicht zu unserer Küche', herangezogen werden. Hierbei ist zu beachten, dass populistische Argumentationen nicht immer direkt als solche erkannt werden können, da hierüber auch stets die Rhetorik und Form der äußernden Person beachtet werden sollte. Die drei benannten Bedeutungsebenen helfen allerdings, die Tendenz einer Aussage im Unterricht genauer einschätzen zu können. Im Folgenden führt dieser Artikel daher gezielte Handlungsempfehlungen auf, mit denen Lehrkräfte im Klassenverbund gezielter mit populistischen Aussagen umgehen können.

3. Handlungsempfehlungen für den Umgang mit Populismus im Schulunterricht

Als Richtmaß für den Umgang mit populistischen Argumentationen lässt sich der Beutelsbacher Konsens von 1976 heranziehen, dessen grundsätzliches Ziel daraus besteht, die moralisch-politische Urteilsbildung der Schüler*innen zu fördern. Nach einem Richtlinienstreit am Anfang der siebziger Jahre wurde auf einer Tagung der Landeszentrale für Politische Bildung in Baden-Württemberg ein didaktischer Minimalkonsens erarbeitet, welcher insbesondere drei Gefahren für den Umgang mit Werte-Konflikten aufweist: 1. Das Überwältigungsverbot, 2. Was in Wissenschaft und Politik kontrovers ist, muss auch im Unterricht kontrovers erscheinen (…) und 3. Der Schüler muss in die Lage versetzt werden, eine politische Situation und seine eigene Interessenlage zu analysieren (…).

Diese in der Politischen Bildung zumeist bekannten Grundsätze richten sich insbesondere an dem Ziel aus, den Schüler*innen im Unterricht die Möglichkeit zu eröffnen, Mündigkeit im demokratischen System und der Ordnung des Grundgesetzes zu gewährleisten. Daher verbietet das Überwältigungsverbot (1) jegliche Indoktrination von Seiten der Lehrkräfte. Das stets größte Ziel ist dabei die Reflexion und Erarbeitung eines selbstständigen Urteils der Schüler*innen. Populismus lässt sich auch dadurch erklären, dass zumeist ‚einfache Lösungen' propagiert werden. Ohne dabei direkt auf das Links- oder Rechtsspektrum populistischer Argumentationen zu deuten, besteht daher die Aufgabe, jegliche Alternativen eines kontroversen Themas in die Diskussion einzubeziehen (2). Die politische Meinung der Lehrkraft ist dabei zwar nicht uninteressant, bietet aber eben nur eine weitere Perspektive auf ein bestimmtes gesellschaftliches Problem. Diese zwei benannten Grundsätze sollen die Schüler*innen schließlich in die Situation versetzen, die eigene politische Meinung einschätzen und für sich beeinflussen zu können (vgl. Wehling 1977, 179f).

Lehrkräfte handeln darüber stets unter dem Bildungs- und Erziehungsauftrag der Schule, nämlich dass sich die Schüler*innen mit den Grundwerten der Demokratie identifizieren und sich für diese einzusetzen. Diese hier genannten Auszüge des Beutelsbacher Konsenses können als grundsätzliches Maß für die Eröffnung einer moralischen Diskussion herangezogen werden, wobei stets die Perspektive der demokratischen Gesellschaft im Blick behalten werden muss.

Als weiteres Prinzip zur didaktischen Gestaltung und Durchführung bzw. auch zur Bearbeitung von Situationen mit populistischen Argumentationsmustern empfiehlt sich hier auch die Orientierung an der machtkritischen Bildungsarbeit, die sich in bestimmten Bereichen der Politischen Bildung durchgesetzt hat:

„Unter ‚machtkritisch' wird […] eine mehrfach reflexive Orientierung verstanden. Diese besteht aus einer auf der jeweiligen Subjektebene zu situierenden, selbstreflexiven Haltung gegenüber den eigenen Vorstellungen, stereotypen Denk- und Handlungsweisen; somit dem eigenen Blick auf ‚Andere' als pädagogisch agierende Person vor dem Hintergrund ihrer Verflechtung in gesellschaftliche Ungleichheitsverhältnisse […]. Eine machtkritische Perspektive richtet den Blick auf pädagogische Diskurse, die Fragestellungen, Problemverständnisse und Handlungsanforderungen mit hervorbringen und dabei in rekursivem Verhältnis zu gesellschaftlichen Dominanzdiskursen stehen und somit Gefahr laufen, diese zu stabilisieren." (Cameron/Kourabas 2013, 260)

Die Schüler*innenschaft setzt sich zumeist aus einem Querschnitt der Gesellschaft zusammen, die wiederum unterschiedliche Zugänge zu Ressourcen und gesellschaftlicher Teilhabe haben. Die machtkritische Bildungsarbeit setzt dabei an der individuellen, ideologisch-gesellschaftlichen und institutionellen Ebene an und geht grundsätzlich davon aus, dass sich diese Machtverhältnisse auch in Diskussionen, Bedeutungen und Äußerungen der Schüler*innen zeigen. Für den schulischen Unterricht bietet es sich daher an, diese heterogene Schüler*innenschaft und die Reflexion auf die pädagogisch ‚Anderen' als Potential zu begreifen und in die Vorbereitung und Durchführung des Unterrichts zu integrieren.

Hierfür lässt sich ein Beispiel anführen: ‚Thema Osmanisches Reich und Islam': 2 Schüler*innen kommentieren die Erläuterung der Lehrkraft mit dem Wolfsgruß und äußern ihren Wunsch nach einem großtürkischen Reich. Für den Umgang dieser populistisch-orientierten Aussage im Unterricht empfiehlt sich daher, die Meinungen und Eindrücke der gesamten Klasse einzuholen, nachdem zunächst die Äußerungen der zwei Schüler*innen eingeordnet und bewertet wurden. Hier findet auch die fachwissenschaftliche Ausbildung an der Universität Anwendung, da für den reflexiven Umgang mit dieser Situation auch Grundwissen benötigt wird, dass es sich bei dem Wolfsgruß um ein Handzeichen von Anhänger*innen nationalistischer Parteien in der Türkei (MHP und BBP) handelt. Insbesondere Schüler*innen mit einem kurdischen Hintergrund könnten sich davon schwer angegriffen fühlen und/oder die Diskussion auf zwei Positionen reduzieren. Die Tätigkeit der Lehrkraft sollte daher darauf bestehen, weitere Eindrücke und politische Positionen der auch von Heterogenität geprägten Türkei in den Unterricht einzubeziehen.

Für den Umgang mit rechtsextremen oder rechtspopulistischen Aussagen lässt sich ein weiteres Beispiel anführen: ‚Die Jugendlichen sollen in Partner*innenarbeit Poster erstellen zu Biografien verschiedener Persönlichkeiten der

Nachkriegsgeschichte – eine Kleingruppe gestaltet ein Poster zu Rudolf Heß, indem sie zum Gedenken an ihn aufrufen'. Im Bereich der Rechtsextremismusforschung hat sich eine bestimmte Zusammenstellung von Strategien entwickelt, die von Seiten rechtsorientierter Schüler*innen angewandt werden könnten, um den Schulunterricht ideologisch vom demokratischen Spektrum zu entfernen. Insbesondere bei den direkt verbundenen Themen ‚Holocaust' und ‚Nationalsozialismus' bietet es sich daher an, einen Überblick über diese Strategien zu bekommen, um darauf spontan zu reagieren. Auch im Schulunterricht sind undemokratische und menschenfeindliche Aussagen daher grundsätzlich zu verurteilen, ohne dabei die Diskussion zu negieren. In dem hier beschriebenen Beispiel erscheint der Umgang der Lehrkraft mit der Gruppenarbeit der Schüler*innen als unbeobachtet. Sowohl im Schulunterricht als auch in gesellschaftlichen Zusammenhängen (wie etwa ‚Bürgerbewegungen' oder ‚Demonstrationen') nutzen rechtsorientierte Personen und Gruppen die Strategie der ‚Mimikry'. Dies zeigt sich zum einen durch eine vermeintlich bürgerliche Ansprache, indem der direkte politische Hintergrund der Person nicht zu erkennen gegeben wird. So erreichen diese durch die Ansprache von Ängsten und Sorgen in der ‚Mitte der Gesellschaft', z.B. bei der Demonstration gegen eine Flüchtlingsunterkunft, ein stärkeres Publikum, ohne demokratisch-orientierte Lösungen anzubieten. Dies zeigt sich insbesondere auch in der Tatsache, dass rechtsorientierte Personen mit Hilfe dieser Strategie soziale Berufe ausüben und – ohne die direkte Äußerung populistischer Argumentationen – den Diskurs in den sozialen Medien (z.B. Facebook und Twitter) beeinflussen (vgl. Amadeu Antonio Stiftung 2011).

Die bisherigen Handlungsangebote sind wie bereits angedeutet, nicht als ‚Werkzeuge' für populistische Argumentationen im Schulunterricht zu verwenden, sondern sollen die professionelle Reflexion der jeweils anders gearteten Situation anregen. Das Argumentationstraining ‚Politik wagen' (vgl. Boeser-Schnebel et al. 2016) führt darüber hinaus Handlungsempfehlungen auf, die für die direkte Handlung in Diskussion mit populistischen Aussagen verwendet werden können. So bietet sich für eine populistisch geführte Unterrichtssituation das Havardkonzept (vgl. Boeser-Schnebel et al. 2016, 102f, zit. n. Fisher et al. 2004) an, um die moralische Situation emphatisch zu orientieren. Hierbei ist die Ansprache ‚weich zu den Menschen' und ‚hart in der Sache', was genauer bedeutet, dass die Argumente jeglicher Diskussionspartner*innen angehört werden, ohne andere Meinungen auszulassen. So wird jede beteiligte Person ernst genommen, wobei aber stets komplexe Erläuterungen eingefordert werden. Dies kann mit gezielten Nachfragen, wie etwa ‚Ich verstehe noch nicht ganz genau, was du damit meinst?' oder ‚Was genau findest du unverschämt?', kontrastiert werden. Um einer möglichen Feindseligkeit entgegenzuwirken, kann außerdem auf die 5-Minuten-Regel (vgl. Boeser-Schnebel et al. 2016, 97f) zurückgegriffen werden: Den Diskussionspartner*innen wird jeweils fünf Minuten Zeit gegeben, um ihrem Ärger Ausdruck zu verleihen, so dass dieser sich verstanden fühlt, obgleich er möglicherweise eine andere Meinung teilt. Insbesondere für die argumentative Auseinandersetzung lassen sich außerdem gezielte Leitfragen einsetzten, die einem bestimmten Ablauf folgen: 1. ‚In klaren Worten zusammenfassen, was die Diskussions*partnerin gesagt hat', um die Aussage zunächst wahrzunehmen, 2. Welche Gefühle löst die Äußerung bei mir direkt aus', um das Wahrgenommene zielgerichtet zu interpretieren und 3. Von der populistischen Äußerung (möglicherweise) distanzieren und einbringen, dass die Interpretation der Aussage nicht direkt verstanden wurde (z.B. durch die Leitfrage ‚Wir können gerne über Politik und Politiker reden. Aber solche Äußerungen werde ich niemals akzeptieren und unwidersprochen stehen lassen.'). Obgleich die Grenze zwischen populistischen und menschenverachtenden Aussage stets vage ist, bleibt auch hier die Regel bestehen, dass bei menschenfeindlichen Äußerungen keine präzisierenden Fragen gestellt werden, sondern sich von diesen grundsätzlich distanziert wird (vgl. Schulz von Thun 2006, zit. n. Boeser-Schnebel et al. 2016, 100f).

Die hier vorgelegten Handlungsempfehlungen sollen Möglichkeiten für die Reaktion auf populistische Argumentationen im Unterrichtskontext bieten. Darüber hinaus sollte sich der Umgang allerdings auch auf die gesamte Schulkultur beziehen. Zum einen bieten sich hier gezielte Workshops für die Lehrer*innenschaft oder Projektwochen, wie etwa im Rahmen von Schule ohne Rassismus – Schule mit Courage, an und zum anderen ist stets die Möglichkeit gegeben, bestimmte Situationen im Rahmen einer kollegialen Fallberatung (Tietze 2003) in der Gruppe zu bearbeiten. In den meisten Fällen zeigen bestimmte Schüler*innen bei verschiedenen Lehrkräften populistische Äußerungen. Daher sollte die professionelle Bearbeitung dieser Situationen auch kooperativ geschehen, um die Schulkultur insgesamt zu stärken.

Literatur

Amadeu Antonio Stiftung – Baldauf, Johannes/Groß, Anna/Rafael, Simone/Wolf, Joachim (2011): Zwischen Propaganda und Mimikry. Neonazi-Strategien in sozialen Netzwerken. Berlin.

Aronson, Elliot/Wilson, Timothy/Akert, Robin (2004): Sozialpsychologie (4. aktualisierte Auflage). München.

Boeser-Schnebel, Christian/Hufer, Klaus-Peter/Schnebel, Karin B./Wenzel, Florian (2016): Politik wagen – Ein Argumentationstraining. Schwalbach/Ts.

Butterwege, Christoph (2017): Armut (Basiswissen Politik/Geschichte/Ökonomie, 2. Aktualisierte Auflage). Köln.

Cameron, Heather/Kourabas, Veronika (2013): Vielheit denken lernen. Plädoyer für eine machtkritischere erziehungswissenschaftliche Auseinandersetzung. In: Zeitschrift für Pädagogik 59, 2, S. 258–274.

Decker, Frank (2017): Was ist Populismus? In: Jungkamp, Burkhard/John-Ohnesorg, Marei (Hg.): Politische Bildung in der Schule. Zeitgemäße Ansätze in Zeiten des Populismus. Berlin, S. 17–26.

Fisher, Roger/William, Ury/Patton, Bruce (2004): Das Harvard-Konzept: Der Klassiker der Verhandlungstechnik. 22. durchgesehene Auflage. Frankfurt/M.

Jörke, Dirk/Selk, Veith (2017): Theorien des Populismus zur Einführung. Hamburg.

Landeszentrale für politische Bildung Baden-Württemberg (Bundestagswahl-BW.de) (2017): Wahlprogramm der AfD. URL im Internet: http://www.bundestagswahl-bw.de/wahlprogramm_afd_btwahl2017.html [Letzter Abruf 3.6.2018).

Puhle, Hans-Jürgen (2003): Zwischen Protest und Politikstil: Populismus, Neo-Populismus und Demokratie. In: Werz. Nikolaus (Hg.): Populismus. Populisten in Übersee und Europa. Wiesbaden, S. 15–43.

Schulz von Thun, Friedemann (2006): Miteinander reden 1: Störungen und Klärungen: Allgemeine Psychologie der Kommunikation. Hamburg.

Tietze, Kim-Oliver (2003): Kollegiale Fallberatung: Problemlösungen gemeinsam entwickeln. Reinbek.

Wehling, Hans-Georg (1977): Konsens á la Beutelsbach? Nachlese zu einem Expertengespräch. In: Schiele, Siegfried/Schneider, Herbert (Hg.): Das Konsensproblem in der politischen Bildung. Stuttgart, S. 173–184.

Autorinnen und Autoren

DR. AXEL EHLERS, Lehrer an der Leibnizschule Hannover, Vorstandsmitglied im Niedersächsischen Geschichtslehrerverband.

DR. SEBASTIAN FISCHER, Wissenschaftlicher Mitarbeiter am IPW Agora Politische Bildung, Leibniz Universität Hannover.

FLORIAN GRAWAN, wissenschaftlicher Mitarbeiter und Koordinator der Arbeitsstelle diversitAS (DIVERSITÄT – MIGRATION – BILDUNG) am Institut für Berufspädagogik und Erwachsenenbildung der Leibniz Universität Hannover (bis 2019), dort auch Lehrbeauftragter für Diversity Education (Sommersemester 2019).

PETRA HÖXTERMANN, Lehrerin am Hermann Billung-Gymnasium, Celle.

APL. PROF. DR. KLAUS-PETER HUFER, Professor für Erwachsenenbildung an der Fakultät für Bildungswissenschaften der Universität Duisburg-Essen.

FRIEDRICH HUNEKE, Lehrer an der St. Ursula-Schule Hannover und wissenschaftlicher Mitarbeiter am Historischen Seminar der Leibniz Universität Hannover, Fachdidaktik Geschichte.

MARIE-ELISABETH KELB, Lehrerin an der Integrierten Gesamtschule Schaumburg und Lehrbeauftragte für Geschichtsdidaktik an der Leibniz Universität Hannover.

ANDREAS KRUSE, Lehrer am Gymnasium Himmelsthür, Hildesheim.

PROF. DR. DIRK LANGE, Professor für die Didaktik der Politischen Bildung und Gründer des Instituts für Didaktik der Demokratie (IDD) an der Leibniz Universität Hannover.

DR. JAN-HINRIK SCHMIDT, wissenschaftlicher Referent für digitale interaktive Medien und politische Kommunikation am Hans-Bredow-Institut, Hamburg.

PROF. DR. DETLEF SCHMIECHEN-ACKERMANN, Geschäftsführender Direktor des Instituts für Didaktik der Demokratie (IDD) an der Leibniz Universität Hannover.

DR. DES. LENA SEBENING, Lehrbeauftragte für Didaktik der Geschichte an der Leibniz Universität Hannover (bis 2017); außerschulische Bildungsarbeit und Gedenkstättenpädagogik; Promotion zum Gegenwartsbezug im Geschichtsunterricht (2019).

PROF. ROLF WERNSTEDT, ehem. Kultusminister und ehem. Landtagspräsident des Landes Niedersachsen, bis Ende 2017 Vorsitzender des Volksbundes Deutsche Kriegsgräberfürsorge e.V., Landesverband Niedersachsen.

MARCO WINGERT, Bildungsreferent beim Volksbund Deutsche Kriegsgräberfürsorge e.V., Bezirksverband Weser-Ems.

WOCHEN SCHAU VERLAG

... ein Begriff für politische Bildung

Neuerscheinung

Sebastian Barsch, Andreas Lutter, Christian Meyer-Heidemann (Hg.)

Fake und Filter

Historisches und politisches Lernen in Zeiten der Digitalität

Digitalität gewinnt auch im Klassenzimmer immer größere Bedeutung und geht weit über den bloßen Einsatz technischer Geräte hinaus. Sie verändert die Art und Weise der Aneignung und Vermittlung von Wissen tiefgreifend. Diese Entwicklung birgt Chancen und Risiken zugleich.

Der Band zeigt, mit welchen Maßnahmen der Geschichts- und Politikunterricht auf die zahlreichen Herausforderungen reagieren kann. Die Beiträge schlagen eine Brücke zwischen Wissenschaft und schulischer Praxis. Sie umreißen das Problemfeld in der Theorie, liefern empirische Befunde und Perspektiven aus Schule und Gesellschaft und entwickeln schließlich unterrichtspraktische Konzepte.

ISBN 978-3-7344-0854-0,
224 S., € 29,90
Subskriptionspreis bis 31.10.2019:
€ 23,90
E-Book ISBN 978-3-7344-0855-7 (PDF),
€ 23,99

Mit Beiträgen von

Sebastian Barsch, Daniel Bernsen, Johannes Brzobohaty, Hannes Burkhardt, Markus Gloe, Benno Hafeneger, Christoph Kühberger, Hans-Joachim Langbehn, Andreas Lutter, Michael May, Christian Meyer-Heidemann, Christine Ottner, Sebastian Puhl, Lisa Rosa, Horst Schilling, Sam Wineburg und Julian Wollmann